本书由江苏大学专著出版基金资助

复杂网络视角下
民营企业高管团队冲突、
内聚力及效能研究

陆 杰 著

RESEARCH ON CONFLICT,
COHESION AND IT'S EFFECTIVENESS OF
TOP MANAGEMENT TEAM IN
PRIVATE ENTERPRISES:
A REVIEW BASED ON
COMPLEX NETWORK SYSTEM

江苏大学出版社
JIANGSU UNIVERSITY PRESS

镇 江

图书在版编目（CIP）数据

复杂网络视角下民营企业高管团队冲突、内聚力及效
能研究 / 陆杰著. —镇江：江苏大学出版社，2013.12
ISBN 978-7-81130-634-7

Ⅰ.①复… Ⅱ.①陆… Ⅲ.①民营企业－企业管理－
研究－中国 Ⅳ.①F279.245

中国版本图书馆 CIP 数据核字（2013）第 301759 号

复杂网络视角下民营企业高管团队冲突、内聚力及效能研究
FUZA WANGLUO SHIJIAOXIA MINYING QIYE GAOGUAN TUANDUI
CHONGTU NEIJULI JI XIAONENG YANJIU

著　　者/陆　杰
责任编辑/杨海濒
出版发行/江苏大学出版社
地　　址/江苏省镇江市梦溪园巷 30 号（邮编：212003）
电　　话/0511-84446464（传真）
网　　址/http://press.ujs.edu.cn
排　　版/镇江新民洲印刷有限公司
印　　刷/丹阳市兴华印刷厂
经　　销/江苏省新华书店
开　　本/890 mm×1 240 mm　1/32
印　　张/9
字　　数/260 千字
版　　次/2013 年 12 月第 1 版　2013 年 12 月第 1 次印刷
书　　号/978-7-81130-634-7
定　　价/32.00 元

如有印装质量问题请与本社营销部联系（电话：0511-84440882）

前　言

在根本上决定民营企业高管团队（Top Management Team，TMT）决策质量的团队效能及其优化不仅仅与团队成员个体相关，而更多与高管团队整个群体密切相关。高管团队成员之间的冲突程度以及内聚力状况，直接影响企业效能。众所周知，在过去的20多年内，作为冲突的一种特殊形式，团队冲突已成为学术研究的热点之一（De Dreu & Weingart，2003）。以国美"陈黄之争"、联想"柳倪矛盾"、爱多"标王事件"、方正"高层易主"为典型案例的众多民营企业高管团队冲突问题已成为我国民营企业健康可持续发展进程中的"阿喀琉斯之踵"，在亟待进一步完善的现代企业制度下，民营企业高管团队内部为争夺资本话语权进行着明争暗斗的博弈；与此同时，企业产出效能在很大程度上是处于企业顶端的高管团队特征、行动和社会资源的反映。转型经济条件下，"没有完美的个人，只有完美的团队"，高管团队的战略决策作用日益彰显。但值得关注的是，虽然西方管理学界对组织决策中高管团队冲突进行了卓有成效的研究，但我国管理学界迄今为止仍更多沿用领导者个人行为的理论，而很少从团队的角度来研究冲突。随着我国民营企业发展和竞争的日趋激烈，许多企业已经建立了有效的高层管理团队来决定企业的发展方向和方针政策，国内外学者也由此对高管团队进行多视角研究，但综合来看，对高管团队的相关研究长期以来主要集中于高管团队特征及其对组织绩效影响的实证研究上，对高管团队内部运作过程的研究相对较少，针对我国民营企业高管团队冲突进行系统研究的更少，且当前研究更多侧重高管团队冲突与战略选择、协同等组织结果之间的关系，相对忽略冲突对成员满意度等团队效能或组织结果影响的研究（刘海山，

2008）。因此,开展对高管团队冲突产生机理和演化形式研究,对打造高凝聚力高管团队,最大限度协调和管理冲突,有效提升高管团队效能乃至企业绩效,促进我国民营企业理论和实践不断进步具有重要的意义。

本研究试图借助管理学、心理学、组织行为学、演化经济学、复杂网络系统等理论,探讨在企业、家庭和所有权组成的复杂体系下,如何从广泛意义上建立模型来分析民营企业高管团队冲突,以及试图分析民营企业高管团队冲突通过内聚力对团队效能产生的影响,并提出一些理论分析和思考。研究通过典型案例,分析了民营企业高管团队冲突的特点和主要表现形式,从高管团队人口统计特征、团队信任、企业文化等方面探寻民营企业冲突的根源和原因。在高管团队冲突的微观层面上,研究运用着色网络的方法开展基于成员属性特征的冲突静态分析,力图构建个体特征—冲突的复杂网络系统,将高管团队属性和关系抽象成网络的节点和有色边,对团队成员冲突关系拓扑结构映射,揭示冲突潜在的个体原因;引入冲突管理的“二维方格模型”,运用多人重复博弈的方法,建立了团队内成员重复动态博弈模型,模拟高管团队成员冲突的动态过程,比较不同冲突处理方式对团队效能的影响;在高管团队冲突群体演化分析中,构建了家族成员与职业经理人的演化博弈模型,研究了家族成员与职业经理人行为交互系统的均衡点及稳定性;与此同时,本研究在对高管团队内聚力及其影响因素分析的基础上,通过长三角地区样本企业和高管团队的问卷调查与访谈,并结合二手数据的实证研究,对我国家族企业高管团队的特质、冲突及其相互转化、高管团队效能进行剖析,深入研究高管团队内聚力在不同冲突类型与团队效能之间的中介作用,以期能为中国式特定文化情境下家族企业高管团队有效规避并协调冲突,优化团队效能以及提升家族企业整体可持续发展绩效提供理论依据和实践指导。

本研究以我国长三角地区民营企业为研究对象,选取了代表性样本企业,采用案例研究、演化博弈研究、复杂科学研究、问卷研究等方法,以演化博弈为研究视角,构建出中国文化背景下和特定区域中民营企业高管团队冲突的概念框架和理论模型,认为民营企业高管团队冲突由以下两大维度构成:任务冲突维度、关系冲突维度;与此同时,民营企业高管团队效能则涵盖团队绩效、团队成员态度和团队成员行为三大维度。在此基础上,对民营企业高管团队冲突、内聚力以及民营企业高管团队效能之间的关系开展了一系列深入的实证研究,得出了一些有价值的研究成果。在验证了问卷信度和效度的基础上,本研究试实现以下目标:

① 弥补中国背景和特定文化情境下民营企业高管团队内聚力研究的缺失。从国内外研究来看,用内聚力研究高管团队行为的迄今仍十分罕见,更遑论在民营企业这一特定组织范畴内,对其进行测量和深层次探讨,本研究作了有益尝试。

② 转型经济条件和特定文化情境中,对民营企业高管团队冲突及其形成机理的研究有着重要意义。权变理论认为,成功管理的关键在于对组织内外状况的充分了解和实施有效的应变策略。哪些因素影响了高管团队冲突,冲突如何关联及转化,值得深入研究。

③ 旨在研究中国特有的儒家文化背景下,内聚力在高管团队冲突与团队效能之间发挥作用的方式、机理,以及高管团队成员特征、知识性差异等因素的调节作用。

④ 基于演化博弈视角的民营企业高管团队效能理论研究在我国几乎还是一个全新的话题。本研究将有助于相关政府部门了解民营企业高管团队冲突以及团队效能之间的关系,为我国民营企业迅速适应经济全球化与信息迅猛发展的需要,促进我国民营企业的健康可持续发展提供相应理论依据和实证支持。

目　录

第1章 绪 论

1.1 民营企业：一个值得深入研究的复杂性领域

在过去的 30 多年里，中国经济在转轨时期(Transforming Period)的优异表现，一直令中外经济学家们感到非常震撼，作为其最重要支撑力量之一的民营企业，更是备受瞩目。随着我国经济态势的结构性调整加剧以及非国有经济的迅猛发展，民营经济已成为我国经济舞台上最亮眼的一道风景。据中国管理科学研究院企业研究中心、中国民营企业联合会以及中国统计协会联合组织的 2012 年中国民营 500 强企业排序调研，2012 年全年中国民营 500 强企业，合计营业收入总额达到 93 068.57 亿元(以人民币为单位，下同)，同比上年增幅为 33.27%；资产总额达到 77 686.57 亿元，同比上年增幅为 32.07%；纳税总额达到 4 079.87 亿元，同比上年增幅为 49.17%；吸纳就业 621.58 万人，同比上年增幅为 12.72%。另据相关统计数据证实，当前我国民营经济已占到 GDP 总量的 66%、税收贡献率的 71%、全社会投资的 45%、全社会就业人口的 90%，已成为我国国民经济无可置疑的中坚力量[①]。

与此同时，如果说我国的市场经济系统是一个典型的复杂网络系统(Complex Network System)，民营企业则是其中典型的网络

---

① 黄孟复：《民营经济蓝皮书：中国民营经济发展报告 No. 9(2011－2012)》，社会科学文献出版社，2012 年，第 2－5 页。

性主体(Adaptive Agent),它并非静止不变,而是持续发展和演进的、多主体多层次的复杂网络子系统。在其中,民营企业家、高层决策管理者(Top Management Team)、民营企业员工及其他利益相关者(股东、客户、供货商及社区等)都是民营企业系统网络主体的最主要构成部分。民营企业的网络性应该是企业的整体网络,是全员参与的内部网络性的外显,网络化则是民营企业生存与发展的关键所在。

此外,值得注意的是,20世纪90年代以来,经济学家对我国民营企业的关注程度并未与这一企业制度在现实经济中所发挥的组织功能相适应。学者们普遍认为,民营企业首先是一个具有共识意义的企业组织形式,其特殊性嵌入中国体制转轨过程中,并随着市场经济水平的提高而益发外显。对相关文献的综合分析表明,学者们的研究方向是逐步由"解释(Explain)现实问题"到"解决(Solve)现实问题"转变。例如,姜长云(2000)研究了村镇企业的资金短缺问题;张杰(1999)、格雷戈里和塔涅夫(1996)讨论了民营企业的融资问题;范从来等(1999)探讨了乡镇企业产权制度改革模式和股权结构;Sun(1998)对股份合作制企业内部合理的公司治理机制进行了相关分析。而一旦解决了这些关键性的认识问题后,在1990—2000年间尤其是90年代后期,有关中国民营企业发展问题的研究似乎以一种功成身退的姿态越来越淡出主流经济学研究的视野范围,直至2000年以后,由于民营企业的蓬勃生机和快速发展,这一特殊经济组织形式才又回归大众视野。1994年至2012年,中国学术期刊网(CNKI)上有关民营企业的研究文献总篇数仅为有关国有企业研究的38.72%,2006年以后,有关民营企业的研究文献总篇数也仅占有关国有企业研究的63.52%。但是,如果我们有心定会发现,几乎有关民营企业的研究文献(91.73%)都是在2000年之后完成的,而2006年后有关民营企业的研究也占到了相关研究的半数以上(见表1.1)。

表 1.1　CNKI 上 1994—2012 年收录的有关学术论文篇数①

关键词	1994—2012 年发表的相关论文数	2000 年以后发表的相关论文数	2006 年以后发表的相关论文数	2006 年以后发表相关论文数所占比例(%)
国有企业	50 864	27 536	16 682	32.80
乡镇企业	12 961	4 273	986	7.61
外资企业	2 817	2 025	1 203	42.71
民营企业	19 692	18 063	10 596	53.81

本书认为当今世界科技进步日新月异,经济全球化趋势进一步加剧,对民营企业来说,机遇和挑战并存:一方面,经济全球化将带来了全新契机,区域经济发展将借力于比较优势来获取更大规模的产业转移,为调整产业结构和提升产业层次带来新机遇;另一方面,国际化规则也将对民营企业提出全新要求,这非但不意味着民营企业失去其发展进程中的重要理论价值,反而意味着对于中国式文化背景下产权越来越明晰的民营企业,仍有很多潜能和重大理论意义有待诠释。正因如此,只有从民营企业有效支持和促进中国经济增长的基本假设出发,超越简单的管理视角,才能通过多学科视角,运用各种原则、方法对其进行多元化观察和分析。诸多学者认为,中国民营企业的快速增长不仅解释更是创造了一系列"中国奇迹"。未来 5 年民营企业将继续迅猛发展,并将成为一个国家经济发展最重要的动力源泉之一②。

1.1.1　研究的经济背景

民营企业高管团队的成员异质性和层次结构特殊性,使得组建以及实现高层管理团队的有效运作是非常困难的。在中国,以联想的"柳倪矛盾"、方正的"高层易主"为典型表现方式的民营企业高管团队冲突已成为我国企业管理中存在的主要问题。在现代企业管理制度下,企业高层管理团队内部为竞争资本及话语权进

---

①　此表于 2013 年 3 月 10 日根据在 CNKI 上检索结果整理而成。

②　徐淑英,边燕杰,郑国汉:《中国民营企业的管理和绩效:多学科视角》,北京大学出版社,2008 年,第 5－18 页。

行着各种各样的"明争暗斗";组织所有者与经营者之间为争夺控制权进行着各种博弈;企业高管团队的不同利益争斗经常出现"内部人控制","利益寻租"以及"道德风险"等局面,甚至造成集体哗变。因此,正确认识高管团队冲突并对其实施有效管理,是高管团队实现成功运作的关键。

1. 民营企业的经济特征:复杂网络的主体适应性

众所周知,复杂性科学是系统科学中的最前沿学科之一,而复杂网络系统理论(Complex Network System,CNS)则是复杂性科学最重要研究成果之一和新兴交叉学科,从自然到人类社会,从物质到生命科学,复杂网络系统理论都起着重要的指导作用。在科学和工程技术领域,复杂网络(Complex Network)受到了前所未有的关注和重视,被称之为"网络新科学"(New Science of Network)。复杂网络化研究方法将现实复杂系统中研究对象元素抽象为某些关键节点(Vertices),将元素间关系抽象为网络中的各种边(Edge)。一方面,任何复杂的网络系统协调和可持续性均依赖于系统的适应性主体,多主体之间会相互作用,非线性主体间会聚集,主体在环境中会进行学习和经验积累;另一方面,每一个复杂网络系统的行为是由规则确定,随着经验积累,通过改变规则,以适应外部环境。我国民营企业的经济特征,正是复杂网络主体适应性的表现形式,具体分析如下:

(1)多主体的网络系统

我国的市场经济体制是一个典型的复杂网络系统,民营企业是其中的一个适应性网络主体(Adaptive Agent);与此同时,民营企业是一个多学科多层次的复杂网络子系统。企业家、高层决策和管理人员、雇员和其他利益相关者(股东,客户,供应商和社区等)是民营企业系统的网络主体。

(2)多层次网络主体

民营企业体系具有以下3个层次:核心层(Core Layer)、规则层(Rule Layer)和形式层面(Form Layer)。核心层涵盖的是企业发展战略、价值取向、经营计划和对未来的愿景等,决定着企业未来的管理方向和发展原则;规则层表示核心层向功能层的扩展,构建了组织机构和规章制度,如企业架构、业务流程等;最外层是形式层面,包括内容更加广泛,涵盖一些职能部门、公司形象、商标、商誉、品牌和产品设计等等,是企业与外部环境之间互动的具体运作层。

（3）智能化多层级网络系统

民营企业的网络是一个从"环境感知"到"转换规则",再到"网络环境"的动态过程。① 环境感知。通过各种物质、能量和信息的交换,民营企业的形式层在经营活动中,感知外部环境的变化,并将感知结果连续反馈到企业规则转换层面。② 转换规则。根据网络需求,依据企业行为及时转换规则,如企业资源配置的调整、组织结构和企业制度等方面,将本组织的信息反馈给组织核心层。③ 网络环境。新规定将要求企业改变形式层面,如企业的结构和功能的改变等。形式层面的变化最终改变企业的行为,从而达到企业整体网络环境的变化①。

综上,民营企业网络就是企业多主体（Agent）协同,不断感知外界环境变化的信息,在不同的层次做出相应的变革,最后通过企业职能部门的有效执行,最终实现网络企业环境变化（见图1.1）。

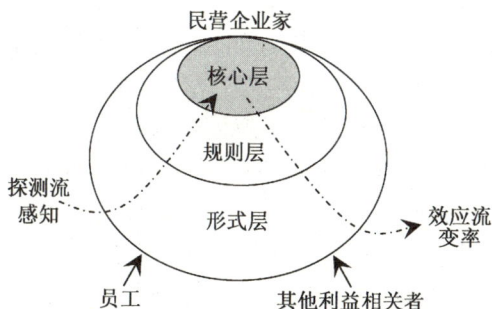

图 1.1　多主体多层次的复杂网络系统

---

① 乔德健,张国梁:《基于复杂适应系统理论的民营企业管理创新研究》,《现代管理科学》,2012 年第 1 期。

从图中可以看出,两个"流(Flow)"主导了企业网络的全过程。探测流(Detecting Flow)传输外部环境变化信息至规则层和企业内部的核心层,效应流(Effecting Flow)是一个相应层面的网络变革,使企业内部网络产生变化,最后通过形式层影响外部环境,以变制变。正是这两个"流"快速和有效实现了能适应外部环境的企业网络。

2. 民营企业高管团队的复杂网络特征

民营企业与外界在信息、物质、能量和人力方面都在不同程度上发生交流。它既不是孤立系统,亦不是封闭系统。民营企业是一个开放系统,且其存在依靠与外界交往的物质、能量和信息流来维持,如若切断其与外界联系的纽带,则无异于切断他们的"生命线"。在开放系统中,如果流过的外力和流量是线性关系,则其方向将是熵值最小原理。然而,如果流过的外力和流失是非线性关系,而非线性方程的解并非唯一,熵值变化可能是正的、负的抑或不变。民营企业因其人力、财力、技术、制度各方面之间是一种非线性关系,在这种远离平衡态的非线性结构中,其熵变不是唯一的。民营企业成长的动因,就是企业家以及高管团队作为混沌吸引子,不断从外部吸引负熵,使民营企业永续不断地向前发展。由此,民营企业高管团队是一个耗散结构,其具有生命周期特征的本质是由民营企业总熵的多少决定的。影响民营企业高管团队生命周期衰败的是系统正熵。实践证明,民营企业高管团队网络特性可分3个层次:① 网络宏观特性;② 网络微观特性;③ 网络动态演化。由网络宏观特性可以分析了解民营企业高管团队的网络宏观属性和特征,可以获取该网络的网络规模、网络密度、平均路径长度、簇系数以及度等网络宏观特征,可以对该合作网络是否具有小世界特性、无标度网络特性等进行实证研究。如果获取了足够的民营企业高管团队的相关网络属性和特征,就可以通过统计分析获得高效能民营企业高管团队的基本网络属性及特征,这就为有效界定和区分高效能民营企业高管团队提供坚实支撑,同时也为低效能团队向高效能团队的转化提供了现实依据。

1.1.2　研究的学术背景

20 世纪 80 年代以来,随着中国民营企业的发展和竞争的日益激烈,许多企业都建立了高效的管理团队(尤其是高管团队)来确定企业的发展方向和政策。国内外学者也对此进行了多方面研究,但长期以来,虽然西方管理学者在组织决策等方面研究成果相对丰富,企业高层管理团队的研究尤其是实证研究仍主要集中在高管团队和组织效能的影响。我国管理学术界基本上仍遵循领导者个人行为理论,对公司的内部运作过程的研究相对较少,大多数的研究主要集中在企业高层管理团队人口特征(Demographic Characteristics)对冲突的影响,但对冲突的演变过程、成员之间的冲突以及冲突结果的研究相对较少,从系统的角度对中国民营企业高管团队冲突的研究则更为稀少,因此,利用多学科、多维度视角对高管团队冲突进行研究的扩展和延伸,可以补充现有的理论框架,探索高层和谐管理团队的全新模式,提升企业的核心竞争力。本书希望借助复杂网络科学前沿成果和手段,构建复杂性民营企业理论框架。

1. 复杂网络理论研究

从对复杂网络的研究过程中我们可以发现,欧拉(1736)最早从七桥问题来研究复杂网络,Erdos 和 Renyi(1959)提出了随机图理论,Milgram(1967)完成了小世界实验,Granoveretter(1973)从弱连接强度的角度来研究复杂网络,Watts 和 Strogatz(1998)研究小世界模型,Barabási 和 Albert(1999)更注重无标度网络的相关研究。特别是近年来,复杂网络已经成为科学前所未有的重要研究领域之一,研究网络的新成果不断在学术期刊上得以发表,并成为不同学科(涵盖力学、物理学、生物学、控制系统、工程技术、经济、社会、军事等)的热点议题。近年来,大量相关文章发表在 Nature,Science,PRL,PNAS 等国际顶级期刊上,这也从某种角度证实复杂网络业已成为一个新的热点研究领域。本书统计了近几年 SCI 和 EI 收录有关复杂网络的文章数量(见图 1.2 和 1.3),可看出明显的增长趋势。

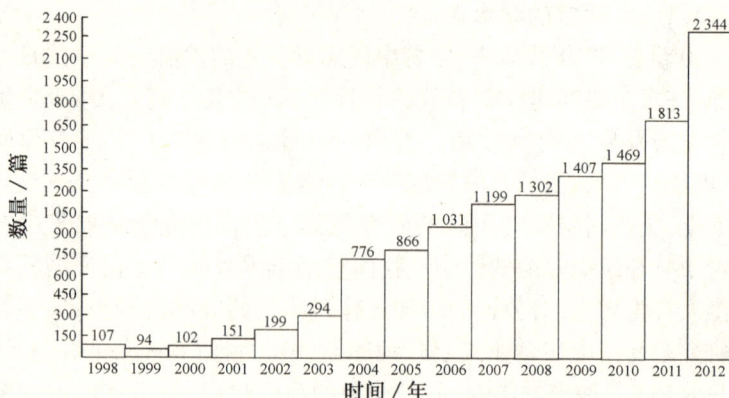

图 1.2　SCI 收录的关于复杂网络的研究论文数量(1998—2012 年)

(注:笔者根据 2012 年 12 月 15 日在 ScienceDirect 上搜集到的数据整理而成)

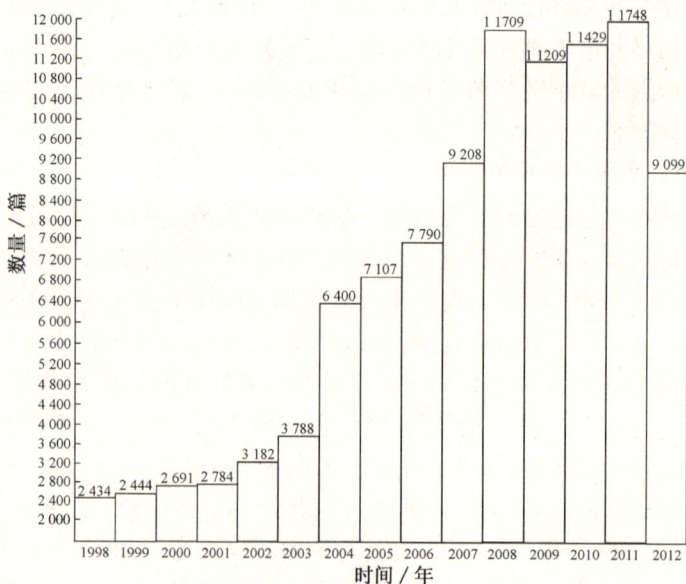

图 1.3　EI 收录的关于复杂网络的研究论文数量(1998—2012 年)

(注:笔者根据 2012 年 12 月 15 日在 Engineering Village 上搜集到的数据整理而成)

企业特别是民营企业研究,不仅要借助演化经济学理论、复杂网络系统理论、混沌理论、自组织,更要从自然科学理论库中汲取思想,向自然科学靠拢将是今后民营企业理论研究的必然趋势。而传统经济学企业理论并未对此给予充分解释,由此,应借助演化经济学与复杂网络相关理论与方法对企业理论进行必要解释和补充,在演化经济学与复杂网络理论基础上,构建民营企业复杂性理论的基本逻辑框架。民营企业的复杂网络理论使得民营企业理论不再是确定性、可预测和机械的,而是确定性与随机性相统一的、有机的和不断演化的企业理论。此外,这个逻辑框架可以部分地把传统企业理论(包括新古典、新制度的企业理论)、演化经济学的企业成长理论及复杂网络理论有机地整合在一起。

2. 企业团队相关研究

西方有关企业管理的理论学派林立,它们从不同的角度探讨了企业的各种经济活动。企业理论始于 20 世纪 30 年代,对现代企业理论有重要和直接影响的首篇论文来自于科斯(Coase,1937)发表的《企业的性质》(The Nature of the Firm),论文指出,由于市场交易成本的非人格化,采用人格化装置——企业机构会绕过市场定价过程来完成资源配置,这样一来,可以节约交易成本。因此,科斯认为,企业是对市场的一种"替代价格机制"。如果资源配置在市场上进行,则由市场价格调节;如在企业内部,则由企业权威来指挥完成。市场和企业是两种可以互相替代的配置资源的手段。

(1)"委托—代理"理论:对现阶段我国民营企业高管团队的理论解释

"委托—代理"关系的经典定义为:在双边和多边关系中,当一方(指定的代理人)向另一方的利益或作为其他方(指定为委托人)在特定的决策问题的决策范围内进行自主决策时,会产生"委托—代理"关系。"委托—代理"理论涉及的主要问题包括:当委托人想让代理人根据自己的利益来选择行动,但委托人不能直接观察到代理人选择了什么行动,只能观察到一些由代理人的行动和其他外生随机因素决定的变量,当委托人只观察到代理人行动的不完全信息时,如何基于观测信息来激励或是惩罚代理人,以激励代理人选择最有利于委托人的行动,是一个极大难题。

Holmstrom B 和 Milgrom P(1982)在《团队中的道德风险》中获得了增强代理人激励的方案。他认为,代理关系中个体理性(懒惰以及对在职消费行为的追求)和集体理性(团队生产,帕累托最优)之间的矛盾和冲突来自于"预算约束平衡",总产量输出会完全分配给所有的成员。如果"预算平衡约束"被破坏了,纳什均衡和帕累托最优的冲突就会迎刃而解。打破预算平衡的方法包括:第一,委托人指定帕累托团队生产,如果达不到预定的生产要求,团队成员将没有任何收入;第二,让团队成员支付一笔相当于帕累托产量的边际贡献率,规定产量,团队成员将得到略高于保证金的收入,否则这笔保证金将被委托人没收。

在民营企业,"委托—代理"问题实际上要解决的是在所有权和经营权部分分离时,民营企业主、泛家族成员与以职业经理人为核心的高管团队在各自目标不同的前提下,如何达到博弈均衡。我国民营企业有着以下四大隐患并可能引致冲突:① 信息不对称。企业主不能在合约范围内完全观察到经理人的行为和努力程度,他们彼此之间存在着较大的信息不对称。② 不确定性。由于一些随机性因素如市场供求状况及政治变化等不确定性问题的存在,经理人做出同样行为或努力,也许与泛家族成员相比,难以得到相应经营效能,则可能"偷懒"或"隐藏"努力,即出现道德风险。③ 监督和激励。民营企业应该制定出与经理人努力程度相关的激励方案,才能有效诱导并最优化职业经理人行为,以符合家族利益。④ 风险分摊。民营企业主与职业经理人承担的财务风险与所获收益之间并不对等,"空降兵"与既有高管团队之间在风险分摊上也存在一定差异。综上,虽然从能力角度而言,外部空间可选择余地更大,寻找职业经理人团队要强于血缘接续,但是,受传统文化影响,一旦跨出亲族关系构成的社会关系网络,家族信任向社会信任进而向互信的扩展就会受到限制,冲突就会凸显。

(2)团队动力理论:团队发展的心理归因

群体动力学(Group Dynamics)一般也被称作"团体动力学",由美国心理学家库尔特·勒温于 1945 年提出,是试图通过对群体现象的动态分析发现其一般规律的理论。团队动力学以群体性质、群体发展规律、个体与群体的关系、群体和群体的关系等作为研究对象。这一理论对社会心理学、组织管理心理学的形成及发展,尤其是对群体行为的研究影响巨大,贡献卓著。

团队动力学主要研究群体的凝聚力(如群体凝聚力强弱的受制因素),群体压力和社会规范(如从众现象等),群体目标(如群体目标的有无对群体效能的影响),团队成员的行为动机作用(如冲突、竞争与合作),群体的结构特性(如团队成员人际交往结构、团队内部权力组成结构等),诸如上述种种。团队动力理论的主要特征包括:① 注重实验、调查等实证研究方法;② 注重团队动力性及关联性研究;③ 注重与其他社会科学之间的广泛联系性;④ 注重研究成果在社会生活中的应用性。在此基础上,库尔特·勒温采用格式塔心理学观点,借用拓扑学概念来解释个人生活空间内各部分的关系,提出场理论,又称为拓扑心理学(Topological Psychology)。他对每一区域内心理事件的性质用引拒值(Valence)称之,并冠以数学上的正或负符号。他认为,当两个事件都具有正的引拒值,或者两个事件同等地令人排斥,而一个人又不能不在两者之中择其一时,两个事件之间就可能产生冲突。

(3)团队角色理论

团队角色理论也称为贝尔宾团队角色理论(Belbin Team Roles)。贝尔宾在 1981 年出版了一本著作——《团队管理:他们为什么成功或失败》(Management Teams——Why They Succeed or Fail),在这本书中,他提出了团队角色模型,该模型的中心思想是:**没有完美的个人,只有完美的团队**。虽然人无完人,但就团队而言,却可以在取长补短的基础上达成完美的团队,只要适当地拥有各种角色。他认为,一支结构合理的团队应该拥有各种不同的团队角色,并对此进行了历时 9 年的原创性研究,经过一系列的团队试验,首次提出团队中存在 8 种角色——创新者(Plant)、信息者(Resource investigator)、主席(Chairman)、推进者(Shaper)、监督者

（Monitor evaluator）、凝聚者（Teamworker）、公司工人（Companyworker）、完美者（Completer-finisher）。1993 年他又添加了一个新的角色：专家（Specialist），并改动了两个角色的名称：用协调者（Coordinator）代替了主席（Chairman），用实干家（Implementer）代替了公司工人（Company worker）。他同时认为，不同团队角色之间的有效契合，可以最大限度减少冲突，增强内聚力。

（4）企业团队网络组织研究

网络组织理论是近年来兴起的新的理论，但没有统一的认识。国内外学者从不同的角度做出不同的解释。迈尔斯和斯诺（2006）对网络组织的定义是集体资源的价值链各节点贡献的相结合；梅拉特与勒科克（1994）认为，从经济、历史、认知和多元化网络组织的视角来看，网络组织是一种冲击传统市场和企业的复杂社会经济组织形式的二分法，复杂的组织形式是动态的，依赖于特定的路径；Butea F（1995）认为，网络组织是一种可以识别的多环节、多结构体系，组织内"节点"和具有高度的自组织能力（或组织），在"共享"和"协调"目标下，在松散组织形式内共同处理事务，实现组织的合作；林润辉和李维安（2000）均认为，网络组织是一个由网络连接节点组成的有机组织体系，同时，研究网络组织的基本特征主要是组织的灵活性、扁平化、网络化以及模糊化；Granovette（2002）从能力的角度来分析，区分类似性活动（Similar Activities）和互补性活动（Supplementary Activies），从而为网络组织存在奠定了理论基础。现实中很多虚拟企业的动态联盟则有效验证了此点，为团队的运作过程及网络环境下的团队冲突研究奠定了基础。

3. 社会学中的冲突理论

社会学始终高度重视社会冲突相关研究。社会学中的冲突理论是 20 世纪 50 年代中、后期形成的西方社会学流派，它强调解释社会生活和社会变化中的冲突。传统的冲突理论认为社会不和谐现象是一种永恒存在，反对结构功能理论的静态平衡意见，并认为许多社会问题并不是均衡模型可以解释的。它认为社会是一个动态的、不断变化的系统，整个社会系统处于绝对的不平衡中，是社会变迁的一种根源。社会在运转中所保持的秩序,除了社会成员对社会价值和权威的认同外,权力也在发挥着很重要的维持作用。

　　冲突理论的最大特点在于其认为社会变迁具有普遍性,社会冲突普遍存在,冲突是自然的,是我们的生活中不可避免的社会现象,其与矛盾的结果冲突导致了社会结构的变化,这是冲突的基本功能。斯宾塞(Spencer)认为,原始人是一种掠夺和爱好屠杀的动物;波兰社会学家甘普罗维(Gumplowicz)认为自古以来冲突状态支配人类生活,社会生活是一系列的冲突循环周期;齐美尔(simr-nel)把冲突与统一看作不同的,但同样重要且密切相关的两种互动形式,并没有谁比谁更基本或更有意义,他们是正常的形式,彼此之间可以实现互动(Transaction)。社会生活在许多不同的层面上往往表现出循环进程中的和平与冲突。然而,冲突理论批判功能主义者注意到了社会关系的强制性,认为秩序通常只是暂时的,它产生于一部分人对另一部分人的统治和支配,而并非天然合作。因此,它成为社会系统稳定性的威胁。这是一种"保守思维",它把人们的注意力从冲突和变革牵引开去。

　　尽管冲突理论本身是具有高度多样性,但总的来说,其主要理论观点如下:① 冲突。在社会结构中,群体之间存在矛盾。团队的目标不一致,特别是支配者和从属者之间利益存在不平等。每一个团队都想要获得优势地位,攫取更多利益,从而导致二者之间的冲突和斗争。② 变迁。是群体之间冲突和斗争的结果。在短暂平静中可能酝酿反抗和斗争,从而导致社会进化。所以,冲突理论认为稳定发展和迅速变化可能交替出现在社会化进程中。③ 强制。斗争中取得优势地位的团队,要采取强制手段,迫使其他组织与其产生合作,以维护社会秩序的稳定,强制的结果只能取得暂时的稳定,抗争还会再上扬。例如,达伦多夫就认为依靠权威关系来实现强制性协调是所有社会组织的基本特征,"强制就是行施合法权威"。

1.2 问题的提出：民营企业高管团队的冲突与和谐

虽然人们经常会听到有关企业家个人奋斗并获得成功的励志传奇故事，但民营企业的成功尤其是可持续发展在很大程度上是团队共同奋斗、团队成员之间分享各种知识、技能和经验的结果（Ensley，Pearson & Amason，2002）。由于民营企业内部资源之间整合成本的最小化契合了我国特有的政治经济和家族主义（familism）文化情境，经过20余年的发展，已有大量民营企业实现跨越式发展（Malinen，2001；汪继峰，2004；陈璐，2009），在其中，高管团队作为承担经营风险、获取和配置稀缺资源、进行创造性破坏以及在不确定性环境下进行有效决策的阶层，是企业效能乃至社会财富的最重要创造者，从而备受瞩目。与此同时，我们注意到，随着经济快速发展，冲突已日益成为一种广泛存在的社会现象，任何组织都必然会发生冲突，民营企业这样一种相对特殊的组织形式更是孕育冲突的温床，从2010年直至现在仍余波未平的国美之争、2010年岁末的何鸿燊家族内斗，追溯到更早的新鸿基内讧……民营企业因高管团队冲突而引发纷争的案例屡见不鲜。对于民营企业而言，由于家族因素的介入，随着高管团队整体而非仅民营企业内部个人（如创业董事长）对企业战略发展起着越来越重要的关键领导和决策作用，高管团队如何冷静应对越来越多的冲突和矛盾，化干戈为玉帛，将冲突消弭于无形，创造和谐氛围，对团队的成功乃至整个民营企业的成功至关重要（Katz，Russ-Eft，Sherer，1995；Moran & Ravishankar，1995；陈凌，2008；李新春，2010）。

因此，中国式特定文化情境下，民营企业在转型经济中应如何面对市场经济的瞬息万变、全球经济的一体化和多元化的发展要求，有效承担复杂任务，更新管理手段，都越来越显示出"团队合作式领导"（Team Leader）这种模式的重要性。大量的理论研究和实践证实，由不同的部门、不同的地区、不同人口统计学特性的职业精英所组成的企业高层管理团队不仅是企业智力资本的重要载体,更是能够提高团队效率、促进民营企业可持续发展的有效资源,是企业实现发展目标乃至愿景的最关键因素之一。因此,民营企业高管团队理论已成为公司治理、组织行为、人力资源与战略管理理论的一个重要研究领域。

1.2.1 冲突

冲突在人类社会发展过程中广泛存在,并向来为哲学家、历史学家、政治学家、社会学家、经济学家、心理学家、管理学家以及精神病学家们所关注。它是人类社会中无可避免的现象,无论在日常生活经验或媒体报道中,有关冲突的主题也历来是传播焦点之一。冲突所涉及的范围相当广,可以是个人内在冲突(internal conflict),如角色冲突、任务冲突、目标冲突、价值观冲突等;或是人际关系冲突(interpersonal conflict),如亲子冲突、夫妻冲突、上司—下属冲突等;抑或是群体冲突(intergroup conflict),如劳资冲突、种族冲突、国际冲突等。一般而言,心理学家的主要兴趣在于个人内在冲突及人际关系冲突,社会学家的兴趣则主要在于群体冲突。

其实,冲突一直是社会常态,只是在不同阶段和不同问题上呈现出各有偏倚的性状。社会资源是有限的,资源争夺战一直是社会主旋律。因此,构成社会的各部分绝非是一个整体,社会基本状态即冲突。但值得关注的是,虽然冲突在某些时候会阻碍社会进步,但在某些时候又更能推动历史良性发展。在其中,经济冲突是社会冲突的最主要外显化表现方式之一,而企业作为社会经济体系中的最基本单位,其兴衰直接关系到整个社会经济的繁荣或萧条。而当前,相关企业冲突研究焦点多放在世界普适性或文化比较探索方面,华人本土心理学领域相关研究相对较少。

在企业团队冲突相关研究中,最受关注的是冲突与内聚力的研究。企业高管团队中建设性的任务冲突一旦被理解为是对个人的批评就容易变化为情感冲突。Brehmer曾指出,成员之间的误解会导致认知上的分歧转为情感冲突。相对而言,情感冲突将带来更多负面影响,增加成员间的抵触,降低团队内聚力。跟异质性团队不同的是,同质性团队的任务冲突与情感冲突都较少,成员间更

易交流共享信息,形成共同价值观并提升团队凝聚力。Tjosvold
(1980)的研究同时表明,内聚力是一种很强的向心力,它会使成员
彼此信任与宽容,所以说内聚力会减少关系冲突;Ensley 等(2002)
则对 70 个新企业样本研究发现,由高归属感成员组成的团队能更
好地处理冲突。由此,跳出单一学科范畴,从管理学、心理学、社会
学及组织行为学等多维角度来科学地阐述和分析冲突机制、冲突
发展进程、冲突结果,并提供解决和管理冲突的技术是当前组织管
理面临的最重要任务之一。

1.2.2 和谐

在西方社会,harmony(和谐)一词源自古希腊语 hannonia。han-
nonia 是毕达哥拉斯学派提出的数理范畴核心概念之一。在毕达哥
拉斯学派看来,和谐是数,音乐里有数,所以音乐是"和谐"的;宇宙里
有数,所以宇宙是"和谐"的。而"和谐"就是善,就是美。而所谓和
谐更多指的是各个部分、各种要素处于一种相互协调的状态①。

在有着上下五千年悠久历史的中国,对"和谐"的理解更是如
珠如玉,可圈可点。《辞海》将"和谐"一词解释为"协调";《后汉
书》中说:"政专则和谐,相倚则违戾。"《论语·学而》曰:"礼之用,
和为贵②;孟子认为"天时不如地利,地利不如人和";老子提出
"万物负阴而抱阳,冲气以为和",孔子将"和"作为其人文精神的核
心,认为"君子和而不同,小人同而不和"③;孟子继承了孔子的思
想,将"人和"放在一个非常重要的地位,他有一句非常著名的论
断:"天时不如地利",然后"地利不如人和",只要组织内部和谐,上
下共同努力,就能立于不败之地;荀子则从更积极的意义上提出了
"和则一,一则多力"的命题,认为组织内部的人们若是能够和谐共
处,就会取得一种强大的力量,进而壮大国家权力。总之,中国传
统文化将和谐的人际关系置于无上的价值及尊崇地位,强调人与

---

① 杨伟峰,张凤春:《和谐管理打造高效团队》,辽宁人民出版社,2009 年,第 2 -
10 页。
② 黄侯兴:《孔子与论语》,河南文艺出版社,2012 年,第 10 - 25 页。
③ 杨伯峻:《孟子译注》,中华书局,2005 年,第 3 - 18 页。

人之间的团结与合作。同时也可以看出,我国古人一般把"和谐"作为"人—天"(人与自然)、人际关系(人与人及社会)、身心健康(人的身体和精神)等关系的理想范式,成为中国文化的一个基本原则,影响着中华民族的思维风格、美学观点、伦理学和行为特征等,已成为中国传统社会的基本价值取向。

我们可以发现,虽然"和谐"概念中西皆存且更多带有美学意义,但内涵上仍存在一定差异。尤其近年来,在我国随着"和谐社会"概念的提出,学界和社会实务界对"和谐"一词各有见解,而其含义也似乎与英文中的 moderation 而非 harmony 意义更为相仿,更多侧重"能够协调多方关系",跟"同"有诸多差异,更侧重于"中"以及"适度"的内涵设定。从文化哲学的角度去理解,分别是人与自然的和谐、人与他人的和谐、个人与社会的和谐、个人心理的和谐以及自然、人、社会的总体和谐。

尤其值得注意的是,不利的冲突会造成人际关系紧张、情绪低落、资源利用率下降等不利的影响。然而,表面的团结、和平不一定会给组织带来效率。过分强调组织体系的团结统一,一呼百应,常常会形成"群体盲思"的局面,不利于组织获得正确的信息,不利于组织的正确决策,最终限制了组织的发展。此外,管理如果没有冲突往往是来源于组织成员的冷漠,正所谓"哀莫大于心死"。因此,冲突并不可怕,冲突可以是一种毁灭性的力量,也可以是潜在的、健康成长的力量,关键在于管理者如何有效地管理冲突,以此来最终达到打造高效能和谐团队的目标。

1.3 研究目标

本书试图从复杂性科学、管理学、心理学、组织社会学等角度讨论民营企业高管团队这样一个复杂体系,在广泛意义上建立模型来分析民营企业高管团队冲突,以及民营企业高管团队冲突通过内聚力对团队效能产生的影响,并提出一些理论分析和思考:

第一,通过研究,借助于高管团队理论、演化博弈理论及复杂网络理论,对中国式背景和特定文化情境中民营企业高管团队冲突以及高管团队效能等概念进一步厘清和深化。

第二,提供一个有关民营企业高管团队冲突、内聚力、团队效能的完整统一的实证分析框架,研究中国特有的儒家文化背景下高管团队冲突的影响机理、内聚力在高管团队冲突和团队效能之间的中介作用,以及高管团队成员差异性、地域、企业文化等因素的调节作用,为民营企业提升高管团队效能进而实现可持续发展提供理论依据和实践探讨。

1.4 研究意义

企业的产出是居于组织架构顶端的高管团队特征、企业行为与社会资源的映射。转型经济条件下,高层管理团队战略决策的作用越来越明显,"没有完美的个人,只有完美的团队"。但值得关注的是,目前的研究更多集中在高管团队冲突与战略选择之间的关系、合作协同与企业成果之间的关系等,相对忽略了冲突对团队绩效或组织成员满意度结果的影响(刘海山,2008);同时,众多的冲突前因变量研究和对团队冲突的研究主要关注团队冲突对团队效能的影响,团队冲突和团队效能的作用机制的研究相对薄弱;此外,很少有学者研究中国的民营企业尤其是转轨时期中国民营企业,定量角度的论证仍有待挖掘。因此,建立一个高内聚力的高层管理团队,最大限度地协调与管理冲突,可以有效地提高企业高层管理团队的效率和效果,并对促进中国民营企业理论与实践的发展有着重要意义。归纳如下:

首先,弥补中国式背景和特定文化情境下民营企业高管团队内聚力研究的缺失。从国内外研究来看,用内聚力研究高管团队行为的迄今仍十分罕见,更遑论在民营企业这一特定组织范畴内,对其进行测量和深层次探讨,本研究作了有益尝试。

其次,在转型经济条件下和特定的文化情境中,对民营企业高管团队冲突及其形成机理的研究有着重要意义。权变理论认为,成功管理的关键在于对组织内外状况的充分了解和实施有效的应变策略。哪些因素影响了高管团队冲突,如何通过影响这些因素来协调冲突,值得深入研究。

第三,本书旨在研究中国特有的儒家文化背景下,内聚力在高管团队冲突与团队效能之间发挥作用的方式、机理,以及行业、规模、高管团队成员特征等因素的调节作用。

第四,民营企业高管团队效能的理论研究在我国几乎还是一个全新的话题。本研究将有助于相关政府部门了解民营企业高管团队冲突以及团队效能之间的关系,为我国民营企业迅速适应经济全球化与信息迅猛发展的需要,促进我国民营企业的健康可持续发展提供相应理论依据和实证支持。

1.5　研究方法

本研究拟从以下 3 方面展开:首先,通过对文献的梳理构建研究理论模型,从逻辑上推导各研究变量之间的关系,并提出相应的研究假设;其次,对概念进行操作化定义,进行复杂性分析和演化博弈分析,并设计相关调查问卷,进行实证研究;最后,对实证结果进行分析。

(1) 问卷调查

通过问卷调查和档案数据相结合的方法来收集数据并进行分析;然后,再计算高层管理者问卷与访谈人问卷之间的相关系数,以此检验数据的信度。除了通过调查问卷来收集数据外,同时将尽可能收集关于企业的档案数据,以检验数据结果的效度与信度,所使用问卷将尽可能采用西方学者惯常采用的成熟问卷,并采用双盲式翻译,以保证信度与效度。双盲翻译后的中文应尽可能简短,以避免歧义(Law,2000)。

(2) 案例研究

案例研究是理论发展的必然,它对复杂性问题尤为适用(潘绵臻、毛基业,2009),有鉴于此,本研究拟选择民营企业相关典型案例,并收集代表性案例的有关历史性、档案性资料开展详细分析,冀望于相关分析结论可以给民营企业高管团队冲突的研究提供一定理论框架。

（3）演化博弈研究

一方面,本研究拟引入冲突管理的"二维方格模型",运用多人重复博弈的方法,建立高管团队内成员重复动态博弈模型,模拟成员冲突的动态过程,比较不同冲突处理方式对团队效能的影响,分析不同冲突水平的团队冲突处理方式;另一方面,基于高管团队中家族成员（包括家族成员、近亲、老乡等）与职业经理人这两种不同群体之间的明显冲突博弈关系,构建家族成员与职业经理人的演化博弈模型,研究家族成员与职业经理人行为交互系统的均衡点及稳定性。

（4）复杂网络研究

复杂网络主要研究网络的几何性质、形成机制、演化统计规律、网络模型性质、网络结构稳定性及其演化动力学机制等问题。网络研究的基本测度包括度（degree）及其分布特征、度的相关性、集聚程度及其分布特征、最短距离及其分布特征、介数（betweenness）及其分布特征等。本研究期望通过分析真实网络统计特征,并以此为基础,找出民营企业高管团队关系网络的非线性特征,将上述网络作为实证研究对象,探讨团队网络结构与团队功能之间的相关关系。

1.6 研究思路和主要创新点

1.6.1 研究思路

本项目以民营企业这一特定组织形式为研究对象和主体,以长三角地区这一区域作为研究范围,运用复杂网络、演化博弈理论、民营企业理论、冲突理论、内聚力理论及团队理论等的最新研究成果,结合我国民营企业的现状,在对高管团队冲突进行研究以及量表调查的基础上,分析民营企业高管团队冲突及其权变因素,探讨了内聚力在高管团队冲突以及团队效能之间的中介作用,在此基础上,对民营企业高管团队效能的进一步提升进行综合研究(见图1.4)。

民营企业复杂系统

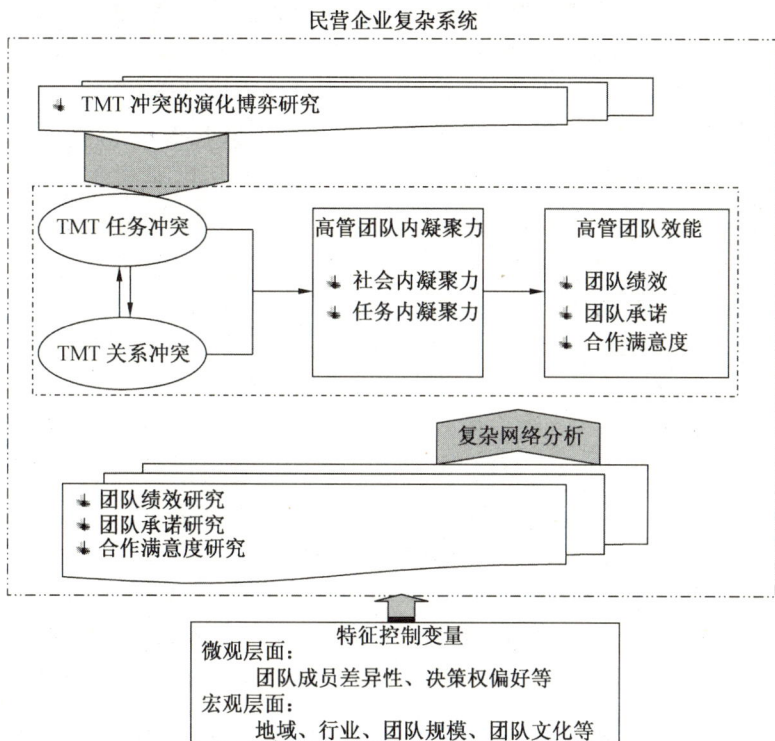

图1.4 基本研究框架

1.6.2 主要创新点

冲突既是破坏和仇恨的来源,也是创造力和理解的催化剂(Ensley,2002)。对于不同的企业,解决破坏性冲突,加强建设性冲突,实现动态平衡、相互促进的冲突水平,建立一个高凝聚力的高管团队,最大限度协调和管理冲突,可以有效提升高管团队效能乃至企业绩效,并对促进我国民营企业理论和实践的发展具有重要的意义。主要创新点如下:

首先,构建基于个体特征的高管团队关系网络模型与冲突研究框架。传统研究受限于冲突在时间序列上的变化,以定性分析和整体研究为主,难以实现单个团队的冲突分析与量化研究。本书利用民营企业高层管理团队特征与复杂网络特性之间的关联性,将高管团队成员工作关系与人际关系进行网络映射与叠加,运用图论和复杂网络理论知识,对高管团队关系网络的度、接近度、集聚系数、介数等网络特征属性进行分析、提取和集结,在此基础上探讨了不同性质的冲突对团队互动过程的作用机理以及对团队内聚力的影响,避免了传统冲突的研究在方法上的局限,为复杂环境下高管团队冲突分析提供了一个快捷有效的研究途径。

其次,运用博弈与演化理论研究高管团队冲突对成员行为、团队效能的影响。首先,建立了团队内成员相互重复博弈模型,研究不同冲突强度下成员行为策略演化机理及对团队效能的影响。论文结合冲突管理"二维方格模型",将成员对冲突处理的行为情景嵌入其博弈策略选择空间,借助复杂系统多智能体(Multi-Agent)建模,模拟团队成员重复博弈和动态演化过程,通过统计,观察个体冲突微观行为对团队宏观整体作用,研究不同冲突水平下个体冲突行为规律变化及冲突对团队内聚力及团队效能的影响。其次,在团队冲突宏观层面,由于民营企业的特殊性,其高管团队成员越来越由泛家族成员(创始人、合伙人、家族成员、近亲、老乡及朋友)和职业经理人两大类群体组成,本书建立了这两类人基于信任和支持的行为演化博弈模型,研究了两类群体行为交互的均衡点与稳定性,以及内聚力在其中可能发挥的作用。

第三,将民营企业高管团队冲突、内聚力、团队效能纳入统一分析框架,对冲突的相互关联以及内聚力在冲突与效能之间的作用进行实证分析,验证了冲突影响内聚力继而影响效能的假设。在我国民营企业快速发展的时期,鉴于民营企业高管团队内聚力罕有研究的现状,创新性地将民营企业高管团队冲突、内聚力和团队效能放在同一层次上,构建并检验其相互间的理论关系,能为民营企业高管团队建设提供新的理论视角和实践参考,进而提高我国民营企业高管团队运作的效能。同时,本书在此基础上提出了提高内聚力、化解冲突、提升团队效能的对策建议。

第 2 章　相关文献和理论回顾

2.1　核心概念

2.1.1　复杂网络理论

1. 复杂网络的界定、表现及特征

在自然界和社会领域,有着许多复杂的系统,如人的大脑中神经元的节点,作为一个复杂的网络,根据非节点信息,能有效地从一个地方传到另一个地方,任何两个节点之间只需很少量的跳跃。此外,超大规模集成电路,自然界中的食物链,生物体的新陈代谢,人与人之间的关系,各种交通网络和细胞内蛋白质的相互作用都构成一个个复杂的网络系统(见图 2.1 和 2.2)。

图 2.1　美国各大城市之间的航班连接

(资料来源:转引自郭雷,许晓鸣《复杂网络》)

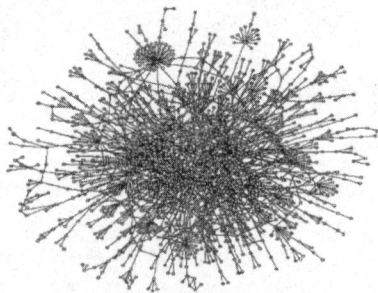

图 2.2　酵母菌的蛋白质——蛋白质相互作用网的最大连通集团
（资料来源：转引自郭雷，许晓鸣《复杂网络》）

20 世纪 90 年代，中国著名学者钱学森对复杂网络提供了一个较严格的定义：具有自组织、自相似、吸引子、无标度网络小世界特性的网络，称之为复杂网络①。目前，有关复杂网络的研究包括：网络的几何形状、网络的统计规律、网络的演化机制、网络结构的稳定性和网络的演化动力学等。在自然科学领域，网络研究的基本范畴包括：度（Degree）及其分布特征，相关性、群聚程度和分布，平均最短路径及其分布，中介度（Betweenness）及其分布特征，组大小分布的连通规律等。以下 3 个概念在复杂网络理论中至关重要：

首先，小世界（Small World）。可以简短描述为，任何两个节（顶）点都有一条相当短的路径，可连接世界。例如，在社会网络中，人们面对面的见面机会很少，但远不相干的人却可以通过网络实现有效连接，即已成为一个小世界。其次，群集度（Clustering Co-efficient）。有意义的集群程度是网络集团化程度，是一种网络内聚趋势，反映一个相对较大网络中各集群的复杂小分布和相互连接的关系。例如，它可以反映一个朋友圈和另一个相互有联系的朋友圈之间的关系。第三，幂律（Power Law）的度分布。度（Degree）指的是网络中某个顶（节）点（相当于一个个体与其他顶点的关系

---

① 宋健：《钱学森科学贡献暨学术思想研讨会论文集》，中国科学技术出版社，2001 年，第 90 - 120 页。

（用网络中的边表达）的数量；度的相关性指顶点之间关系的联系紧密性；介数（Betweenness）是一个极其重要的全局几何量。顶点的介数含义是，所有最短路径的网络经过的数量。它反映了顶点（网络中的相关个体）的影响大小；无标度网络（Scale-free network）的特征主要反映了集聚；连接节点和外界的连线数量称为度，在真实世界的复杂网络中，每个节点的连接的数目通常是不一样的，大量的节点度分布被称为度分布（Degree Distribution），表明任意一个节点存在着多大的可能性，与外界正好有 k 条连线相关联。

除此而外，科学家们发现，几乎所有的复杂网络都有如下几个特点：① 复杂网络行为的统计特征。节点数量巨大，从而使得大规模网络节点表现出复杂的动态行为。② 每个节点本身可以是非线性系统，具有分岔、混沌、网络连接稀疏等非线性动力学特征。③ 网络连接结构不完全规则，以及不完全随机网络演化的复杂性。随着复杂网络在时间和空间上的演化，特别是在不同类型的网络节点的上同步运动，产生了多重复杂性融合。

在社会科学领域，社会网络分析方法由于引入数学和计算机技术而变得日益成熟，经过将近 40 年的发展，社会网络分析已经从早期的小团体研究进入经济社会学和一些边缘学科领域的相关研究，甚至一些经济学家和心理学家们自觉运用社会网络分析的概念和方法，研究人与人的经济和社会关系的关联性。

2. 国内外研究现状分析

复杂网络成为复杂系统研究的热点领域最早始于 1998 年，美国康奈尔大学（Cornell University）的 Watts 和 Strogatz（1998）在《自然》（Nature）杂志上发表了一篇文章，介绍了小世界（Small-world）网络模型，描述从完整规则的网络到完全随机网络的一种变换。圣母诺特丹（Notre Dame）大学的 Barabási &Albert（1999）提出无标度网络（Scale-free）模型，也被称为 BA 网络模型，指出初始网络节点为 m_0 个，每一个时间步长（总时间 t）添加一个新的节点，并与网络中已经存在的 $m(m < m_0)$ 个节点相连，网络最终节点数为 $m_0 + t$；其后，科学家们又研究了不同复杂网络的各种特性。近年来，复

杂网络上的学术研究热度在国内外迅速上升。据不完全统计,仅仅在世界顶级学术期刊《自然》和《科学》上发表的复杂网络相关论文已超过40篇。复杂社会网络作为复杂网络研究的重要子方向,亦获得国外科研机构的高度关注。国际上主要的研究团队包括以Barabási &Albert 为代表的圣母玛利亚大学复杂网络研究中心;以Watts & Strogatz 等为代表的哥伦比亚大学集体动力学研究组,以Vespignani & Barrat 等为代表的复杂网络合作实验室,以 Arthur,Newman 和 Strogatza 等为代表的圣塔菲研究所,以 Nowak 为代表的哈佛大学演化动力实验室等。此外,包括 Science, Nature, Management Science, Marketing Science 在内的国外综合类期刊上有关复杂网络的文章日渐增多。

我国学者对于网络理论的研究起始于王小帆(2002)在国外杂志上发表的一篇关于复杂网络的文章,文章回顾了复杂网络研究近几年来的重要研究成果,包括平均路径长度、度分布、聚类系数、标准网络、规则网络、随机网络、小世界网络、其他网络以及复杂网络的同步等[1];国内杂志引入复杂网络理论相关研究可以追溯到朱涵(2003)发表在《物理》杂志的"网络'建筑学'",论文基于小世界、集群概念和无标度,介绍了复杂网络的研究进展[2];其后,吴金闪等(2004)从统计物理学的角度,对复杂网络的主要研究成果进行了总结[3],对规则网络、随机网络、小世界网络和无标度网络模型进行了分析,并对网络统计研究的动态力学性能、网络演化进行了探讨;周涛等人(2005)围绕小世界效应和无标度特性等复杂网络的网络统计特征和复杂的物理过程等问题,总结了复杂网络的研究进展[4];史定华(2011)从网络节点度和度分布的阐述理解着手,

---

① Wang X F, Chen G R. Complex Networks: Small – world, Scale – free and Beyond, IEEE Circuits and Systems Magazine, 2003(3)。

② 朱涵, 王欣然, 朱建阳:《网络建筑学》,《物理》, 2003 年第 32 期。

③ 吴金闪, 狄增如:《从统计物理看复杂网络研究》,《物理学进展》, 2004 年第 24 期。

④ 周涛, 柏文洁, 汪秉宏, 等《复杂网络研究概论》,《物理》2005 年第 34 期。

对网络分类结构、演化机理及模型等方面的研究发展进行了总结概括[①]。这些研究都强调了复杂网络的统计特性,解释和阐述了复杂网络理论的经典模型,但对复杂网络的国内外相关研究进展介绍虽相对综合但却较为笼统浅显。

2.1.2 民营企业

有关民营企业(Private Enterprises)的概念在经济学领域有着不同看法。一种观点认为,民营企业是由私人投资的私人所有企业,是享受私人投资收入、承担个人风险的一种法定经济实体;另一种观点是指相对国有企业的另一种企业形式,根据其不同形式的所有制,可分为两种类型:国有以及私有。国有企业产权归国家所有,租赁人按照市场经济要求自行筹集资金,自我管理,自负盈亏,风险自担。私有民营企业则是指个体企业和私营企业[②]。从广义范畴来看,民营企业和国有企业是相对的,并与非国有企业之间相容,包括国有及国有控股企业。一些非公有制企业统称为民营企业。我国《公司法》有规定,按照企业的资本组织形式来划分企业类型,主要有:国有企业、国有控股企业、有限责任公司、股份有限公司、合伙企业和个人独资企业等。按照上述定义,根据民营企业的相关内涵界定,在国有独资、国有控股企业之外的其他类型企业,只要没有国有资本,都应该包括在民营企业的范畴之内。

2.1.3 企业高管团队的内涵界定及其相关研究

1. 企业高管团队的定义

"高管团队"于20世纪70年代首次出现在战略管理相关著作中,企业的高管团队一直以来都被视为组织运营中心,通过战略决策影响公司的战略方向,并通过制定与实施相关的战略来实现企业成长以及价值增长(Akaike H,1980),它是该组织主要承担战略决策责任的高级管理团队,是影响企业发展和决定企业绩效的最

---

① 史定华:《网络科学与工程丛书:网络度分布理论》,高等教育出版社,2011年,第65-82页。

② 邢军:《中国民营企业融资状况发展报告》,中国经济出版社,2013年,第11-42页。

核心要素。在现代企业组织形式下,它通常会包括 3~10 个核心成员,主要有董事长和正、副总经理(正、副总裁),以及其他共同参与战略性决策的企业高层管理团队成员。由于企业组织高管团队通过战略决策影响组织发展,其绩效水平以及决策的正确与否,都会对组织绩效和长远发展有着重大影响。因此,对企业的高层管理团队进行相关研究有着极其重要的现实意义。学者们普遍认为,高层管理团队是企业发展到一定阶段,为适应复杂的网络环境而出现的一个新的核心决策团体(Core Decision Group,CDG)组织。他们是组织的高级决策群体,是企业战略决策与执行层,负责组织和协调整个企业,有很大的决策权和管理控制权。与一般员工相比,高层管理团队的决策功能更为强大。本研究将典型定义列示如下(见表 2.1)。

表 2.1　高管团队的代表性定义①

代表学者	高管团队的定义
Fredrickson(1984)	高管团队是由企业 CEO 反复讨论决定,在战略性经营决策和日常生活中能够有效发挥作用的高级管理者团队
Hickson 等(1986)和 Jackson(1992)	高管团队是参与企业战略决策探讨,根据讨论做出相应决策的高级管理人才
Jackson 和 Michael (1989)	高管团队是那些积极参与公司重大决策和战略调整的高级管理者们
Smith K G, Smith K A, Olian J D 等(1994)	高层领导团队主要是指那些目标一致、互动顺利、资源有效整合的高效领导团队
Murray (1989), Geletkanycz & Hambrick (1997)和 Sanders & Carpenter(1998)	高管团队包括董事长、首席执行官、首席运营主管、总裁等在内的高级管理人才
Li J,Xin K R, Tsui A(1999)	高管团队是由企业高层经理组成的核心团队,包括 CEO、总经理、副总经理及直接向他们负责的部门高级经理

①　陈云:《企业高管团队冲突及其管理》,知识产权出版社,2011 年,第 4-6 页。

代表学者	高管团队的定义
魏立群,王智慧(2002)	高管团队包括总经理、首席执行官或总裁、副总经理、副总裁、总会计师或首席财务总监等高级管理成员
孙海法,伍晓奕(2003)	企业高管团队是良性互动、认同共同目标的高效领导团队。最核心任务是及时发现、顺应环境变化,为公司经营和战略发展做有效决策
王飞,张小林(2005)	高管团队是由那些参与公司经营及战略决策的人组成的 team,包括董事长、总经理、各部门负责人等
赵峥,井润田(2005)	高管团队由董事会成员及正、副总经理,以及其他共同参与战略决策高管人员组成,通常包括 3～10 名成员

对于表 2.1 中所示定义,本研究认为,可以从以下 3 个方面理解其特点:

首先,民营企业高管团队属于企业的核心人力资源,处于企业的战略规划以及执行的顶端核心层,是企业中知识和能力的结合体,是企业与外部环境的交汇点,承担着整个企业的组织、管理、协调与控制任务,如图 2.3 所示。

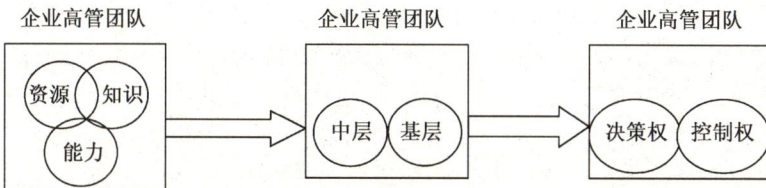

图 2.3 企业高管团队定义诠释

其次,企业高管团队成员的主要职责包括:制定并实施企业战略与经营决策;挖掘企业成长潜能并制订可持续发展战略;监督、控制战略计划和战略决策以保障战略目标顺利实现。

第三,企业高管团队成员需要良好的环境认知能力,以利于企业识别外部环境的变化,在不确定性下作出与动态环境相匹配的战略决策。

1. 企业高管团队相关研究

(1)高层管理团队的特征研究

一直以来,对高层管理团队特征的研究已成为高层管理团队的主要研究方向。一般来说,高层管理团队特征会影响到企业的战略选择、战略路径和整个组织架构;高管团队成员的认知风格、价值取向、感知能力等会影响到组织行为。Hambrick(1984)认为,高层管理团队特征包括人口统计学特征和非人口统计学特征。团队运作的行为和偏好不仅取决于团队领导者的人格、行为和背景,而且还取决于整个高管团队群体的人格、行为、背景、经验及其对优势资源的运用。

① 高管团队的人口统计学特征。a. 年龄。年龄、成长环境、受教育背景、价值观、风险偏好等均存在差异。b. 教育背景。教育背景一般从教育完成的年数和教育的来源来评定,并可以反映一个人的认知能力。c. 专业水平。高管团队成员的专业技能可被分为以下两类:首先是会计、金融、法律和其他技能;其次是设计、生产、营销和管理技能。后者是一项很重要的技能,可以为企业提供核心竞争力。d. 任期。高层管理团队成员在一个公司任职的平均年数长短将对公司绩效产生一定影响。经验表明,任职年限越长,高管团队相对就会更稳定,冲突也会随之减少。e. 经验。高管团队的经验一方面是由某个高管团队在某行业中承担过的职能角色的平均数目决定的,另一方面是由所有团队成员曾经从事过的行业数目决定的。一般认为,经验丰富的高管团队在处理危机方面表现会更为出色。

② 高管团队的非人口统计学特征。包括非人口学方面的高管团队统计特征,即高管团队的组织结构特征以及高管团队运作中的程序特征。具体包括:a. 规模大小。一般认为,高管团队的规模大小及团队认知一致性与决策效率呈负相关关系。b. 公开程度。Eisenhard 和 Bourgeois 认为,在一个鼓励公开交流的团队中极少存

在着团队成员的阴谋以及团队成员之间的冷嘲热讽。c. 协同合作程度。协同合作程度指团队成员愿意合作籍以实现团队目标的程度。此外,一些研究指出,薪资相对平均分布的团队比较不容易鼓励成员表达不同意见,致使他们很难获得考虑比较周全的决策。

（2）企业高层管理团队的功能分析

企业高层管理团队是不同于普通的工作团队,主要功能是通过良好的团队运作对组织效率或效能产生积极影响,如降低成本、做出更优决策,主要包括 5 大功能:决策、领导、协调、沟通和激励,如图 2.4 所示。

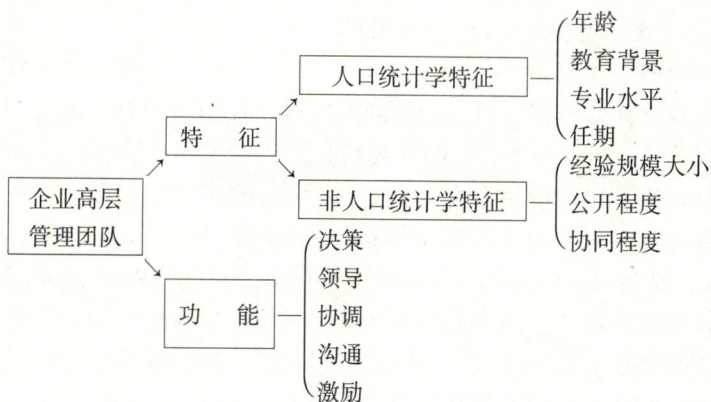

图 2.4　企业高管团队的特征与功能

① 决策功能。美国著名管理专家赫伯特·西蒙（Herbent Simon）说过:"管理就是决策。"管理是企业成功的关键。Fredrickson（1984）认为高层管理团队是在企业实际经营活动中发挥至关重要作用的人员,侧重于对企业实际经营活动有重要影响的人员。高管团队决策有着个体独立决策所无法比拟的优点,但是,因为高层管理团队在决策过程中所表现出来的特性,包括决策分散化、决策结果的互惠互利、决策过程的共存性,从而使得高层管理团队的决策尤其显得复杂。② 领导功能。高层管理团队作为核心领导者的团队,负责协调、整合、引导和鼓励团队内成员的重要群体,可以使企业中层、基层和外部环境相互作用,顺利有效推进工作并取得好

的成绩。③ 协调功能。高管团队的协调功能是指从组织整体目标的实现出发,协调一个团队各方面的关系,促进高管团队管辖范围内群体的管理功能均衡发展。④ 沟通功能。企业高管团队的各成员将专业的信息汇聚到一起,并做出有效决策。孙海法(2006)运用交流合作与竞争的理论方法对团队沟通进行深入研究后认为,良好、和谐、信息共享的团队氛围是发挥团队作用的前提①。⑤ 激励功能。高层管理团队成员所获得的激励越好,企业未来愿景的认同度越高,企业的政策和制度就会执行得越好。

2.1.4 高管团队冲突

1. 企业高管团队冲突的内涵界定

有研究表明,冲突也可以被理解为一个过程,即团队成员彼此之间存在认知不相容、目标不协调、感情不投契等相对立的互相作用过程:① 高层管理团队的冲突是指不同的主体或主体特定对象的处理方法以及价值取向不同,矛盾之间的相互作用以及彼此之间的心理对抗。冲突的对象包括权力、资源、目标、方法、理念、价值观、程序和信息等。② 存在两个以上的"机会"或"资源匮乏",目标实体的冲突之间存在一些普遍问题,指定的执行团队资源不能满足成员的需要,从而造成纠纷或冲突。③ 企业高层管理团队内部冲突通常是较为复杂的个人心理冲突、人际冲突和心理行为。冲突的存在不仅是一种客观问题,也是一种主观问题。④ 在企业的高层管理团队中,冲突双方相互对立且互相依赖,企业高层管理团队面临的复杂任务,使他们不能仅仅依靠自身能力来解决整个团队的目标,所以成员之间应该相互配合、加强协作并有效进行信息沟通,以达到团队的具体业务目标;另一方面,冲突管理是基于当事人之间的相互依存关系,制约其负面效应,扩大积极影响,并积极调整彼此的对立统一关系。

---

① 孙海法,等:《高管团队人口统计特征对纺织和信息技术公司经营绩效的影响》,《南开管理评论》,2006 年第 6 期。

2. 民营企业高管团队冲突的特点及其主要表现

（1）冲突的主要特点

① 行为和目标的不相容性。冲突是一种对立的行为，来自相互之间的非亲和性。这种对立（Opposition）的形式和程度可以有很大程度上的不同，涵盖所有冲突水平，可能是消极性冷漠、无声抗议，也可能是明显的攻击行为。与此同时，企业高层管理团队的成员对冲突的处理态度或行为构成冲突演化方向的条件，导致竞争团队内冲突的最终状态。

② 冲突原因的复杂性和多样性。冲突可以由物质因素引起，也可以由非物质因素造成，当某个高级管理人员通过冲突过程发泄一种敌对情绪时，这种冲突属于非现实性冲突，此外，还可以根据冲突的原因、破坏程度进行其他类型的划分。

③ 冲突过程的交互性。冲突是一个不断变化的动态过程，它是企业高管团队的各个层级、水平以及员工之间在发展过程中的相互关系和相互作用。企业高层管理团队成员对待冲突的态度和行为的不同可以影响冲突的水平高低，可以缓解冲突的程度，还可以加强或削弱高层管理团队的凝聚力。

④ 冲突是一把"双刃剑"。企业高管团队冲突的结果可能会给企业带来巨大的破坏作用，也可能会造成可以建设性解决冲突的有利局面，因此，冲突具有双重性。首先，破坏性冲突是企业高管团队之间交流不善、管理性能差的表现，是消极的和有害的，建设性冲突可以激发团队成员的才华和能力，使其自觉主动地不断提高水平；其次，建设性冲突有利于领导创新和团队变革；第三，沟通和交流能对企业战略等困难问题提供更多的诊断信息，有利于高管团队做出正确决定；最后，建设性冲突可以使团队成员认同目标以及统一思想，然后共同努力实现团队的目标。

综上，企业高管团队冲突的特点可以归纳为如表 2.2 所示。

表 2.2　企业高管团队冲突的特点

现象	冲突根源	冲突行为	冲突目标	冲突过程	冲突结果
特征	复杂性、多样性	互不相容性		互动性	双重性

（2）冲突表现

目前,由于大多数民营企业高管团队冲突管理机制尚不健全,高管团队冲突经常会表现出破坏性的特点,主要表现在以下 3 个方面:① 民营企业的"一把手现象"较为严重,凡事大都由核心领导说了算,"家族化"、"亲缘化"等特征较为明显,企业内部信任关系主要由血缘关系的远近来决定,进而导致高层管理团队成员之间相互夺权、各据山头,"顺我者昌、逆我者亡"的现象非常严重。② 以职业经理人为代表的"空降兵"与民营企业原有高管人员(尤其是企业元老)之间的争斗。主要表现在:人口统计学特征(性格、经历、工作经验、教育背景等)存在差异引发的冲突;薪酬方面存在差异和权柄差异所引发的冲突;在企业可持续发展战略及价值观方面存在的差异,导致企业管理决策中出现的冲突。③ 民营企业文化存在缺失。当前,不少民营企业的文化战略建设处于一种真空状态。一些民营企业家囿于经历有限和文化水平较低,导致自身文化素质较低,自然而然会忽略企业文化和战略建设的重要性。如此一来,高管团队成员将会普遍缺乏长远的、有计划的目标作导引,从而广泛引发他们之间的任务冲突,进而会引发关系冲突,从而对民营企业的最终战略决策产生严重影响。

2.1.5　民营企业高管团队冲突的分类及其相互转化

1. 高管团队冲突的类型区分

（1）冲突主体不同。根据团队冲突理论,团队冲突分为团队内冲突的个体水平(个人内在的冲突和人际冲突)以及个人与团队之间的冲突。根据冲突主体的不同类型,可以将企业高层管理团队分为高管团队内部成员之间的冲突、高管团队内部派系之间的冲突以及高管团队内部成员个人和团队之间的冲突。高层管理团队内部之间的冲突主要来自于高管团队自身的异质性,在高层管理人员的选择上,企业会有意将思维方式不同、知识结构和能力不同的人组合成高层管理团队,目的是增加成员的任务冲突。然而,当任务冲突水平非常高时,异质性的存在会导致关系冲突。高层管理团队内部派系之间的争斗通常源于利益或权力冲突,起初也可能是个人之间的冲突,然后通过集群效应,逐渐演化成派系斗争,这种冲突往往是消极的,对组织活动具有较强破坏性。

(2)冲突先行条件不同。企业高层管理团队的冲突可能会导致不满情绪,但也可能增加创造力和理解力。Amason(1996)将这种冲突分为任务冲突和情感冲突,也有一些学者将其称为任务冲突和关系冲突。由高管团队成员的认识不一致对任务的功能目标以及完成方法引起的任务冲突是积极性的,团队成员都是理性的;而另一方面,高管团队与内部成员个人之间存在恩怨或不和,基于负面情感而导致的情感冲突是功能紊乱的,其高管团队成员是感性的。前者有助于集思广益开拓思维,与高管团队的决策质量正相关;而后者则不仅与高管团队决策质量负相关,且会降低高管团队成员间的理解力,挫伤高管团队成员间的感情,导致高管团队效能较低。

(3)冲突动因不同。民营企业高管团队是处于企业最高决策层、管理层和执行层的核心团队,团队内各成员的功能、位置的不同会导致高管团队每个成员的领导角色产生冲突;高管团队内信息冲突指的是内部沟通过程中信息流的沟通不顺畅或不对称引起的矛盾;高管团队成员具有追求自利的、复杂的机会主义倾向,导致高层管理团队的利益冲突;不同的企业文化,不同的民族、异域文化等引起的高管团队成员的思维模式、生活习惯等差异会导致高管团队内部文化冲突。

(4)冲突效果不同。Robbins(1984)认为,冲突效应通常有两个结果——破坏性冲突(也被称为消极冲突、功能失常冲突)和建设性冲突(也被称为积极冲突、功能正常冲突)。前者是传统的冲突管理对冲突效果的认识,当企业没能有效预防和控制高管团队的破坏性冲突时,冲突的负面影响是巨大的;建设性冲突可以促进民营企业高管团队的效能提升,适当的利益冲突可以提高决策质量,增加高层管理团队成员之间的了解,以适应外界的新挑战。

(5)冲突空间方向不同。按照高管团队冲突空间方向的不同,可以将其划分为垂直冲突以及水平冲突。民营企业高管团队内部冲突结构如下图2.5所示。在其中,CEO(Chief Executive Officer)代表首席执行官,CFO(Chief Fiancial Officer)代表首席财务官,CHO(Chief Human Resource Officer)代表人事总监,CIO(Chief Information Officer)代表首席信息官,COO(Chief Operation Officer)代表首席营运官,CTO(Chief Technology Officer)代表首席技术官,CSO(Chief Sale Officer)代表销售总监。与此同时,将上述5种分类法进行有效归纳,可以构建一个较为完整的民营企业高管团队冲突分类表,如表2.3所示。

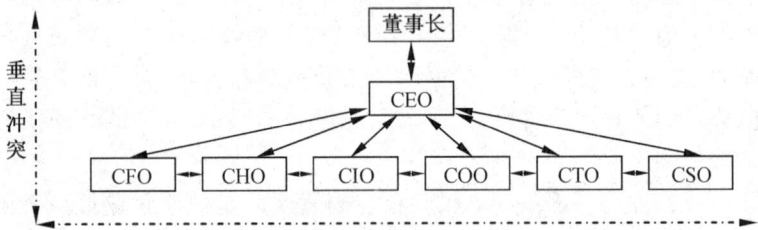

图2.5 高管团队内部冲突结构

表2.3 民营企业高管团队冲突分类

划分依据	冲突类型	特征描述
冲突主体	高管团队内部成员之间冲突	个人—个人
	高管团队内部小团体之间冲突	小团体—小团体
	高管团队内部个人和小团体之间冲突	个人—小团体
冲突先行条件	任务冲突(任务冲突)	与任务相关
	情感冲突(关系冲突)	与情绪相关

续表 2.3

划分依据	冲突类型	特征描述
冲突动因	角色冲突	职能 + 职位
	信息冲突	信息失真
	利益冲突	机会主义
	文化冲突	新旧文化和跨文化摩擦
冲突效果	破坏性冲突	降低高管团队效能
	建设性冲突	提升高管团队效能
冲突空间方向	垂直冲突	董事长 VS CEO,VS CFO 等
	水平冲突	CFO VS CHO 等

2. 高管团队任务冲突与关系冲突的关联机制研究

Amason(1996)相关理论认为,民营企业高管团队冲突可以分为任务冲突(Task Conflict)和关系冲突(Relationship Conflict)两大类。高管团队任务冲突指在发展认知概念的过程中,高管团队冲突和原有现实环境中认知结构不相匹配所导致的心理应激型冲突,起因于个体对外部环境的认知和原有认知结构之间的矛盾;与此同时,高管团队关系冲突的矛盾是指企业高管团队成员由于外部环境刺激产生的情绪化个人行为,一般表现为紧张、兴奋、矛盾、抵触等。本研究认为,任务冲突和关系冲突往往相伴而生,关系冲突往往来自于对任务冲突的某种误解,因此,某些条件下任务冲突也可转化为关系冲突。

(1)任务冲突转化为关系冲突

任务冲突和关系冲突始终相互依存且相互转化。在冲突管理中,如果处理不当,任务冲突将进一步发展为关系冲突。当任务冲突是一方向对方表示不满之情时,关系冲突将接踵而至,图 2.6 是一个简单的转换过程。如果在弱矩阵结构中,当企业高层管理团队中成员在资源分配问题上产生差异时,双方的观点不一致,如果一方当事人用自己权威和略带嘲讽的语气显示其自身优势,拒绝他人建议,而这种不满被对方感觉到的时候,会产生一种情感上的冲突或矛盾。这种冲突和矛盾有时会破坏企业高层管理团队的和谐氛围,降低成员间的信任水平,导致人际关系紧张,对双方的合作极为不利,从而对团队绩效产生负面影响。任务冲突转化为关系冲突的过程如图2.6所示。

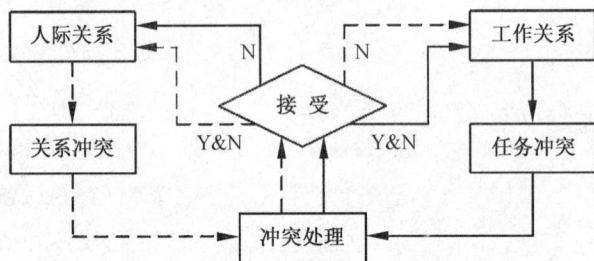

图2.6 企业高管团队任务冲突转化为关系冲突示意图

图中,任务冲突会转化为关系冲突,其原因主要有以下3点:一,高管团队成员的喜好往往是隐藏的,在这些管理者不能很好地证实他们偏好的情况下,怀疑嵌入在决策过程中,会将认知冲突矛盾降低到个体水平。二,任务冲突可能会伴随着过度自信的情绪。诚实和互动氛围相对匮乏的时候,这种过于自信的情绪可能被放大并转换成个人的反对甚至争吵。卷入冲突的成员会强烈地认为他们对某个问题上的观点是正确的,别人提出的异议会让他们感到不耐烦或是难以忍受。三,当企业高层管理团队成员感觉到团队成员之间可能存在认知冲突,他们会通过言语或非言语的沟通方式来交流与任务不相关的信息,以此来寻求其他成员的有效支持,又或许只是证明自身观点,任务冲突范围的扩大可能会导致个人间的攻击或贬低,从而引起或扩大成员之间的对抗情绪。

(2)关系冲突转化为任务冲突

从系统思考的角度来看,关系冲突的过程是动态的,可以转化为任务冲突,结果是可控的。实证研究表明,企业高管团队关系冲突和工作效率以及成员满意度之间呈负相关关系。在面对关系冲突水平相对较高的困境时,高管团队可以通过创造良好的文化环境,保持团队高昂的士气和团队精神,提高成员的自我意识、情绪控制能力,以及促进成员之间相互理解、沟通和合作,以利于疏导不满情绪、减轻压力,使组织通过管理情绪来超越逆境,实现既定目标。通过重塑组织文化,培养团队成员的创新意识、全局观念、合作精神和忧患意识,消除自我防卫,减少人际关系冲突,协调冲突,激发具有建设性意义的任务冲突,有效转化和减少关系冲突,从而提高团队活力,提高团队整体效能。此外,任务冲突与关系冲突的互动,有助于异质认知发挥,并提高战略决策质量,如图 2.7所示。

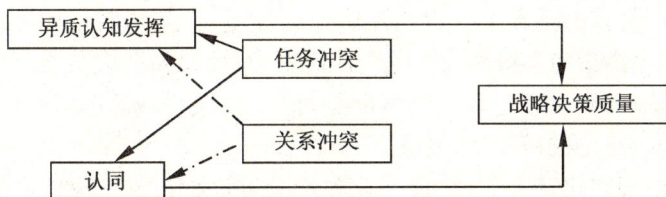

图 2.7　高管团队决策中任务冲突与关系冲突的互动过程

2.1.6　高管团队内聚力

　　笔者以为,在高管团队内聚力相关研究中,关乎其概念的极其繁多。梳理来看,Festinger(1950)最早给出了内聚力(Cohesion)的描述性定义:"内聚力是一种凝聚在团队成员身上,并使得成员愿意留在团队中的结果性力量。"[1]Stogdill(1963)第一次使用整合和士气代替内聚力,还可以理解为"团队在干扰情况下,维持其结构的趋势"[2];Back(1965)认为团队内聚力可以使人们团结在一起,确切而言,是一种使得高级管理团队一些人对另外一些人表现出更熟悉的情感;Bird(1977)描述了团队成员愿意并且能够保留在团队内部的一种群体上的合力;Carron(1988)认为团队内聚力反映了

---

　　① Festinger, Leon. Informal Social Communication. Psychological Review, 1950, 57 (5).

　　② Stogdill R M. Manual for the Leader Behavior Description Questionnaire-Form Ⅻ. Ohio State University, Bureau of Business Research,25 - 81.

这样一种动态过程:团队成员愿意一起工作,去追求一个目标或对象,这是团队成员在团队目标、情绪和行为力量上的某种程度上的整合。因此,团队内聚力是指个人、社会和环境作用在团队上的力量,或使得团队合作和加强彼此间的吸引力,或使得团队分解并减少团队成员之间的吸引力,并最终降低他们留在团队中的愿望(Michalisin, Karau, & Tangpong, 2004)。不同的实验研究(Hagstron,1965;Peterson & Martens,1972)表明,团队内聚力包括两个独立的维度,即任务内聚力(Task Cohesion)和社会内聚力(Social Cohesion)。任务内聚力体现了团队内成员为达到特定的任务而愿意在互利合作的基础上一起相互协作的程度,它与团队目标密切相关;社会内聚力又被称为人际交往内聚力,反映团队成员之间沟通是否顺利,交流经验和反映程度是否有密切的关系,包括友谊、亲和力和社会支持等人际关系。

中国文化背景下,民营企业独特的"家文化"和"集体主义文化"强调个人服从整体,即个人服从于集体的利益和目标。因此,对于基层员工而言,任务凝聚力高则更容易形成较高的社会凝聚力,因此任务凝聚力和社会凝聚力之间的相关性较高,不能进行有效区分。本研究探讨的是我国文化背景和社会背景下民营企业高管团队的凝聚力,民营企业私有化特点、市场化趋势和个人奋斗背景可能会减弱我国社会推崇集体主义的文化传统,研究对象是高层管理团队的凝聚力,与前述提到的基层员工相比,高管团队成员具有更成熟、更明显的人口特征(资历、经验、学历等),有更多的个人主义文化特质。因此,高管团队的任务凝聚力和社会凝聚力的相关性可能不够强,使高管团队的社会凝聚力与任务凝聚力可以有效区分为两个维度。

本研究在前期对长三角地区部分企业所进行的访谈中也发现,长三角地区民营企业的高管团队成员往往是由几个亲弟兄组成,他们对自己的事业充满了深厚的感情,对企业的发展倾尽心血,具有相对较高的任务凝聚力。但可能因为利益或是其他原因,兄弟之间表现出较低的亲和力,只顾履行自身职责,在企业发展需要商讨决策时缺乏直接的沟通,更遑论做到面对面交流,而更多依赖于他们的父母或其他可接受的独立第三方来帮助进行沟通和相关决策,这就表现出了较低的社会凝聚力,从而使两者可以有效得以区分。

2.1.7 团队效能

1. 团队效能概念界定和回顾

许多研究学者如 Cohen 和 Bailey(1997)将团队效能(Team Effectiveness)界定为组织背景下多样性的结果。他们认为,这些结果涉及个体层、群体层、事业部层和组织层,并以复杂甚至冲突的方式相互关联(Argote 等,1993),一个层面的效能分析可能涉及另一层面的效能。因此,界定并规范效能的维度就显得非常重要。在高管团队效能指标方面,研究者因讨论角度不同及所要了解的绩效表现不一致,因此,呈现出许多不同面貌。各研究者所提出的团队效能指标如表2.4所示。

表 2.4 经整理归纳的团队效能测量指标

代表性研究学者	团队效能测量指标
McGrath(1964)	绩效产出、其他产出
Nieva,Fleishman 和 Rieck(1978)	个人工作表现、团队绩效功能
Kolodny 和 Kiggundu(1980)	生产力、技能性劳动力的维持、满意度
Cummings(1981)	员工价值、管理者价值、组织价值
Jewell 和 Reitz(1981)	内在维度、外在维度
Hackman(1983)	满足顾客需求、成员成长、团队成长
Gladstein(1984)	绩效、满意度
Shea 和 Guzzo(1987)	生产力
Sundstrom,DeMeuse 和 Futrell(1990)	绩效、生存能力
Salas 等(1992)	质量、时间、错误率
Weldon 和 Weingart(1993)	绩效(生产性的结果)

代表性研究学者	团队效能测量指标
Cohen 和 Bailey(1997)	团队绩效、团队成员态度、团队行为
玉井智子(2001)	成员工作满意度、团队与个人绩效关联性
王建忠(2001)	团队效能(合作满意度、团队承诺、团队绩效)和个人效能(督导满意度、个人绩效)
萧佩琪(2002)	合作绩效、合作满意、知识分享的意愿
吴崇宾(2002)	合作态度、合作绩效
张淑玲(2002)	团队绩效、合作满意度、团队承诺
王美玲(2002)	任务绩效、合作满意度、会议满意度

注:经笔者整理。

40多年来,学者们从不同的角度提出不同团队有效性模型,来探讨影响团队效能的因素。本书试图介绍和总结经典的团队效能模型,并在此基础上探讨未来研究方向。

(1) 效能界定为绩效产出和其他产出

早在20世纪60年代,McGrath(1963)构建了一个"输入—过程—产出"(Input Process Outcome:IPO)的理论对团队效能进行了讨论。McGrath(1963)指出,输入(Input)是指影响团队成员之间互动的因素,包括个人因素、团队因素以及组织因素和环境因素(尤其是环境复杂性等);过程(Process)是指确保团队成员之间完成任务而施行的互动。过程描述了团队输入如何转化为产出,这是模型中一个非常重要的环节,涵盖沟通、凝聚力、合作信任等;产出(Outcome)包括团队效能(数量和质量)以及成员的情绪反应(如满意度和承诺等),如图2.8所示。McGrath(1963)的重要贡献是首次提出了IPO的理论框架,其中列举了团队产出输入影响因素,这些因素透过团队互动过程对团队产出发生作用。

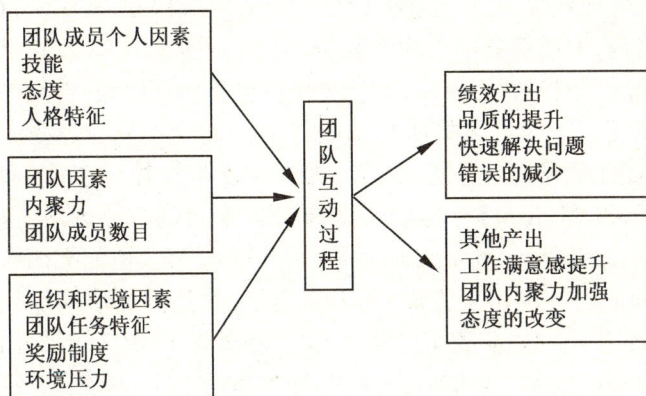

图 2.8　McGrath 构建的团队模型

IPO 研究模型框架提出后,对学界的影响是非常大的,在相当长时间内为后继研究者们提供了一个非常有价值的研究模式。不过,后来的学者们也从不同角度对这个模型进行了不同程度的修正和扩展。Nadler,Hackman 和 Lawler(1979)指出,效能是团队活动的最终结果,可以从团队产出、团队成员满意度和合作能力 3 个方面来进行评估;Hackman(1987)认为团队效能指的是团队产出结果达到的目标及绩效,主要包括以下 3 大方面:合作能力、成员满意度以及工作绩效;Sundstrom(1990)认为,效能是团队实现目标的实际结果,包括 3 个方面:团队的输出变量(数量,质量,速度,客户满意度等),团队对成员的影响力以及团队未来有效完成任务的能力提升。上述学者大都将团队效能界定为绩效产出和其他产出。与之相似的是,Mathieu,Maynard,Rapp & Gilson(2008)依据传统宽泛的分类方式,将团队效能界定为包括组织、团队和个体 3 个层面的绩效、成员情感和生存力。

(2)效能界定为任务绩效和关系绩效

与上述有关团队效能定义有所不同的是,Brlnan 等(1993)提出的任务绩效(Task Performance)和关系绩效(Contextual Performance)的概念,越来越多地受到研究人员的关注。任务绩效是指任务的完成状况,是传统绩效评价的重要组成部分,从团队目标的达成状况、完成任务的能力和熟练程度方面进行了有效测定和衡量;关系绩效指的是一种有助于实现组织目标的活动,着重测度团队成员在工作职责之外所具备的与工作绩效相关的一些品质特征,从团队成员的满意度、承诺、责任心和人际交往等方面来衡量。

　　Jewell 和 Reite 详细指出了影响团队产出的重要因素,包括个人特征、团队特征、环境因素和团队的互动过程。他们把团队产出分为内部和外部两大方面,然而事实上,其提出外形维度类似于 McGrath 提出的团队效能维度,内在维度类似于 McGrath 提出的团队成员情感维度。总体而言,该模型仍然是 McGrath 模型特征的延续。其主要贡献在于将环境分为自然环境和社会环境,这些环境因素可能会影响个人和团队之间的关系,以及团队互动过程的特点,并深入分析团队互动过程的表现形式。具体参见图 2.9。

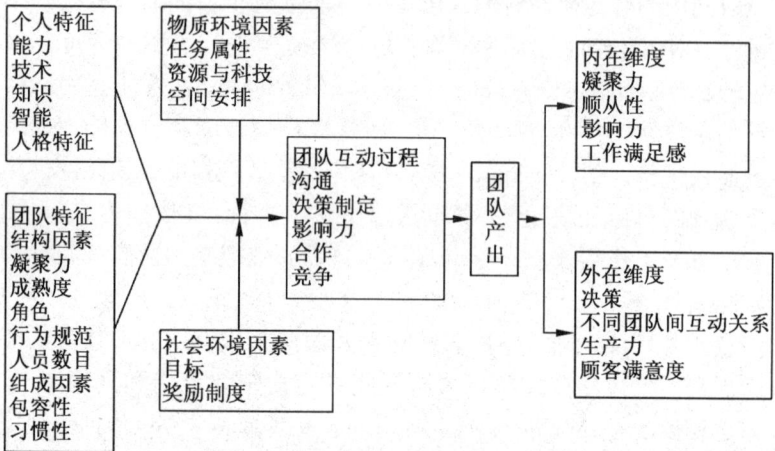

图 2.9　Jewell 和 Reite 构建的团队效能模型

　　Hackman 则延续了团队效能的 IPO 研究架构,用客户需求满足程度、成员能力和成员需求满足程度 3 个指标衡量团队效能,强调组织因素对于团队效能的影响,认为组织中完善的奖惩体系、教育培训及信息系统是促进团队完成任务的必备条件。在团队互动过程中,团队成员努力程度、成员知识技能及恰当效能策略是互动过程的核心因素。除此而外,还强调了团队协同的影响。

（3）效能界定为绩效、成员态度和行为结果

Cohen & Bailey（1997）回顾了以往有关团队效能的研究文献,认为过往研究并未注意到效能的行为结果,因此,Cohen & Bailey（1997）将效能划分为 3 个主要维度:绩效、成员态度和行为结果。绩效包括效率、生产力、速度、质量、顾客满意度;态度包括成员满意度、承诺和成员彼此间的信任;行为结果则包括缺勤、离职和安全等。戚振江、王端旭等（2003）对团队效能的界定较为宽泛,将与团队情境相关的多维结果均作为团队效能。该模型的贡献是打破传统的 IPO 框架,认为团队效能主要包括绩效、态度和行为 3 个方面,指出团队投入到产出之间的很多中介因素并不是过程因素,同时认为团队投入会通过团队心理特征（规范、信任、内聚力等）影响到团队产出。在投入因素方面,与其他学者不同的是,Cohen & Bailey 认为,环境因素并不直接影响团队产出,而是通过任务设计、团队和组织因素等影响产出。此外,他们还首次将团队成员的行为纳入到团队效能评价之中,具体参见图 2.10。

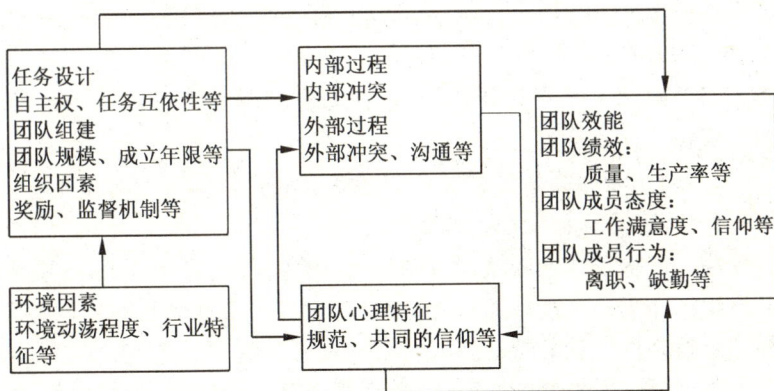

图 2.10　Cohen 和 Bailey 的团队效能模型

综上,前述团队效能的相关理论模型有两个共同特点:① 基本上都是就"输入—过程—产出"理论框架进行讨论,认为团队互动

过程（沟通、信任、凝聚力等）会影响输入和产出变量之间的关系。唯一不同的是，Cohen 和 Bailey 在探索性模型中加入团队心理特征作为中介变量，改变了传统的 IPO 模型仅以过程变量作为中介变量的模式。② 试图总结出影响团队效能的所有因素，并探讨这些因素的相互作用，以及对团队效能所产生的影响。但总的来说，这些模型仍然停留在理论层面。虽然学者们提出了很多影响团队效能的变量，并没有告诉我们如何测量这些变量，以及这些变量是怎样影响团队效能各个维度的。应该说，团队作为实证研究的样本确实有着不小的难度。此外，尤为值得注意的是，在全球化竞争的背景下，组织设计比过去复杂得多，互联网的普及、虚拟企业与电子商务的繁荣与发展，使得团队结构和组成的复杂程度越来越高。未来的研究应更契合时代背景，抓住高管团队的关键特征，探讨如何提高团队的效率和效能，而并非将团队硬性套入既有研究框架之中。

3. 本书对高管团队效能的概念界定

在回顾高管团队效能研究的相关文献之后，本书认为团队效能应包括绩效结果与态度结果两方面内容，这亦是许多学者共同的看法（Gladstein，1984；Janz，Colquitt 和 Noe，1997；Kahai，Sosik 和 Avolio，1997；Barrick，Stewart，Neubert 和 Mount，1998）。与此同时，本书将绩效结果界定为任务绩效，将态度结果界定为团队承诺和团队成员合作满意度。

2.1.8 复杂系统对民营企业高管团队的启示

1. 高管团队复杂网络理论研究

为了解决非线性问题，利维（Levy，1994）指出："如果将一个企业或组织作为一个复杂的系统，为企业管理决策和创新服务，就必须寻求复杂性理论的帮助。"

基于复杂性理论的研究认为，高管团队组织内部、组织之间的非线性竞合关系提供了一个分析框架。在长期预测中，复杂系统的基本特征是非线性的，对非线性系统进行精确预测几乎是不可能的。在一个商业组织中，与普通员工相比，高层管理团队是一种相对特殊的行为主体。民营企业高管团队特征具有满足复杂网络的一般特征:① 高管团队是动态发展的系统。在民营企业的发展进程中,高管团队成员个体的性能参数会发生变化,个体功能、属性也在发生变化,整个管理团队的结构、系统功能也发生了相应变化。② 高层管理团队的并发性。高层管理团队中个人并行地对各种环境(各种信息)的刺激做出回应,并进行了相关演化。③ 高层管理团队系统存在随机复杂性因素,用 CSN(Complex Network System)理论描述高管团队系统更具描述和表达力。许多专家认为,高层管理团队特征与 CSN 理论存在高度的契合性(Beinhocker, 1997;Pascale, 1999;Stamps, 1997;Tetenbaum, 1998;White 等, 1997),高层管理团队作为民营企业的核心主体,在市场上参与博弈,还表现出 ICAS(Intelligence Complex Adaptive System)的特征(张兵等,2004)。

2. CNS 的构成:合法系统 VS 影子系统

任何人类组织都是由人组成的网络,网络中单个行为主体之间相互作用,并与其他组织环境中的行为主体相互作用(Charan, 1991;Mueller,1986;Nohira 和 Eccles,1992)。组织要生存,就必须设法谋生,也就是说,为了能与其他组织之间的主体行为产生相互作用,每一个组织都必须完成一系列的任务,其成员如果想要生存下去,必须要从与其他系统的相互作用中得到足够的支持,必须共同协作来完成这些任务。为了完成这些任务,组织必须拥有一个执行任务的显性模式的合法系统。合法系统由以下情况之一所构成:① 组织中最有权力者有意识正式建立的相互联系;② 通过组织成员广为接受的隐含规则(共同文化或共同意识形态等)建立起来的关联性(拉尔夫·斯泰西,2000)。

值得注意的是,高管团队中的成员不仅是任务导向的集聚,在他们工作的时候,也应互相沟通,形成一个影子系统。当系统面临不确定事件时,团队成员可以利用影子系统完成组织政治活动,如宣布议程等(Huff,1988);或用于确保行动得到益处(Brunsson, 1987)。影子系统是在团队行为主体在合法系统互相作用时,暂时通过非正规渠道建立的另一种网络。作为合法系统的影子,非正式网络涵盖非正式的社会、政治关系,使得团队趋于统一。一般而言,团队的隐性模式包含以下两大组成部分:其一,影子系统是团队中团队成员的个体模式,不与团队其他成员共享;其二,团队影子系统共享模型,其在团队内共享,不能立即处理团队基本心理活动、现实和潜在行为。由于每个行为主体的大部分隐性模式并不相同,因此影子系统使得团队内部趋于多样化。

合法系统的任务在于确保现行策略有效运行,影子系统的目的则是通过创造性活动来取代显性系统,从而获取更高效用。合法系统中有行为流、能量流、信息流,而影子系统中除了行为流、能量流、信息流而外,还涵盖了情感流、道德流、友情流、信任流等。与线性合法系统相比,影子系统是非线性的(拉尔夫·斯泰西,2000),其对比如表 2.5 所示。

表 2.5　高管团队影子系统与合法系统的比较

比较类目	影子系统	合法系统
目　的	不处理系统当前的现实事务,而是团队长期生存与创新系统	完成现实任务,保证企业生存
内　容	非正式社会、政治联系,在此网络中行为主体相互作用产生各自的作用规则	① 团队中最有权力者有意识正式建立联系;② 通过团队成员广为接受的隐含规则
支配模式	隐性模式	显性模式
支配模式的构成	① 所有成员的个体模式;② 部分共享模式	团队内素有行为主体共享的显性模式
对组织的作用	分化、不稳定	统一、稳定
流	行为流、能量流、信息流、情感流、道德流、友情流、信任流	行为流、能量流、信息流

3. CNS 对高管团队的有益启示

复杂网络理论指出,高层管理团队具备以下 3 个特征:① 创造性产生在系统崩溃边缘。只有处于稳定区域和不稳定区域之间的相变阶段,系统才最具创造性,才最有可能开展双环学习(Double-loop learning)。② 创造性破坏的矛盾。创建过程中出现的系统崩溃是有破坏性的。③ 因果关系的消失。在系统崩溃边缘出现的创作过程有其内在破坏性,混沌边缘发生的创造过程及其结果是无法事先计划、预料或规定的(拉尔夫·斯泰西,2000)。迄今为止,大多数学者和实务管理者在处理"团队"这一特殊网络的时候,通常将注意力放在合法体系上,利用负反馈保证核心目标实现的这样一种方法。极端而言,当前这种认识团队的方法等同于,当团队内全部成员都按照合法系统规则来处理事情,且这些规则都正确时,团队就能处于一个相对均衡的状态。在这种状态下,团队是适应外部环境变化并能够满足团队意愿的,因此,它能获得最终成功。

2.2　高管团队冲突对内聚力的影响研究

Lott(1965)、卡伦(kalen,2003)等描述凝聚力为一个动态的过程,主张内聚力至少应该区分为两大维度的内容:① 任务内聚力。指成员对团队任务的偏好或是责任感,与团队目标和成绩指标承诺密切相关。② 人际关系内聚力。指团队因人际关系良好而产生的对团队内成员产生的吸引力,更多涉及人际成员间的关系,如友谊关系和交往上的支持。赵曙明等(2008)认为,团队成员高内聚力的最直接成果即有效实现组织目标、提升成员个体成就和满意度、优化团队成员的交流等;而低内聚力会增加目标的实现难度,减少团队成员之间的沟通交往,并最终导致团队成员的个人主义情绪。

高管团队冲突对其内聚力的影响主要表现在:① 较大的任务冲突有助于激发内聚力,减少关系冲突。内聚力水平较高的企业高管团队成员之间大都相处和睦,较少存在紧张关系,团队成员大都能坦诚发表见解,有利于激发高管团队的任务冲突,相对减少关系冲突。高管团队优质领导者更可以从激发任务冲突的角度有效建设团队内聚力,有效控制关系冲突的蔓延,努力使由任务冲突可能引发的收益增长幅度大于由关系冲突可能造成的收益减少幅度,从而通过提升内聚力使得收益值为正值。② 较高的关系冲突容易降低内聚力,容易导致高管团队内四分五裂的"小团体"倾向。在公司战略决策过程中,这种倾向表现为团队明显分歧及过分强调彼此之间的情感不相容,进而忽视高管团队决策质量。这种不尽合理、过分追求情感分歧的倾向将会掩盖高管团队内聚力,从而造成高管团队内部各自为政的小团体意识。当小团体意识发生的时候,高管团队成员们更关心的是小团队内部的团结和成员们之间的友谊,而并非整个高管团队的决策质量。由此,本书试将高管团队内聚力与企业高管团队冲突之间的影响关系归纳为如图 2.11所示。

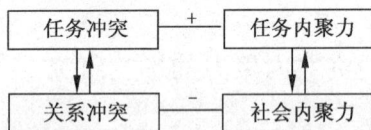

图 2.11　企业高管团队冲突对内聚力的影响

从上图中我们可以看出高管团队内聚力与冲突的相互关系:① 任务内聚力与任务冲突正相关;② 社会内聚力与关系冲突负相关;③ 任务内聚力与社会内聚力能相互转化;④ 任务冲突与关系冲突能相互转化。

2.2.1　任务冲突与内聚力

任务冲突允许不同意见并存,以避免做出风险性较高的决策,促进创新思维(Cosier;Datton,1990),这主要表现在两个方面:一方面,当高层管理团队成员把重点更多地放在工作上时,成员个体之间很少会存在紧张关系,团队成员们都能够公开、坦诚、直接地表达自己的独立见解,这种冲突有利于高管团队成员之间凝聚力的提升;另一方面,树立严格的个人利益至上的原则,相互冲突的人格导致的关系(情感)冲突等往往导致紧张的人际关系,会降低组织的效能。聪明的管理者必须学会引导认知冲突,控制情绪冲突蔓延,力求通过认知冲突导致收益增加的幅度超过由情感冲突导致收益减少的幅度,从而促使净收益为正。

2.2.2　关系冲突与内聚力

值得关注的是,关系(情感性)冲突对高管团队效能的影响是通过团队凝聚力发生作用的。Amazon(1994)指出,情感冲突会降低决策质量,使得高管团队成员之间不太容易达成共识,影响他们之间的感情;Jehn(1994)对 88 家团队进行调查分析后,发现情感冲突降低了高管团队凝聚力;此外,Patt(1996)进一步分析出情感冲突会影响团队凝聚力的原因是"由情感冲突引发的敌意会使一些成员对其他成员的建议产生心理阻力或是抵制心理,即便这些建议是任务导向型的"。所以,情感冲突对高管团队凝聚力具有破坏性作用及影响,并会导致企业组织效能下降。本研究认为,此项结果是通过情感冲突增加而导致高管团队凝聚力持续下降。跳过"高管团队凝聚力"这个中间变量的思路去分析冲突机制,必然会掩盖冲突的作用机理,容易导致实践中简单否定"集体思维(Group Thinking)"而不是"团队思维(Team Thinking)"的方法。

2.3　高管团队内聚力对团队效能的影响研究

高的内聚力是否一定会有高的团队产出?关于团队内聚力对团队效能的影响在西方学界的研究至今已有几十年,但是一直都没有令人信服的答案。在我国关于此关系的研究则相对更少。本研究试归纳如下。

2.3.1　国外相关研究

诸多学者(Hogg,1992;Lott & Lott,1965;Mudrack,1989;Steiner,1972;Lott&Lott,1965)均认为内聚力即人与人之间的吸引,从他们的研究结果(1950－1962 年 12 年内 34 份研究)中,可以看到

内聚力与效能的相关性并不是非常确定,有可能为正相关,有可能为负相关,还有可能不相关。Stogdill(1972)同样对 34 份相关研究结果开展分析,研究发现其中有 12 份研究支持"高内聚力导致高效能",11 份支持"高内聚力导致低效能",另外 11 份则表明内聚力与效能之间是不相关的。还有一些其他相关研究同样表明,如果将内聚力定义为人际间的吸引,则没有办法可靠证明内聚力与效率、产量和效能之间的相关性(Martens & peterson,1971)。

Mullen & Copper(1994)通过对 49 项研究进行元分析,发现团队内聚力对团队效能有影响;反过来,团队效能对团队内聚力也有影响,尽管内聚力会使得团队做得更好,但那些获得成功效能的团队所体验到的内聚力则可能会更强。也有学者反对这个观点,Chang 和 Bordia(2001)的研究表明,内聚力导致了效能的增强,而对"效能导致了内聚力增强"的观点则不支持。

与此同时,虽然心理学中许多不同领域的教科书对内聚力—效能间的关系描述也是混杂和没有结论的(Mullen & Copper,1994),如组织行为学、团队动力学的有些教科书(Mitchell,1982;Forsythe,1990;Mullen & Copper,1994)认为,最主要的产出(效能)与被吸引的程度(内聚力)之间没有正相关关系,但大量研究都支持内聚力与团队效能间的正相关关系(Michalisin 等,2004;Deeter-Schmelz & Kennedy,2003;Wolfe & Box,1988;Koomen,1988;Littlepage,Cowart & Kerr,1989;Keller,1986;Greene,1989;Mael & Alderks,2002)[①]。Horne(2001)发现,凝聚力有利于团队内部规范和标准的有效执行,有利于达到预定效能。一些学者认为,高凝聚力的团队往往有一个非常快乐的氛围,成员喜欢工作,乐于互相帮助,他们更容易参与团队活动并希望团队能获得成功,从而减少缺勤和辞职的现象。凝聚力高的团队成员更喜欢相互沟通(Lott & Lott,1961;Shaw,1981;Van Egeren & O'Connor,1998;Deeter-Schmelz

---

① 王重鸣,刘学方:《高管团队内聚力对家族企业继承绩效影响实证研究》,《管理世界》,2007 年第 10 期。

& Kennedy,2003)，成员们可以花较少的精力维护团队的关系，并将更多的精力投入到团队的目标上去(Wolfe & Box,1988)。凝聚力的缺乏使团队不能够全神贯注于团队的目标(Dreachslin,Hunt & Sprainer,1999)。

此外，当高管团队成员之间关系密切，都以团队目标为承诺时，团队成员可以更容易地挑战其他人的观点或做法，从而找出解决问题的办法，这是更具有创造性的有效解决方案(Hackman & Morris, 1975;Leanna, 1985)。低凝聚力的高管团队成员不喜欢聚在一起工作，更喜欢以一种不是那么协调的模式来参与工作，从而降低了任务完成质量。在这种方式中，高凝聚力的高管团队将具有更高的效能。Lent,Schmidt & Schmidt(2006)研究了团队内聚力和集体效能之间的关系，发现任务内聚力比社会凝聚力对集体效能的影响更大。

2.3.2　国内相关研究

当前社会经济背景下，涉及高管团队内聚力与团队效能的研究，国内的相关探讨尚处于起步阶段，研究文献相对较少，现有成果主要聚焦于对国外文献进行综述，以及应用于政治、军事与运动等领域，对企业实际应用领域的探讨则局限于对高管团队内聚力及其对企业效能影响的相关研究，实证研究相对比较少见。马红宇、王二平(2002)对以往研究回顾之后发现，任务性质对内聚力与效能之间的关系具有一定程度上的缓冲作用，任务本身要求成员之间互动性较强(如篮球、足球等运动)的研究，报告了内聚力与效能之间有着一定的正相关关系，而任务本身要求成员互动较少(如射击、摔跤等运动)的研究，报告了内聚力与效能间存在负的或没有相关关系。国内有学者通过定性模拟研究不同情境下团队内聚力对效能的影响(黎志成,龚晓光,胡斌,2004)，亦有学者从服务业的角度出发，认为团队内聚力是组织公民行为的显著预测变量，与团队成员工作效能之间呈现正相关关系(柯丽菲,黄远仅,柯利佳,2007)。范双文(2008)以虚拟社区为切入点研究了内聚力对效能的影响，把社区特征作为内聚力的前因变量，提出内聚力的两个维度对社区效能都有积极的影响。王重鸣、刘学方(2007)则认为,企业家评价高管团队内聚力的两个维度中,社会内聚力维度对民营企业继承效能的预测力更强,对客观继承效能和主观继承效能都有显著的影响;任务内聚力维度对主观继承效能有较大显著影响,对客观继承效能影响较小。在这一研究中,内聚力两个维度对效能的影响与之前的结论截然不同,可能由于高管团队执行战略决策相对比率较高,而对操作性的任务性质并不是很擅长有一定关联性,而这种关系是否因与中国特定文化情境相关,并未得到有关实证检验。综上,高管团队是负责形成和贯彻公司战略的高层管理团队,对公司发展方向和公司效能的控制权使高管团队成为公司中最关键和最具有影响力的核心决策团队。众所周知,处于交接班时期的民营企业,其高管团队任务具有更高的复杂性和模糊性,需要有效处理不同性质、具有更多不确定性的复杂矛盾。高管团队成员能否集中精力、智力,齐心协力地解决企业面临的最关键战略性问题,高管团队每个成员能否在剧烈变革时期专注于自己的工作任务,提升内聚力,保持较高任务承诺,很大程度上决定了企业在客观继承效能方面的表现。相关高管团队冲突对团队效能的影响变量的研究述评试归纳如图 2.12 所示,在其中,团队内聚力是一个较为突出的影响变量。

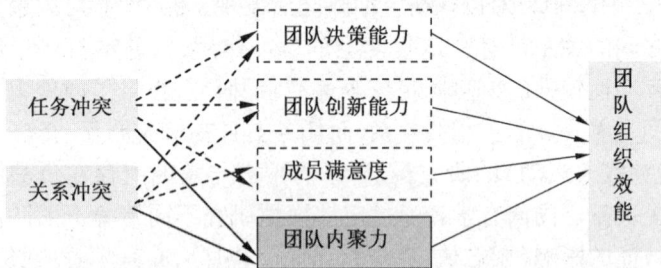

图 2.12　高管团队冲突对团队效能的影响变量

第3章　民营企业高管团队冲突案例及特征分析

　　自古以来,开国皇帝均是用尽手段才能坐稳天下,最典型的是赵匡胤的"杯酒释兵权"和朱元璋的"卸磨杀驴"。前者以经济利益赎买权力,副作用相对较小;后者手段狠毒,遗患多多。以史为鉴,随着越来越多民营企业高管团队进入新老交替阶段,高管团队冲突使相当多的民企陷入困境。老板若继续倚重元老,难以蜕变求新;若用新人替换元老,会存在"卸磨杀驴"的声誉受损风险;若完全寄望于新晋职业经理人,则可能既有元老抵抗或背叛风险,也有职业经理人的信任风险。于是便处于进退两难的境地,踯躅不前。

　　职业化管理将进一步促进民营企业制度的规范化,大大降低管理的随机性、偏好性、模糊性,可以提高管理者和员工之间的共识和行为预期的程度,进而提高企业内部的协调运作效率。能够给企业带来新的管理理念和管理经验,促进企业战略决策的科学化、民主化和可行性、合理性,增强企业的抗风险能力,以保证企业顺利快速运行。职业化有利于增强解决危机的信心,职业管理在有效实施协调功能之后,管理机制已成为"持久性、权利和不断增长的可持续源泉",企业会形成可持续发展的有效机制。

　　民营企业走向没落,极大原因是由内讧造成,一旦公益和私利矛盾加剧、理智与情感对立空前、权力及权益不可调和之际,必然会产生信任危机,严重时可能会给企业带来致命一击。从某种意义上来说,信任与权力成反比,亦即,当一个人权力过于庞大,则人们对其不信任感也与日俱增。如前所述,历代帝王对功高盖主的功臣大都以杀戮终场,有谚云,"飞鸟尽,良弓藏;狡兔死,走狗烹;

敌国破,谋臣亡",说的即是这个道理。功盖天下者不赏,声名震主者身败。韩信、岳飞等一大批仁人志士正是不了解其中奥秘,因而惨遭杀戮。因此,民营企业可持续发展过程中,对团队内所有成员的权力进行明确限定和用制度制衡,会使得团队成员之间少一点猜疑,多几分信任,从而增强团队的内聚力和向心力。

3.1 案例简介

案例一:娃哈哈宗庆后"怒辞"事件

当管理者正在讨论如何真正发挥公司董事会的作用,并限制实际存在的董事长"独裁"行为时,2007 年,达能和娃哈哈合资公司的原董事长宗庆后致信法国达能公司董事长里布,宣布辞职。触发宗庆后"愤怒辞职"的导火线是,达能公司想强行以低价收购杭州娃哈哈集团有限公司的股权。如果没有秘密或是隐情,法国达能公司在中国是没有任何理由去强行低价收购任何一家公司的,相关企业可以通过法律保护自己的权利和利益,而无须在达能和娃哈哈合资公司的"一统天下"里一决高下。根据达能和娃哈哈合资公司内部透出的消息显示,多年以来,宗庆后所代表的中方高管虽然没有 51% 的股份,但实际上控制着集团公司;达能虽然控股高达 51%,却经常在重大决策及日常生产活动中被经营管理层拒之门外。除了利益因素之外,双方都感觉像失去尊严,作为宗庆后而言,这可能也是他"出离愤怒"的重要原因之一。宗庆后在辞职信中说,与并不了解中国市场和文化的外资公司及其代理人合作是非常困难的。与此同时,许多事实与案例表明,进行相对透明、受相应法规管理的正当 MBO,是保障企业延续性和长久性的有效手段。而达能公司为了廉价收购娃哈哈,突然变成反 MBO 斗士,拿到了显失公平的娃哈哈商标权,致使双方利益发展失衡并产生剧烈冲突。

案例二：新东方胡敏与俞敏洪分道扬镳

每年均有数以亿元的业务收入，占据全国 50% 以上海外培训市场，年均培训学生超过 200 000 人的新东方集团，其创业功臣及部门元老们却由于各种原因另立门户，抢占市场。

有着"中国雅思第一人"称谓的原新东方教育科技集团（以下简称新东方）总裁、北京新东方学校校长、新东方雅思培训计划项目创建人胡敏离开新东方，并新创了新航道教育文化发展有限公司（以下简称新航道）。新航道招收的学生来源及招生对象和新东方完全相同，事实上形成了胡敏和俞敏洪短兵相接的激战局面。胡敏出走开创新航道的真正原因是，胡敏和俞敏洪之间有着利益冲突。从胡敏的角度来看，他认为新东方的管理体制存在很多问题和隐患，自己在新东方没有话语权，好主意和有益想法很难得到有效实施。目前，胡敏所创办的新航道所从事的仍是新东方原来的主营业务——英语培训；在授课教师中，新航道也从新东方挖来了不少教师。

对于这种状况，新东方董事长俞敏洪坦然承认，胡敏并非第一个自立门户的新东方元老。2002 年，新东方 IT 部门的创始人周怀军在被新东方高层管理团队办公会就地免职之后，他把新东方 IT 团队中部分成员挖走，创立了一个 IT 培训部，与新东方一争高下。而新东方的创业元老胡敏、周怀军等与新东方短兵相接、刀光剑影也并非没有先兆。事实上，在新东方最初创业之际，新东方创业者之间就出现了一些纷争，在最初蒸蒸日上时期，高管团队成员之间的任务冲突往往是可以被接受的，并得到了各方的重视和有效调适，到了发展壮大和成熟期，任务冲突进一步加剧到了俞敏洪本人可能也想不到更无法控制的地步，且有转化或加剧关系冲突的趋向，高层之间陷入了不可避免、无法控制的斗争和内讧，"一山不容二虎"的结局也就基本注定。

案例三：蒙牛十大元老纷纷离职，牛根生时代宣告结束

蒙牛创始人牛根生有句很经典的话："小胜凭智，大胜靠德，认真做事，诚信做人。"1998 年，原伊利副总裁牛根生被总裁郑俊怀仓促间解职，在此之前，牛根生掌管全国范围的生产经营，业绩表现一直优异。自此以来，牛根生白手起家，尽管遭受前东家伊利的巨大压力，但仍在重围中杀出一条血路。从 1999 年初开始，牛根生创立的蒙牛乳品公司，迅速崛起，增长速度让业界为之侧目。2005 年开始，蒙牛的市场销售份额和市场占有率超过伊利成为全国第一，其创始人和投资者均从资本市场得到丰厚的回报，赚得盆满钵满。

但伴随着蒙牛集团高速成长的，是不断凸显的食品安全问题，这也从侧面反映了原蒙牛高层在如何正确对待食品安全和产品利润之间的关系上仍存在一定的纷争和冲突。事实上，对于到底是以食品安全为首要考量，还是以高速扩张带来的利润为首要考量这一重大战略决策性问题，原蒙牛高层一直摇摆不定，矛盾重重。即使在 2009 年 7 月，央企中粮集团入主蒙牛，情形仍然没有非常明显的改观。而迄今为止，原高管团队全部离职的这样一种由大股东中粮主导的"壮士断腕"的经营策略仍清楚意味着，新组企业很难摆脱"旧蒙牛"的阴影。当然，这将是一个漫长而艰难的过程，但对牛根生代表的创业团队而言，蒙牛乳业注定已成为过去。蒙牛在 2011 年 6 月终于宣布，与丹麦乳品公司 ArlaFoods 组成战略联盟，任命执行董事兼总裁孙伊萍为战略发展委员会委员，自 2012 年 4 月起，孙伊萍取代了杨文俊担任公司的执行董事及总裁。Arla 入股蒙牛并持有大约 6% 的股份。通过收购，Arla 已经从蒙牛的合作伙伴"升级"成有权参与蒙牛经营管理的第二大战略股东。这样一来，随着杨文俊正式卸任，作为蒙牛 1999 年股改发起人的"乳业最硬的十个脑袋"——牛根生、邓九强、侯江斌、孙玉斌、邱连军、杨文俊、孙先红、卢俊、庞开泰、谢秋旭如今都已相继谢幕，先后淡出蒙牛集团。

案例四:国美集团"陈黄之争"

在亟须完善的现代企业制度下,企业尤其是民营企业高管团队内部为竞争资本话语权进行着"明争暗斗"的博弈。国美电器作为中国内地最大的民营家电零售连锁企业,也曾因为其创始人黄光裕事件及其内部的权力斗争而备受瞩目,从而被推到了舆论的风口浪尖。国美数年前经历了一场内部斗争,其焦点是国美黄光裕家族和职业经理人陈晓的控制权之争。"国美之争"是非常典型的民企高管团队冲突案例,不仅反映了黄光裕和陈晓之间的冲突,也反映了黄光裕和董事会、管理层之间的冲突,以及黄氏家族和以陈晓为代表的董事会代表之间的冲突。可以说,在这场内部冲突中包含了高管团队内部个人与个人之间、个人和团队之间、团队和团队之间的冲突。最初,冲突可能是一种带有少许温情,以对企业有利的面貌出现的,因此,黄光裕和陈晓两人在合作初期,对冲突采取了非常克制、客观且积极的态度,企业在初期一直良性向前发展。但随着公司治理机制本身固有的问题、企业文化、领导者个人风格等团队合作过程中形成的矛盾无法调适,冲突进一步放大到了无法调和的地步,导致两人公开决裂。那么,造成这些冲突的原因到底是什么呢,本研究试归纳如下:

1. 个体因素

(1)价值观差异

价值观指的是个体对周围事物的是非、善恶以及重要性的评价。价值观的差异是导致"陈黄之争"的最重要原因。黄光裕作为国美的创始人,更注重企业的所有权归属等问题,可以说某种程度上追求权力更甚于金钱。而陈晓作为永乐集团的前董事曾表示:"我和黄光裕先生并不是所谓的'君臣'关系,我和他公司的元老还是有所区别的。"在陈晓的价值观中,他非常重视个人的发展和地位等战略问题。因此,陈晓所推崇的职业经理人业绩发展与突破和黄光裕所追求的权利欲望之间形成了戏剧性的强烈冲突。

(2) 目标差异

黄光裕属于国美集团公司的大股东,而陈晓曾被任命为国美总裁,可以说是国美的外聘职业经理人。作为公司的最大股东及企业创始人,黄光裕的目标是追求企业组织架构的相对稳定以及利润最大化。而陈晓作为职业经理人,则更多倾向于整个公司的有序治理,更追求个人利益和职业发展。在经营目标上两人素有分歧。

2. 组织因素

2009 年 7 月,国美推出针对高管团队的期权激励方案,黄光裕得知后,表现出强烈不满,并要求取消期权激励,尽管他的意见并未被采纳,但为后面的冲突埋下了重要的伏笔。在黄光裕入狱之后,陈晓迅速带领国美(GOME)摆脱了危机,有效恢复了企业的市场信誉,在其中,提供动力的正是陈晓对国美治理结构的大力改革。综上,陈晓试图按照民营企业治理的合理化演化模式来改造国美,将国美集团打造成股权结构多元化的现代化上市公司。但很显然,陈晓的改革方向和行为与黄光裕的商业目标和权柄渴望有着最根本的利益冲突。

案例五:成都鹰联航空高层人事纷争

鹰联航空是国内第一个获准营业的民营航空公司,民航总局在 2004 年 2 月批准鹰联航空公司成立,基地设在成都。以下 3 位自然人为投资人:李继宁、刘启宏、曹宝泉。李继宁作为大股东担任公司的董事长。2005 年 7 月 26 日,鹰联航空公司开始首航,然而,不到 1 年,鹰联航空公司的首席执行官祝凯(美国西北航空公司雇用的第一名美籍华人女性高管,也是国内航空公司首位女CEO)被董事长李继宁解聘,成为私营航空公司第一位"被解聘"的职业经理人。据了解,祝、李之间早有工作及工作之外的种种矛盾,并到了无法调和的地步。鹰联航空自首航开飞以来至 2006 年一直处于亏损状态,而除初期的 8 000 万元注册资金外,后期资金迟迟未能到位,欠款数千万元,除此以外,还拖欠一些民航建设基金等,某种意义上讲已经处于资不抵债的状态。与李继宁有所分歧的是,祝凯认为作为一家新成立的航空公司,开飞初期的亏损是必然的,建立一整套完善的内部管理机制,彻底解决公司的内部治理问题相对更为重要。而造成冲突的直接导火索是在 2006 年 6 月底,李继宁要求祝凯签署一份有关资产数据的文件资料,但遭到了祝凯的一口回绝。目前,鹰联航空公司 CEO 由李继宁兼任。

案例六:奇虎雅虎相争,何人得利?

2006 年 12 月 20 日,北京第二中级人民法院一审判决,裁定原告雅虎中国赢得诉讼,认定其所指控的奇虎公司违反《中华人民共和国反不正当竞争法》,对雅虎中国构成侵权的事实;与此同时,奇虎公司应承担相应法律责任。法庭裁决奇虎自判决生效之日起,停止不正当竞争行为,并在 10 天内承担雅虎中国的经济损失 30 000 元及诉讼合理支出 40 279 元;此外,法院还判决奇虎公司应当在企业网站主页上,就其所被控的不正当竞争行为连续发表 24 小时声明,用以消除不利影响。

据了解,在 2006 年 7 月,奇虎公司推出 360 安全卫士软件,将雅虎助手在内的上百款网络工具类软件列为恶意软件,用户可以选择卸载"雅虎助手"。周鸿祎曾经担任雅虎中国总裁,而雅虎助手正是由 3721 上网助手演变而来,奇虎与雅虎的口水战爆发,并很快升级到法律诉讼。8 月 17 日,周鸿祎控告雅虎中国侵犯名誉权,索赔 360 万元。9 月 28 日,雅虎中国起诉奇虎公司不正当竞争,索赔 260 万元。同时,奇虎公司公共关系部向媒体发布消息声称,法院在审判中已经事实上确定了雅虎存在"难以卸载、强制性安装、干扰其他软件运行以及浏览器劫持等违规行为",但雅虎方面对此反驳说,法院的判决书中并没有相关的判决说法,奇虎企图混淆视听,没有正确面对"不公平竞争"的行为,进而将焦点放在恶意软件方面。

案例七:江门第一民企决裂

作为江门唯一的从 2006~2010 年连续 5 次登上胡润"百名富豪榜"的企业家,天健实业集团有限公司老板之一梁广义因涉嫌单位行贿罪被捕,同时被捕的还有董事梁少勖。根据天健集团控股的上市公司美达股份宣布,2012 年 1 月股东大会上,上述两人的共同委托代理人张崇斌依据公司相关职责章程,免去了暂时无法履行职责的两人的董事身份及相关职务,在同一时间,三大股东中的另一股东梁伟东也被免去了董事总经理职责。张崇斌质疑梁伟东因之前"分家"产生的分歧而举报了其他两个股东,理由是另外两大股东在 2011 年 8 月开会罢免梁伟东董事长职责之后,要求他们就公司运作过程中的资金流动做详细阐述,"如果要分家请先审计",结果两人在公司 31 周年庆典时涉嫌单位贿赂罪被捕。

一直以来,表面上佳的经营业绩,只是暂时掩盖了天健公司治理上的严重问题。两个最大的股东之间的龃龉,导致彼此之间水火不相容。这个问题解决不好,将危及公司的可持续发展乃至生存。

首先,中国人的"中庸"文化以及重人治而轻法治的传统规则往往导致社会和企业的规章制度都沦为空文。从外部掌握不多的信息显示,此次天健集团的分家风波在过去几年就已显露端倪。企业股东之间缺乏相互信任的氛围,董事会与总经理的位置只是各自谋取利益的工具,完全没有形成现代公司治理所要求的"契约、诚信和信托责任"的企业核心文化。

其次,天健董事会并没能发挥应有作用,没有能够有效监督和制约企业的总经理。根据推测,天健的董事会基本上流于形式,没能履行相关职责、董事会程序和职责,也没有实施过程监督体系。据称,梁广义和梁伟东是亲戚关系,这种关系可能会进一步扭曲了对公司治理的理解以及管理的真正本质。

第三,天健股权结构均分化也是造成当前现状的一个主要原因。在理论上,股权结构决定了企业的运行控制。天健公司的

Top3 股东持股数额比例分别为 33.34%,33.33% 和 33.33%,在持股比例上达到了"势均力敌"。原设计的所有权结构,或许是为了防止大股东对小股东的侵害,以促进内部控制的有效作用。但恐怕连体系的设计者也没想到,那么好的一个初衷会成为现在导致企业分家的罪魁祸首。据悉,利益各方曾经有过轮流担任总经理的协议。然而,天健公司并没有良好的公司治理文化、有效的公司治理结构,这个协议是缺乏互信的。股东之间本来应该相互配合、做大做强企业、实现双赢,结果现在在管理层之间出现了不可避免的不稳定,冲突尤其是关系冲突不断加剧,更加难以让股东或职业经理人长期稳定地经营公司。

案例八:高管团队内讧逼走中意集团董事长

一切都是静悄悄的,但一切都来得迅捷无比。2009 年 7 月 12 日,常立民也许永远不会忘记这一天。10 多天来,作为河北冀州市最大一家民营企业的中意复合材料有限公司,公司董事长常立民正在北京洽谈业务,洽谈内容主要包括中意和加拿大 ZCL 复合材料有限公司的专有技术转让谈判。如果成功,意味着中意的高科技新材料制造不仅取得领先地位,也将获得相当巨大的投资效益。然而,他没想到,酝酿中的危机正在慢慢逼近,并即将爆发。

2009 年 7 月 12 日,在河北冀州中意公司,由董事、分管营销的副总经理张英武(持有中意 10.1033% 的股份)、董事樊登坤等人召开董事会,会议决定罢免常立民董事长及总经理的职务,开展内部审计,清查资金损失。随后,张英武等人拿走常立民的个人印章。然而,事实上,董事长常立民(大股东,持有中意 37.8933% 的股份)和董事沈京(持有中意 25% 股权)没收到任何关于董事会的消息。2009 年 7 月 13 日,常立民到办公室工作,被通知到会议室开会。在会上,张英武等人通过会议决定,常立民辞去相关职务,选举张英武为公司的新一任董事长。随后,又一次在没有通知常立民和董事沈京的情况下,公司到工商局变更登记,将张英武变更为公司法人。

案例九：宗申集团高层出走后又回归

宗申集团从 1982 年左宗申开的摩托车修理厂开始，发展到现在，作为典型民营企业的宗申集团是世界上最大的摩托车制造商之一，有中国第一个世界级摩托车队，2002 年还赢得了世界摩托车耐力锦标赛的冠军。宗申集团的创始人左宗申的弟弟左宗庆在家族创业的 20 多年里一直是哥哥的左膀右臂，对集团发展的功劳非常大。但是，2003 年 2 月，当时身为宗申集团副总裁的左宗庆突然向企业提出了辞职。

业界知情人士表示，左宗庆出走是他认为自己持有的股份太少了。在离开之前，左宗申占整个集团股份的 80%，其夫人占 10%，其夫人之兄占 4%、之弟占 3%，左宗庆只占到集团股份的 3%。与此同时，左宗庆在市场营销上显现出跟其兄完全不一样的性格特征。也有解释说，这是左宗申要弱化宗申集团家族经营的"断臂"之举。此次出走使宗申集团又多了一个竞争对手。左宗庆很快组建了宗庆机车有限公司，注册资本 1 000 万元，同样生产摩托车，跟宗申集团展开了竞争。

极具戏剧性的是，"分手"6 年后，2009 年左宗庆重回宗申集团。对于改变和回归，左宗庆只是淡淡地说："出去后见识多了，经历多了，脾气也变了。"宗申内部员工评价说，左宗庆在离开宗申前，是比较高调的，而这次回归则真正蜕变成了熟悉规范化运作的职业经理人。重庆摩帮对于左宗庆此次回归也基本表示认可，某老板告诉记者："2009～2010 年在行业普遍不景气情形下，宗申的业绩可谓一大亮点。现在左宗庆和左宗申在管理上能形成一个有效补位：左宗庆能在细节执行方面为左宗申腾出大量精力，而左宗申能为宗申集团制定出更好的战略蓝图。"据说左宗庆私下对自己和哥哥目前的定位是："他定方向，我执行。"这也反映出了如果高管团队成员能够及时调适矛盾冲突，将冲突控制在一个合理的水平，相互之间增进互信、加强理解，对民营企业的稳定发展是有百利而无一害的。

案例十：南极人高层集体跳槽波司登

中国著名服装品牌企业——波司登刊登了保暖内衣的大幅广告，吸引了很多注意力。几乎是同时，2004 年，南极人 20 多名高管团队成员"集体跳槽"到波司登公司的事件也显露端倪。原南极人常务副总鸿钧的名字出现在上海波司登董事、总经理的聘任公告栏上。相关人士表明，波司登此次之所以出手迅捷、扩张市场意图明显，是因为在短时间内快速成立了一个精英团队，而该团队包括 20 多名原负责南极人产品的研发、生产以及销售的核心成员，对保暖内衣市场有着深刻的了解。

据可靠消息称，原南极人集团高管离开南极人的主要原因是出于个人职业生涯规划的需要，他们认为自身的理念和南极人集团之间存在着很大的分歧，他们并不赞成南极人集团蚂蚁捕食掠夺式的市场营销方式，认为南极人集团更多靠机会主义式的追求短期利益，而忽视长远目标和品牌价值的树立。而在波司登集团，他们则体会到观点和感觉上的默契——诚信、务实、谨慎。

从南极人案例我们可以看出，如果南极人集团能积极正视高管团队成员的合理诉求，正视他们建设性的任务冲突，并适当引导、加以管理，或许，集体跳槽这样的事件并不会发生。

3.2　案例特征、特性及其原因分析

3.2.1　特征分析

纵观上述案例，通过对冲突主体、主体特征、冲突动因、冲突过程、冲突处理方式以及冲突结果对民营企业的影响等进行分析，可归纳如下（见表 3.1）。

表3.1 民营企业高管团队冲突案例分析

案例序号	公司名称	冲突主体	主体特征	冲突动因	冲突过程	冲突处理方式	冲突结果和影响
案例一	娃哈哈集团	母公司董事长和合资公司董事长	个人与个人	达能公司强行并购娃哈哈集团有限公司51%股权	可能隐情使达能和娃哈哈合资公司中方未产生冲突争	达能与娃哈哈合资公司的董事长宗庆后"怒辞"	利益之争使双方觉得失去尊严,经协商,双方和平"分手"
案例二	新东方	高管团队成员之间	个人与个人	无话语权,利益分配不均	胡敏出走	胡敏与俞敏洪短兵相接,展开竞争	新航道与新东方争夺教育培训市场
案例三	蒙牛集团	高管团队成员与现任董事长	个人与个人	对企业发展战略存在分歧	现任董事长对原有TMT成员不满	原高管团队成员全部离职	牛根生和原十大高管全部离职
案例四	国美集团	CEO和董事长	个人与个人	公司重大决策存在分歧	董事长与CEO理念不合	CEO离职	黄光裕家族重获国美控制权
案例五	成都鹰联航空	董事长与总经理	个人与个人	高层人事及工作纷争	董事长提出解聘CEO	CEO拒绝接受未经商讨的解聘聘书	鹰联航空CEO暂由董事长李继宁兼任
案例六	雅虎奇虎	高管团队成员之间	个人与个人	观念差异,目标不同	由争吵升级到指责对方诽谤,直至闹上法庭	其中一人离职并签下"互不评论"协议	奇虎和雅虎开始激烈竞争,老上级成为新对手
案例七	天健实业集团	董事长和董事之间	个人与个人	利益冲突	由争吵升级到你死我活的斗争	两人身陷囹圄	两败俱伤

续表 3.1

案例序号	公司名称	冲突主体	主体特征	冲突动因	冲突过程	冲突处理方式	冲突结果和影响
案例八	中意复合材料有限公司	高管团队与董事长	群体与个人	利益冲突	TMT 与董事长出差,要免其职务	董事长无奈离职	副总经理升任董事长
案例九	宗申集团	总裁与副总裁	个人与个人	弟弟意见得不到重视,且在公司持股太少	副总裁的弟弟提交辞呈,后又回归	公司内部一直采取回避态度	辞职后左宗庆曾一度组建同业公司,后又回归宗申集团
案例十	南极人	董事会和高管团队成员们	团队和团队	公司经营理念不被 TMT 所接受	南极人团队不约而同跳槽到竞争对手所在公司	集体跳槽到竞争对手所在公司	南极人损失惨重,波司登获取管理团队

按照冲突对象的不同层面,可分为高管团队内小团体与小团体冲突、个人与团队冲突、个人与个人冲突及个人内在冲突等,如图3.1所示。

图3.1　群体案例归类

3.2.2　特性分析

（1）民营企业高管团队冲突具有"高显性"

与一般企业相比,民营企业高管团队面临更多的冲突,且冲突层面更为复杂(Lee 和 Rogoff,1996):一方面,随着企业发展壮大,民营企业主财富继承意图以及对外部经理人信任度相对较低,民营企业主可能将家族雇员安排到企业中去;另一方面,当"民营主义困境"出现(李新春,2010),为使民营企业实现可持续发展,原本没有聘用职业经理人的民营企业也会开始考虑引入职业经理人。不论是家族雇员的进入还是职业经理人的进入,都打破了原本民营企业的权力结构。在此过程中,民营与企业两种经营模式融合的困难加大,由此引发的冲突范围和强度也由此加大(如国美集团、宗申集团等)。与此同时,与非民营企业相比,民营企业由于民营系统和企业系统的交互,使得民营企业高管团队冲突更显现出复杂性和独特性,其主要原因如下:① 权力结构的相对集中性。与一般企业组织相比,民营企业股权相对集中于控股家族,形成"差序格局"的权力层次,民营企业主是企业权力核心,其次是具有血亲关系的管理层,更外层则是基层管理者和普通雇员。所有权和经营权合二为一和控股地位使民营企业的权力集中度较高,呈现"金字塔式"(LaPorta 等,1999;Faccio,2002;周生春,2006;李增泉,2008;Faraj,2009)。② 高管团队参与主体的身份多重性。高管团队中参与主体的"多重角色"成为民营企业治理最典型的特征之一,其身份越复杂,对民营企业的影响也值得进一步深入研究。③ 高管团队主体间的关系复杂性。在民营企业高管团队中,由于家族成员之间亲缘关系的存在,会导致其出现与外来职业经理人截然不同的特殊行为特征(Schulze,Lubatldn & Dino,2003)。与非民营企业相比,民营企业高管团队成员间的复杂关系,极易导致冲突和矛盾的衍生(张鹏程,2010)。

(2)民营企业高管团队冲突具有"系统性"

众所周知,民营企业高管团队是一支拥有尖端知识与技术的高层次人才的专业团队,其与企业内其他部门、其他管理子系统发生着各种动态联系,并对其他层次子系统具有权威支配力,如图3.2所示:首先,从结构来看,高管团队负责企业日常经营活动,并与各业务部门保持联系,其微小变化会引致整个系统锁定;其次,发生在高管团队的小事件,也很可能通过"蝴蝶效应"来影响企业内部动态、非线性相互作用和信息反馈,并在短时间内快速扩散;再次,民营企业高管团队冲突是一个动态过程,冲突会蔓延到其他子系统,从而使组织不断实现自我完善和自我发展。从冲突的积极方面来看,高管团队可以利用合适的冲突强度来激发冲突积极效应。当高管团队子系统内部正熵吸收过多,冲突频率加快,冲突强度加大,当超过某一临界值时,增加破坏性冲突的比例,可能引起团队功能障碍、成员关系恶化、团队效能降低。此时,应适当引入负熵流,增强团队共识和凝聚力。非线性冲突的另一个作用就是临界效应,冲突会使得组织系统在临界点上失稳、分化,如团队解体、重组等。如不能及时有效应对,可能会给民营企业高管团队带来致命打击。综上,民营企业高管团队冲突是一种不确定、不可逆、突发性、偏离平衡态的耗散结构,既可以促进企业发展,也可能导致企业不稳定、衰退和死亡。

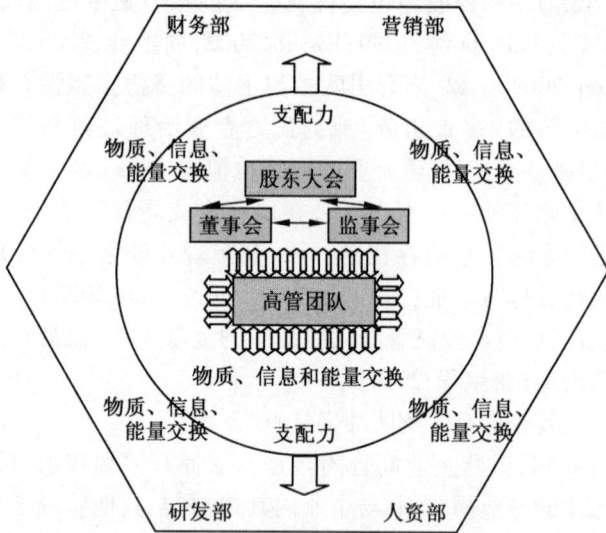

图 3.2 民营企业内部子系统间物质、能量、信息交换(组织结构视角)

(3)民营企业高管团队冲突具有"涨落性"

民营企业高管团队冲突时不时地从隐到显、从微至著。小冲突会导致微小涨落,而微小涨落则会通过相干效应不断放大从而形成一定的涨落性(Principle of Fluctuation),造成巨型涨落,最终导致系统的结构变化,产生"涌现",使企业发展失衡甚至会对企业造成毁灭性打击。首先,微涨落及良性冲突互动,会使得高管团队组织和业务流程实现进一步优化;其次,如良性冲突微涨落碰到恶性相干作用,也会产生负面影响;其三,恶性微涨落和恶性相干作用会导致企业系统坍塌。良性冲突微涨落指培养高管团队素质及凝聚力、建立学习型组织和良好文化环境等;良性相干作用则是指高管团队内制度分明、安排合理、结构精细等。民营企业高管团队发展中随时可能出现冲突,高管团队成员要有良好的心理准备,采取有效行动迅速解决并合理利用冲突。

(4)民营企业高管团队冲突易引致"锁定效应"

不同于非民营企业,民营企业高管团队冲突会导致"锁定效应",这种冲突很难通过冲突某一方(特别当其同时又是民营企业内的家族成员或近亲、老乡、朋友时)离开企业的方式来加以解决(如前述案例中的新东方、中意、宗申集团等)。同时混合了家族和企业因素的民营企业,势必会带来很多管理上的问题。一些企业主在冲突萌芽之初,并不是不知道亲缘、血缘、业缘可能会给企业带来很大危害,也并不是没有改革的想法,但可能会有很多因素使得他们有心无力,主要表现在:一是囿于面子,狠不下心;二是受到亲情影响,一旦要拿掉核心团队中的某个或多个家族成员或是老乡、密友,亲情关系圈的压力会令人难以承受;三是受创业元老们的影响,一些家族成员同时又是创业元老,为企业发展做出过巨大贡献,一旦向他们发动改革,所需付出代价极大;四是受传统观念影响,总寄希望于一拖再拖能找出两头不得罪的办法,致使企业管理陷入困境,而最终发展到一定阶段之时,冲突矛盾不可避免地滋生膨胀乃至以不可逆转的形式爆发出来,在一定时期或很长时间内给企业发展带来不可避免的负面影响。

3.2.3　原因分析

(1)民营企业特殊的"权力动力系统"

从公司治理机制上来看,与典型的、由职业经理人掌控的一般性企业相比,民营企业有自己相对独特的权力动力系统,且冲突范围远远大于科层体系。Davis(1983)界定了民营企业中两种截然不同的系统:感情系统(家族/朋友/老乡)及任务系统(企业);McCollom(1990)一针见血地指出,考察民营企业即考察双重复杂社会系统之间的相互作用;Sharma(2004)更是认为,唯有将组织理论与家族系统理论相结合才能有效形成民营企业理论。与此同时,我国学者认为,民营企业中居于家族或是朋友关系中高位(宗族首领、企业家或实权人物等)的人威信同样较高,会将其权威直接沿用至企业,形成民营企业特有的家长式领导风格(郑伯埙,2005);也有学者(贺小刚等,2007)直接用科层体系来取代家族/朋友权威并进行实证研究,用所有权、控制权和管理权等维度来测量民营企业权威体系。本书综合认为,民营企业权力体系相对特殊,由家族权威和科层权力两个子系统组成(如图 3.3 所示),且权威并不仅由家族与企业首领所拥有,高管团队内不同类型人物都与权威有密切联系,其权威并非静态,而是一个不断动态变化系统。民营企业权力动力系统是家族权威和科层权力之间的融合,形成了一个复杂的动态变化的权力系统。只有那些仍然在企业主(创业者)主导阶段的民营企业,企业主在民营企业权力系统中才具有较高的家族权威,两个权威子系统之间是匹配的。此外,在民营企业的发展阶段,一般出现代际现象(子辈等关系),或者有不少家族雇员也参与到企业管理活动中来,外部职业经理人也涉入了业务,这个时候对于家族雇员和非家族雇员而言,两个子系统之间的权威不匹配可能会发生。

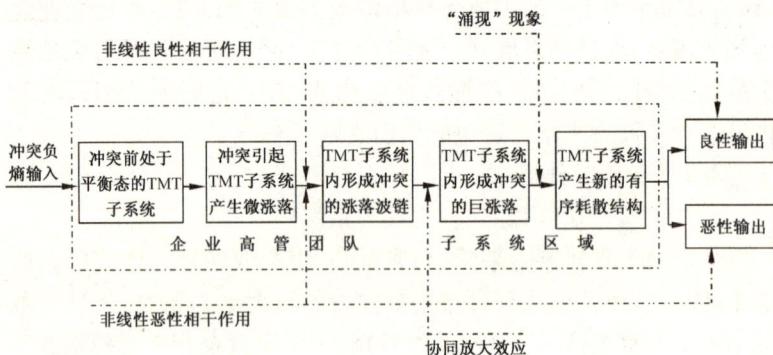

图 3.3 民营企业权力体系

(2) 由"委托—代理"关系产生的权力、利益矛盾

从冲突各方参与主体来看,民营企业主和高管团队成员之间是一种典型的"委托—代理"关系,民营企业家是委托人,企业的职业经理人是代理人。由于双方信息存在一定的不对称性,与委托人相比,代理人可以更清楚了解到自己所承担的工作细节,并能更充分了解自身行为、能力以及喜好。同时,契约双方都追求各自的最大化效用,但委托人和代理人之间的利益诉求往往是不尽相同的,换句话来说,由于利益诉求不一致,代理人并不会总是将委托

人利益最大化作为自身行为准则。如果委托者不能有效约束代理人，代理人就会优先做出对己最有利的决策而并非对委托人最有利的决策；除此而外，由于委托者和代理人之间契约的不完全性，契约是不可能涵盖所有各方责任的。这会产生难以调和的根本性利益矛盾。具体来说，企业所有者和管理者之间的冲突，会导致管理目标、绩效要求等方面存在差异。企业所有者往往更多追求企业价值的最大化，以及企业的可持续发展能力，而通常高管团队的目标相对短期，更追求其任内负责的部门或项目绩效的最大化，努力实现最高薪酬激励。然而，为保证实现企业目标，企业领导者会设计一套对高管团队来说相对完善的绩效评价体系。与此同时，评估指标的内在缺陷无可避免，很少有人能够依据企业实际状况设计出针对性指标体系，充分体现指标内容效度。大多数民营企业仍只能用一些定量性指标来评价团队效能。此外，一直以来，因业务需求，职业经理人利用职务之便，采用"搭便车"式的公职消费方式原本是难以避免的，亦可以理解，但在现实生活中，却有很多职业经理人团队刻意追求，甚至挖空心思进行职务消费和职务侵占。由此，在职务性消费的内容界定和限额设定上，委托代理双方必会经历一番博弈。

与此同时，在业绩分配方面，由于民营企业是一个利益共同体，各种资源都要参与经营业绩的最终分配，在总收益既定的情形下，各种资源利益分配主体间的资源分配实质上是一种"零和博弈"，如果有一方多拿一些，另一方就一定会拿得少一些。虽然民营企业领导者拥有的是企业剩余索取权，职业经理人团队得到的是一种合同式的契约收入，但作为民营企业高管团队中的一员，职业经理人一定会希望与企业业绩之间实现"利益均沾"，特别是在企业的盈利相对较大时。

（3）信任缺失所引发的冲突衍生

在信任环境方面，中国特有的"关系"文化形成了我国民营企业高管团队的团队分化，"血缘、地缘、业缘"的同一性成为团队信任的重要支柱。一直以来，民营企业对职业化管理及职业经理人的引入缺乏足够的信心,对外来高管成员控制权授让心存疑虑,对授权可能产生的风险和付出的成本甚为敏感,因此,"授权—失控—收权"的交互循环便成为民营企业发展进程中司空见惯的一种现象,导致高管团队成员跳槽现象频发。而当民营企业步入职业化管理时代,双方签订了合同,并对离职或其他情况制定了奖励以及惩罚条款,但由于缺乏相应的法律约束,与高管团队相关的失信成本相对较低。与此同时,与金融资本相比较起来,人力资本市场有其特殊的信息不对称性:首先,契约前非交易双方的人力资本质量或技能素质很难直接观测得到,人力资本所有者可以选择如实披露自身讯息,也可以选择隐藏或是扭曲,从而会使企业遭受非必要的"道德风险"。其次,契约合同中存在信息不对称性。由于信息的不完全以及不确定性,人力资本市场所签订的契约合同并不是非常完备的,经理人机会主义行为选择空间极大,正式契约约束效用有限。第三,人力资本产出灵活性极大,存在着种种效应。上述人力资本市场的种种信息不对称性,使我国民营企业有效融合人力资本,尤其是融合并提升团队人力资本的内聚力,显得相对困难。

在信任机制方面,同样可能存在着种种缺失。首先,民营企业可能是家族式的,也可能是朋友之间合伙式的,在民营企业发展初期,尤其是家族式民营企业,大都存在明显的集权制特征。而在高管团队管理从绝对集权制向分权制转化的这样一个有效发展进程中,民营企业所有者与高管团队成员之间会一直存在着权力博弈。根据李新春等(2003)对中山市250家民营企业的调查证实,民营企业主对于是否引入职业经理人这一决策,一直以来都有着或多或少的担心或是疑虑,首先,最担心的是职业经理人管理能力不足(约占23%),其次,则是职业经理人的信用是否存在缺失(约占16%)。此外,学者们大多侧重强调团队经理人职业道德非常重要,但似乎有点忽视了另一方面,即民营企业主的信用道德水准到底如何(陈传明,2007)。王重鸣、刘学方(2009)在研究了江苏和浙江等地的民营企业经营状况之后发现,有相当一部分民营企业主为了能够掌握经营范畴之外的一些关键信息,不愿或是不能与团队经理共享机密商业信息,从而对民营企业高管团队内聚力产生一定的负面影响,限制了信任在纵横维度的不断扩展,并最终影响到民营企业的经营乃至可持续发展。

在信任理念方面,雷丁(G Redding,1999)和福山(Fukuyama,2002)等学者一致认为,中国民营企业建立在牢固的婚姻、亲缘、朋友等关系连接成的"差序格局"下的层层社会网络中,因此,想要把权力平稳移交给职业经理人团队,并实施所有权和控制权的有效分离,一直以来存在着重重障碍和阻力,而在中国式传统文化特定情境中,为有效提升民营企业高管团队的内聚力和企业高层管控权的稳定性,对民营企业可持续发展至关重要,而高管团队信任理念方面存在一定缺失则是高管团队内聚力不足的最重要缘由之一。研究表明,华人企业在重大经营管理决策中,50%的企业为企业主单独决策,78%的企业尽管存在企业主与高管团队成员共同商议的形式,但最终仍是企业主集权决策在发挥作用,且从整体上看,民营企业主大都只愿意授给职业经理人部分管理权,而极不愿意让渡控制权或是股权,亦即,民营企业主对高管团队的整体信任度远远不够。此外,民营企业在推进职业化管理过程中,对出现的冲突往往考虑或应对失当,从而造成信任缺失,使得高管成员难以真正融入团队当中。

(4)民营企业先天性"基因缺陷"

从形成和发展的角度来看,我国民营企业在改革开放后得以重生和发展,是因其形成历史和发展过程的独特性。民营企业普遍具有自发性、逐利性等特点,缺乏先进的管理理念和生存环境,为企业组织造成不可避免的"基因缺陷"。

① 文化上的"基因缺陷"。文化是一个企业的灵魂,对成员行为具有"导向、约束、凝聚、辐射"的作用。"管"好一个企业可以依赖先进的科学技术和手段,而对企业的治"理"则更多体现在用什么样的文化来统一成员的思想、规范成员的行为,使成员的互动产生更多、更高质量的协同效应。一个缺乏文化积淀和传承的企业,

其管理方式往往陷于随波逐流和被动应付,无法形成企业成员的主人翁意识,从而缺乏有效的冲突抵抗能力。与西方文化强调个人价值观不同,中华文明一向具有"克己乐群"、"家国同构"的传统理念,倡导集体主义。历史证明,这些强大的文化认同在应对外来冲突时发挥了巨大的作用。"忠、信、礼、义"等行为道德标准,"儒"、"释"、"道"、"法"等传统文化虽然拥有深远的影响,能够为企业文化建设提供丰富的资源,但由于传统文化在体系上仍旧条块分割,甚至相互矛盾,在现实中也没有得到有效的整合、提升,其影响正逐渐碎片化和消隐化,无法有力地约束和指导我们的行为准则和道德规范,"穷则思变"和"为富不仁"的交相循环,使得众多民营企业和企业主徘徊在道德和法律之间,阻碍了民营企业的健康发展。同时,在领导方式、企业制度建设等方面,现代管理理念的文化要求与传统文化所形成的管理模式之间的矛盾也会为冲突埋下伏笔,两种观念的冲突和博弈将贯穿民营企业发展始终。因此,民营企业应当通过构建特色鲜明的团队文化,不断弥补文化上的"基因缺陷",才能增强企业、团队的凝聚力和向心力,应对各类冲突和挑战,在复杂环境下赢得竞争优势。

② 结构上的"基因缺陷"。民营企业创业初期,由于领导结构相对简单,成员之间为了共同的利益追求,往往容易就冲突达成一致的观点。随着企业进入快速成长阶段,团队与外部环境的交互和联系日趋密切,由此产生的冲突也应接不暇,但往往出于管理成本和信任的考虑,企业主在对分权和组织结构的优化上裹足不前。简单的团队结构不仅降低了组织适应性,而且泛家族化的民营企业高管团队结构严重超出其管理半径,无法适应企业发展对人才的更高要求和合理使用。另一方面,我国民营企业扎根于现实国情,高管团队的结构关系不仅架构并外显在层级组织之上,同时,中国特有的"关系"和"面子"文化形成了团队成员之间的"差序格局",产生出基于"关系"和"面子"的隐形关系结构。与西方企业不同,我国民营企业这种特有的隐形结构往往会给高管团队带来不可预测的冲突和影响,科层组织的权利距离与"差序格局"的交

织作用严重影响了企业家的思维判断。

3.3　民营企业高管团队冲突对内聚力的影响：基于案例研究的启示

从前述理论研究和上述案例分析中,我们不难看出,尽管冲突与内聚力并非"一枚硬币的两面",但在一定情景下存在着"此消彼长"的现象,冲突与内聚力之间必然存在某种特定的联系,影响着内聚力的维持和成长。案例中的冲突导致民营企业中高层分裂,这只是民营企业高管团队内聚力缺失的极端体现,更有大量民营企业由于领导方式不当、缺乏沟通和交流、规章制度虚化等原因,严重阻碍了企业快速发展。因此有必要在案例相关启示的基础上,对民营企业高管团队冲突之于内聚力的影响开展进一步的研究。

3.3.1　基于生命周期的民营企业高管团队内聚力特性分析

民营企业在不同的发展阶段,其高管团队内聚力具有不同的特点和不同的内在要求,如图 3.4 所示。

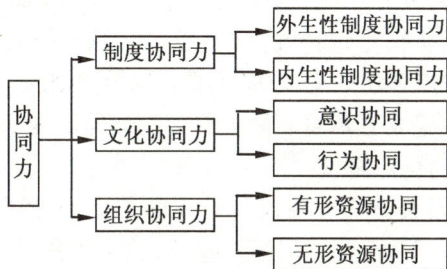

图 3.4　民营企业内聚力成长过程

民营企业创立初期,团队成员由亲朋好友或志同道合者组成,由于血缘相近、情感互补或志趣相同,关系较为密切,沟通交流比较频繁,因此,这种基于共同利益而形成的团队通常具有较强的内聚力。但由于管理制度不健全,成员行为和团队规范较为松散,内聚力的维持依靠的是成员之间强大的人际关系和外部压力;同时,共同的利益和爱好也对内聚力维持起到了很大的作用,但这种内聚力具有较大的脆性,一旦企业走入下坡路,内聚力便会迅速衰减。

在企业成长阶段,由于引入部分职业经理人,成员之间的关系结构发生了变化,职业经理人在融入团队的过程中,其管理理念、个人特征、工作风格往往会与原有团队成员形成冲突和碰撞,因此,在民营企业成长阶段,团队内聚力表现较差,呈现震荡状态。随着企业的不断发展,只有在现代管理理念日趋融合后,才能整合团队行为,形成基本统一的团队价值取向,成员行为逐渐趋于规范。

在企业成熟阶段,伴随现代企业制度的不断完善,企业的发展需要更深层次的内聚力。这个阶段的内聚力标准是明确而统一的团队目标,团队成员愿意为了达到团队目标而自觉约束自己的行为,成员行为不仅从过程上趋于一致,而且在目标上也更为一致。团队规范已成为成员内在的行为准则,从而达到高内聚力状态,其表现也相对稳定。因此,民营企业家应当根据企业成长过程的不同特点和自身的实际情况,努力做到修正松散期、缩短震荡期、维护稳定期,使团队始终保持强大的内聚力,从而有效抵御内、外部冲突,更好地适应环境的变化,带领企业快速、稳定发展。

3.3.2 民营企业高管团队内聚力构成与过程分析

（1）内聚力构成特征

尽管团队内聚力表现为成员对团队的向心力以及团队对内、外部的吸引力,但从不同的层面来看,民营企业高管团队对内聚力有不同的构成要求,具体表现在成员之间的吸引力、团队层面的协同力、核心层面的领导力以及制度层面的约束力（见图3.5）。

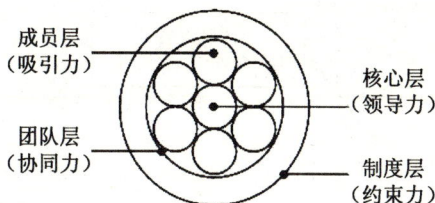

图 3.5　内聚力构成模型

高管团队内聚力的形成源于团队行为,其主要表现特征体现在以下 4 个方面:

① 从成员层面看,成员之间、成员与团队之间有较强的认同感、依赖感或归属感,成员之间拥有顺畅的沟通渠道、明确的团队目标、工作自觉性等;

② 从团队层面看,内聚力应源于内部需要而非外部压力,团队内无小团体以避免分裂,团队具有较好的冲突适应性,具有明确合理的团队目标,不盲目追求规模和效益等;

③ 从核心层面看,团队领导拥有较强个人魅力,具有较好的管理能力等;

④ 从制度层面看,合理的成员组合且分工明确,拥有民主决策程序、有效的经济刺激和声誉刺激、完备的团队行为规范体系等。

这 4 个层面的内聚力是通过团队具体活动实现的,它们共同支撑了民营企业高管团队内聚力的形成和发展。

(2) 民营企业高管团队内聚力的形成过程

研究表明,团队内聚力的形成过程十分复杂,内聚力的形成不仅是心理上的需要、社会认同的需要,还是精神文化上的需要。但从企业活动角度上来看,团队内聚力有着不同的形成途径,如图 3.6 所示。

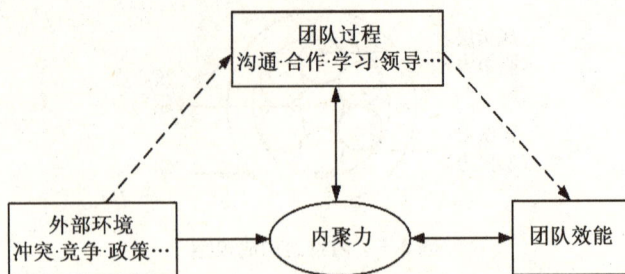

图3.6　高管团队内聚力形成途径

外部环境所带来的压力会激发团队产生较强的内聚力,面对共同的"敌人",成员之间容易产生"同仇敌忾"的士气,有助于加强团队内部认同,与此同时,团队成员的特殊地位也会使其更具责任感和使命感。其次,团队过程则是形成民营企业高管团队内聚力的重要途径,团队过程中的沟通、交流、学习等活动能够不断增进相互了解,团队成员易于融为一体;内聚力状态同样也会影响团队过程的效果。此外,团队内聚力不仅会通过情感、行动等要素影响团队效能,团队效能亦会对内聚力产生反馈作用,较高的团队效能会为团队成员带来更多的满足感和自豪感,从而吸引成员继续留在团队,维持并推动内聚力不断发展。

在市场竞争日趋激烈的时代,民营企业面临更加复杂的外部环境,且较少得到外部的有力支持。因此,提高团队内聚力,不仅是实现团队目标、提高团队效能的需要,更是民营企业苦修内功、应对外部挑战的必然要求。

3.3.3　民营企业高管团队冲突对内聚力的影响分析

从前述冲突案例中,我们不难发现,民营企业高管团队冲突对团队内聚力影响主要通过以下角度显现出来:

(1) 团队领导不力产生冲突,影响内聚力

团队核心人物是一个团队的灵魂,其关键职能是为团队互动创造良好的环境,并通过指挥、激励、沟通、协调来引导团队成员努力追求和完成团队目标,使团队效能得到充分发挥。由于民营企

业的自组织性特点,与一般组织"集体领导"模式不同,民营企业更具有单核心领导结构特征,核心成员的个人素养、教育背景、工作方式构成其独有的领导魅力,直接影响了高管团队内聚力的强弱。古语云:"良禽择木而栖,贤臣择主而侍",一个富有魅力的领导核心无疑将会为团队带来强大的内聚力,能够吸引和合理使用各方贤才;而从民营企业发展过程不难看出,"彼得原理"同样会发生在民营企业主身上,一个不善学习、能力较弱、方法失当的领导核心不仅无助于团队冲突的化解,甚至会成为矛盾和冲突的焦点。从鹰联航空、天健公司和中意集团的案例可知,在企业发展过程中,如果核心成员的领导能力、工作水平、性格气质无法满足团队需要,就无法将团队成员紧密团结在自己的周围。

（2）团队信任不够产生冲突,影响内聚力

新东方、中意及南极人集团等案例进一步表明,如果高管团队内部成员之间的彼此信任度不够,相互间的矛盾发展累积到一定程度,会导致整个团队分崩离析的极端局面,而高管团队内聚力作为一种向心力,是信任得以扩展的重要途径之一。高内聚力团队能有效实现信任在团队层面的横向拓展以及组织层面的纵向延伸,促使团队内部形成和谐、稳固关系,从而减少或避免有害冲突;另一方面,高内聚力高管团队有利于将满足个人需要和团队发展联系起来,使团队成员能分享共同价值观,促进合作与交流,从而在团队目标上达成更深层次的信任和共识。

由于信任可以使组织团队的成员处于互相包容、互相帮助的人际氛围中,使每个人都感觉到自己对他人的价值和他人对自己的意义,满足个人的精神需求,所以能够有效地提高合作水平及和谐程度,促进工作的顺利开展,易于形成团队精神以及积极热情的工作情感。所以,团队内部过程若无法赢得各方信任,势必是由团队的管理制度或信任环境缺失所致。

（3）团队行为规范不完善产生冲突,影响内聚力

区别于西方科层组织的"法治"原则,在社会环境和历史的影响下,我国民营企业在运作过程中普遍存在"集权"和"人治"的管

理行为,"差序格局"和"人情取向"对科层制的挑战严重削弱了规章制度的作用。大部分案例也同时显示,在高管团队管理实现民营企业从集权向分权转化的过程中,民营企业所有者与高管团队成员之间的权力博弈将贯穿始终,因此,完善团队行为规范、确保制度的权威性显得尤为重要。加强高管团队成员之间的沟通和交流,避免"一言堂"能有效提高团队信息处理能力,从而达到增强互信、提升团队内聚力的目的,而沟通、互动和默契的缺乏则为团队冲突提供了发育的土壤。团队规范体现了团队成员行为的一致性和自觉性,是衡量团队内聚力的重要标志之一,深层次的团队规范并非制度或准则的外显,而是成员行为内化的准则,是成员自觉维护团队利益、承担团队责任的行为。

(4)团队目标不明确产生冲突,影响内聚力

团队目标是吸引团队成员的重要因素之一,对内聚力的质量和强度具有直接的影响。我国民营企业由于起步迟、受制于政策和外部环境等因素,普遍缺乏发展战略。团队目标作为组织目标的重要组成和实现途径,如果目标不明确或者不现实,则无法为团队成员带来美好的"愿景",在内外部冲突加剧时,团队也只能成为成员磨炼技能、积累社会资本的跳板,难以形成强大的团队内聚力;反之,明确且一致性较高的团队目标,则有助于形成全体成员共识,在目标实现过程中,成员之间无论是在情感上还是任务上,均能够做到配合默契、沟通顺畅,从而进入高内聚力状态。团队目标对成员的吸引力同时还体现在团队目标所包含的成员个人目标上。正如南极人集体跳槽和宗申高层出走案例所揭示的,团队目标与成员在个体价值或利益上的不一致,将会不可避免地引发冲突。因此,在团队目标设计和实现过程中,要努力实现个体需求和团体利益的有机结合,只有充分考虑了成员个人需求或利益的团队目标,才能形成持续稳定的内聚力;离开了个体目标的团队目标只可能是空中楼阁。

(5)团队特征不协同产生冲突,影响内聚力

团队特征对内聚力的影响主要体现在团队整体特征和成员个

体特征两个方面。一般认为,团队的内聚力与团队规模成反比。这也正解释了民营企业在创业初期,由于规模较小,成员之间有更多、更深层次的互动过程,更易于形成较强的内聚力,能够抵御外部复杂环境的变化。而当企业发展到一定的规模时,随着高管团队的扩大,成员之间互动机会的逐渐减少和"搭便车"行为的增加,从而影响了内聚力的发展,降低了团队的冲突适应性。其次,不同的团队结构会影响沟通交流的路径和人际交互的距离,从而会对内聚力带来不同的影响。从内聚力的形成过程来看,高管团队的目标实现是全体成员相互依赖的结果,团队成员的年龄结构、性别结构、个性特征、文化背景、教育程度、技能经验、兴趣爱好等个体特征也对内聚力成长起着重要的作用,只有团队成员搭配得当,团队才能迸发出强大而有生命力的内聚力。

第4章 基于个体属性的民营企业高管团队成员的冲突研究

知识经济时代(Economy-based Society),高管团队冲突作为企业市场生存能力和发展前景的决定性因素之一而备受瞩目。传统研究主要采用社会调查和数理统计作为基本工具,用自上而下的整体研究方法研究高管团队的冲突、团队绩效与激励之间的相互关系、影响因素,在描述高管团队冲突的非线性性质、微观机理、互动过程等方面进展甚微。近年来,随着复杂系统理论和进化博弈等学科的快速发展,打破了线性、均衡、简单还原的传统理念,丰富了团队冲突的研究手段。本章希冀借助复杂网络、多智能体复杂系统建模等工具,通过自下而上、由内及外的"扎根研究"方法,从不同的视野研究高管团队冲突的特征属性、微观行为及其宏观表现,探讨团队冲突的过程与机理以及对内聚力和团队效能的影响。

4.1 民营企业高管团队网络静态特征与冲突研究

在经济管理和社会系统研究中,越来越多的学者们关注以非线性研究为主要特征的复杂系统的应用,高管团队利用复杂网络的方法,能充分体现高管成员个人之间的内在联系,也能够避免传统方案描述属性不明确的缺点。因此,本研究试图在前章探索性研究的基础上,利用复杂网络建模,将高管团队的属性和关系映射作为复杂网络中节点和边,探讨高管团队冲突复杂网络数据处理方法和抽象化方法,分析其冲突特性,寻找复杂性网络结构和高层管理团队特征之间的内在关系;结合度数(Degree)、接近度(Closeness)、聚类系数(Cluster Coefficient)以及介数(Betweenness)4 个特征属性,根据多属性决策理论,提出高管团队核心成员的挖掘方法;同时,通过网络特性分析,研究特征属性对高管团队冲突的内在机理及对团队内聚力要素的影响。

4.1.1　民营企业高管团队成员关系的网络映射

由于民营企业的自组织性,民营企业的高管团队成员组成普遍具有一定的知识互补和特殊从属关系,拥有不同于一般性组织的人口统计学和任务特征,如高管团队成员年龄、教育程度、职业经历、来源背景、决策角色、薪酬水平等。因此,我们可以将民营企业高管团队看成由团队成员个体以及个体之间相互作用的复杂系统,成员个体视为网络的节点,成员与成员之间的相互关系形成了节点与节点的连接。据此可以用网络图的形式描述团队成员的关系构成,并通过进一步的抽象和分析,有效地揭示团队成员的个人信息和关系信息的内在联系以及对冲突的影响机理。

在民营企业高管团队冲突中,高管团队成员是任务决策、方案执行的冲突主体,对团队成员特征属性的抽取,是对冲突进行网络分析和抽象的基础。我们将影响冲突的关键成员属性用集合 $P = \{$年龄,学历,关系,角色$\cdots\}$ 来表示,设 $P = \{p_i | i \in N\}$。团队成员的各种属性 p_i 采用枚举形式列出:如关系属性可以用 $\{0,1,2,3\}$ 来描述,分别表示不好、一般、好、亲属;学历属性用向量 $\{0,1,2,3\}$ 表示小学及以下、中学、大学、大学及以上等。

任务和关系是团队最需要关心的两个方面,现实状态下高管团队成员间的内在冲突关系不仅包含任务冲突(Task Conflict, TC),还包括人际冲突(Relationship Conflict, RC),这两种不同的冲突源于不同的关系范畴,分别在工作交往和人际交往中产生。设用有限集 $\{TC, RC\}$ 来描述这两种不同的关系类型,并对应于色彩集 $C = \{red, green\}$,简记为 $C = \{r, g\}$。在此基础上,可以用一个四元组 $G = (V, C, R, F)$ 来表示高管团队成员关系网络。其中:

$V = \{v_1, v_2, \cdots, v_n\}$ 表示网络节点集合,V 中的元素代表高管团

队成员,用序号值 $n \in N$ 表示,集合 V 的大小决定了团队的规模,节点数量越多则团队关系越复杂;

C 为关系所对应的着色方案 $\{r, g\}$,分别用红、绿两色表示任务关系 TC 与人际关系 RC;

$R = \{r_{ijc} \mid i, j \in N, i \neq j, c \in C\}$ 为高管团队成员关系集合,工作关系 TC 在 r_{ijc} 中表现为由成员 j 指向成员 i 的有色边,表示 i 与 j 存在任务关联,人际关系 RC 则在 r_{ijc} 中表现为 i 和 j 之间的双向有色边,表示成员 i 和成员 j 人际关系;

F 为高管团队成员属性值矩阵,F 的任一元素 f_{ij} 表示高管团队成员 i 的 P_j 属性值。

因此,可以将此网络用邻接矩阵的形式定义为

$$A = \{a_{ij}\}_{N \times N} = \begin{cases} a_{ij} = s(i,j,r)\boldsymbol{r} + s(i,j,g)\boldsymbol{g} & i \text{ 与 } j \text{ 相连} \\ 0 & i \text{ 与 } j \text{ 不相连} \end{cases}$$

(4.1)

其中,$s(i,j,c)$ 中,$i, j \in n(V)$,$c \in C$,表示节点 i 与节点 j 有边连接且长度为 1 的 c 色边的数量,$\boldsymbol{r}, \boldsymbol{g}$ 则分别为着色向量。

根据图论的基本概念,如果存在有限序列 $W_k = (v_0 v_1 v_2 \cdots v_n)$,则称 W_k 为从 v_i 到 v_n 的第 k 条路径。因此,在高管团队关系网络中,$W_{(i_0, i_k, c)} = (r_{i_0 i_1 c} r_{i_1 i_2 c} \cdots r_{i_{k-1} i_k c})$ 可以表示为一条从 i_0 到 i_k 的 c 色路径,若路径 $W_{(i_0, i_k, c)}$ 的边和节点均互不相同,则称为 Hamilton 路。网络中如果存在 $W_{(i, j, c)}$,则称节点 i 和 j 拥有 c 色相连关系,连接 i 和 j 中长度最短的 c 色路径的长度称为 i 和 j 的 c 色距离,记为最短路径 $d(i, j, c)$。

4.1.2 民营企业高管团队的网络属性分析

在现代现代企业管理中,只有根据团队成员个人特征合理分配工作任务、融洽团队成员关系,才能营造出强大的内聚力,不断增强组织决策质量、提升管理执行力、增强企业核心竞争力。如果我们能快速地确定影响高管团队内聚力的关键人员,增加对关键人员的关注,可以较好地减少潜在冲突,有效地提升高管团队效能。现有研究主要将向心性(Centrality)和声誉(Prestige)作为重要

节点的划分指标,从网络节点的度(Degree)、介数(Betweenness)、接近度(Closeness)、特征向量(Eigenvector)和累计提名(Cumulated nomination)等角度来度量。因此,本书在完成高管团队的复杂网络映射后,选择复杂网络的度(Degree)、接近度(Closeness)、集聚系数(Cluster Coefficent)以及介数(Betweenness)4 个属性指标,建立关联企业高层管理团队特征与复杂网络特性的关联性,通过分析这些特征指标来便捷地掌握高管团队网络中的非线性信息和状况,实现高管团队冲突核心的有效挖掘。

(1)高管团队关系网络特征属性

① 度。度是网络节点的基本特性,指与节点 v_i 相连接的边的数量。高管团队关系网络的度可以定义为与 v_i 关联的不同颜色边的矢量和:

$$k(i) = k(i,r)\boldsymbol{r} + k(i,g)\boldsymbol{g} \tag{4.2}$$

其中,连接 v_i 的不同颜色边的数量记作 c 色度,可以分别用下式计算:

$$k(i,c) = \sum_{j=0,i\neq j}^{n(V)} s(i,j,c), c \in C = \{\boldsymbol{r}, \boldsymbol{g}\} \tag{4.3}$$

根据 N 阶简单无向图 G 的邻接矩阵性质,若记 $\boldsymbol{C} = \boldsymbol{A}^2 = \{c_{ij}\}_{N\times N}$,那么矩阵 $\boldsymbol{C}$ 的主对角线元素 c_{ii} 可以表示为

$$c_{ii} = \sum_{j=1}^{N} a_{ij}a_{ji} = \sum_{j=1}^{N} a_{ij}^2 = \sum_{j=1}^{N} a_{ij} = k_i \tag{4.4}$$

显然,c_{ii} 即为相应节点 V_i 的度。

节点度的大小可以简单体现该节点的重要性,表示该节点成员与其他成员在任务、人际联系上的密切程度。团队网络中度数高的节点,反映了该成员与其他人员在工作任务和人际交往上拥有复杂的相互关系,应当在管理经验、沟通能力、技术水平上拥有更大的优势,否则将会成为工作冲突或人际冲突焦点,因而可以将其作为研究高管团队冲突潜在的核心参考特征。但仅依靠度的大小还不能完全准确地反映该节点在网络上的重要程度,一个度不高的节点,如果与之相连的节点都很重要,那么该节点同样值得

重视。

② 接近度。接近度从最短路径的角度衡量节点的中心程度，可以定义为节点 v_i 到网络上其他所有节点的最短距离之和的倒数。假设 $d(v_i,v_j)$ 表示以 v_i 为起点，以 v_j 为终点的路径包含边的数量，节点 v_i 接近度可以表达为

$$C(v_i)^{-1} = \sum_{j=1}^{n} d(v_i,v_j) \tag{4.5}$$

据此，可以将高管团队关系网络的接近度定义为两种颜色构成的矢量，其中 v_i 节点的 c 色接近度为

$$C(i,c)^{-1} = \sum_{j=0}^{n(V)} d(i,j,c) \tag{4.6}$$

不同节点接近度的差异体现了其在网络中的中心位置，一般而言，接近度越大的节点重要程度越大。当高管团队成员间任务和人际互动中，网络距离越小，意味着沟通和交流越顺畅，任务传递也较为迅捷，可能触发的冲突也大为降低。因此，接近度大的高管团队成员居于关系网络的中心位置，如果该成员具有较强的内聚力，则能够充分有效地调动和利用团队网络中的人力资源，从而提高企业高管团队的效能。

③ 集聚系数。社会关系网络具有明显的关联特征，某人的两个不同的熟人可能也是熟人关系，这种网络结构特性称之为集聚性，可以用集聚系数来定量地描述：网络中与同一节点连接的两个节点也相互连接的概率。设 $E_c(i)$ 为高管团队关系网络中与节点 v_i 存在 c 色连接的节点集合，根据集聚系数的定义可得高管团队关系网络的集聚系数为

$$CC(i,c) = \sum_{j \in E_c(i),d(i,j,c)=1} 2s(i,j,c)/(E_c(i)+1) \tag{4.7}$$

网络的集聚性使得网络结构具有"三角形"的构造，反映了"三个人两两相关"的特性，高集聚系数节点无疑将成为网络局域的核心，对于高管团队网络来说，高集聚系数成员会具有更复杂的业务关系或更紧密的人际关系。

④ 介数。在实际网络中，每个节点的地位均不相同，由于度指

标的局限性,Freeman(1977)提出了介数概念,作为网络全局特征量,介数可以较好地衡量节点或边在整个网络中的作用和影响力。节点 v_i 的介数 B_i 指网络中所有不相邻的节点 v_j 和 v_l 之间的最短路径经过 v_i 的数量。因此,可以将高管团队 C 色网络的节点介数定义如下:

$$B(i,c) = \sum_{\substack{所有j,l,且j \neq l \neq i}} N_{jl}(i,c) \qquad (4.8)$$

式中, N_{jl} 表示 $v_j v_l$ 之间的最短路径数, $N_{jl}(i,c)$ 经过节点 v_i 的 c 色最短路径数。

通过对节点介数的计算并排序,可以从某种角度上分析、衡量节点的重要性。在高管团队关系网络中,某个成员节点的介数越大,表明该成员在关系网络的最短路径上出现的次数越多,该成员在工作任务上会跟更多的成员有关联,人际交互的渠道也更密切,对团队效能的影响程度也越大。

（2）特征属性的数据处理

用以衡量高管团队关系网络的度、接近度、集聚系数、介数 4 个特征属性均由不同色彩值进行度量,具有矢量特征,需作进一步处理才能开展企业高管团队关系网络核心节点分析。设用 ω_r, ω_g 分别表示高管团队关系网络中任务关系和人际关系的权重,权重向量记为 $\boldsymbol{\omega} = (\omega_r, \omega_g)$,在团队运作中如果不考虑其他因素,则有 $\omega_r + \omega_g = 1$ 。当民营企业以战略导向、任务管理为主时, ω_r 取较大值;当企业重视人际交互、侧重关系交往时, ω_g 取较大值。

设 pr 为某一属性值,定义 $pr(i) = pr(i,r)\omega_r + pr(i,g)\omega_g$,因此我们可以构造出度数、接近度、集聚系数、介数等组成的矩阵 $\boldsymbol{U}$ 。由于这些特征属性拥有不同的量纲,因而还需要对其分别进行标准化,处理方法如下:

$$pr'(i) = \frac{pr(i) - \min(pr(i))}{\max(pr(i)) - \min(pr(i))}, \ i \in n(\boldsymbol{V}) \qquad (4.9)$$

根据式(4.8)可以得到特征属性矩阵 $\boldsymbol{U}$ 标准化后的矩阵 $\boldsymbol{V}$,为计算方便,还应对规范化矩阵进行归一化处理:

$$pr''(i) = \frac{pr(i)}{\sum_{i=1}^{n(V)} pr(i)} \tag{4.10}$$

从而得到归一化矩阵 Y。

4.1.3 民营企业高管团队关系网络核心节点的挖掘

团队领导是影响团队内聚力的关键因素,因此需要寻找高管团队关系网络的核心节点。互联网信息搜索、系统科学以及社会网络等领域基于自身的特点,均提出了复杂网络环境下关键节点的挖掘思想和算法。系统科学认为网络节点的重要性等价于其破坏性,从系统功能的角度观察节点的去除对网络连通的影响;社会网络研究则认为节点的重要性等价于其显著性,应当在不破坏网络连通的情况下,通过收集网络中的有效信息分析节点的差异性,通过对节点的度、介数等属性的统计、计算,从而定量地确定节点在网络中的重要程度。

(1)点权排序

从对度的定义和分析可知,判断一个节点在网络中的重要性,仅根据该节点的度的大小是不够精确的,应当从网络全局的角度来衡量,用结合与其相邻节点的度的大小来判定。正如我们在生活中,判断一个人的影响力或重要性,不仅要从其本人来观察,同样要考虑他的朋友或关系密切的人。我们假设网络节点 i 的邻居节点集合记为 N_i,定义节点 i 与其相邻节点 j 之间的权重为 w_{ij},在一个简单无向网络中:$w_{ij} = w_{ji} = (k_i k_j)^{\theta}$,其中 k_i 表示节点 i 的度,k_j 表示节点 j 的度,$0 \le \theta \le 1$ 是一个调节参数。那么节点 i 的点权 s_i 可以定义为如下形式:

$$s_i = \sum_{j \in N_i} (k_i k_j)^{\theta} \tag{4.11}$$

当无法判定两两之间关系重要程度的时候,可以设定 $\theta = 0$,严格按照节点的度来计算点权,记为 S-node,高管团队关系网络同样存在工作网络和人际网络两个维度的点权,以此可以判断各个节点在不同关系网络中的位置特征和重要程度。

（2）多属性群体决策排序

由于度、接近度、集聚系数、介数 4 个属性均能从不同侧面反应网络节点的特性,因此可以根据多属性群体决策理论,通过建立特征属性矩阵 U、规范化矩阵 V 和归一化矩阵 Y,利用这些非线性特征属性来评价复杂环境下团队网络节点的重要性。属性集结采用有序几何加权法（OWG）,其算子描述为 $Q(v_1,v_2,v_3,v_4) = \sum_{j=1}^{4} x_j^{w_j}$,其中 x_j 是 V 中一列数据中第 j 个最大的元素,$\boldsymbol{\omega}=(\omega_1,\omega_2,\omega_3,\omega_4)^{\mathrm{T}}$ 是与 Q 相关联的指数加权向量,且 $w_j \in [0,1]$,$\sum_{j=1}^{4} \omega_j = 1$,权值 $\boldsymbol{\omega}$ 估计方法为

$$\omega_{ij} = \frac{1}{\sum_{j=1}^{4} \left[1/\sum_{i=1}^{n(I)} 2(y_{ij}-1)^2 \right]} \times \frac{1}{\sum_{i=1}^{n(I)} 2(y_{ij}-1)^2} \quad (4.12)$$

因此,可以得到 4 个权值 $\omega_1,\omega_2,\omega_3,\omega_4$,分别表示度、接近度、集聚系数和介数的权值,在矩阵 Y 中利用以下公式可以获得一个序关系:

$$order(i) = y_{i1}^{\omega_1} + y_{i2}^{\omega_2} + y_{i3}^{\omega_3} + y_{i4}^{\omega_4} \quad i \in n(V) \quad (4.13)$$

根据式（4.13）获得的序关系对网络节点进行排序,反映了综合 4 个属性的节点位置特征,从而可以发现高管团队关键成员,并对各成员在网络中的位置进行分析,探索冲突发生的潜在原因。

文章同时采用点权排序和多属性决策所得到的序关系,对两种不同的序值来综合比较各成员在团队中的地位和作用。

4.1.4　计算模型与实验分析

（1）计算模型

根据上节定义的属性和算子算法,判定和寻找高管团队关系网络关键节点的具体计算模型如图 4.1 所示。

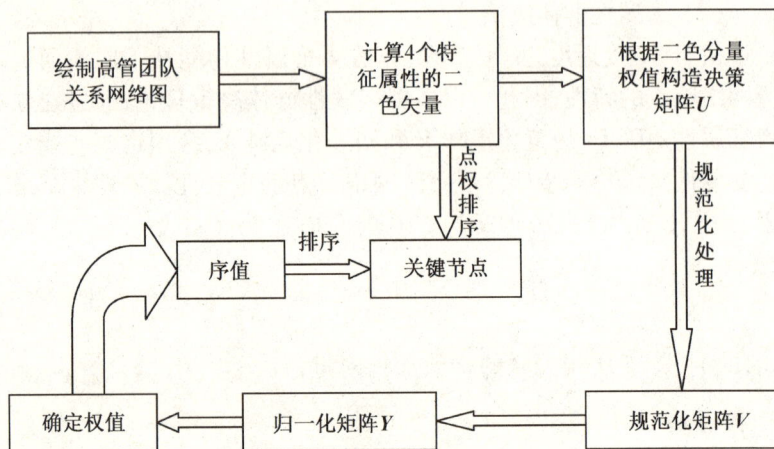

图 4.1　网络属性计算模型

（2）算例背景

本书选取长三角地区移动通信产品分销行业里两家规模较大的民营企业（为研究方便，简称为 A 企业和 B 企业），采用双案例对比研究方法进行探讨，收集整理了两家企业的相关资料，并分别对一位在两家企业均工作过的经理以及各一位现职高管团队成员进行了 3 次深入访谈。访谈采用半结构化的方式，受访者在研究者的引导下，详细介绍两家企业的经营背景，高管团队成员组成，CEO 个性及领导风格，高管团队内部沟通、冲突、决策等具体运作过程，以及公司的绩效表现等。两家民营企业背景的概况对比资料如表 4.1 所示。

表 4.1　A 企业和 B 企业背景资料对比。

对比项目	A 企业	B 企业
创立时间	1993	1995
公司性质	家族企业，2003 年转制为某大型国企的合资公司，经营手机分销产品，目前为股份有限公司	家族企业、有限责任公司

续表 4.1

对比项目	A 企业	B 企业
主营业务	手机代理销售	中国移动业务代理销售商，目前从事手机代理销售、电信服务、跨行业投资三大类业务
代理品牌	三星、摩托罗拉等知名一线手机品牌	中兴、步步高、天语等二线手机品牌
市场区域	主要集中在长三角地区	由全国范围逐步聚焦到长三角二三线城市
经营状况	业绩比较稳定，2005 年份销量为 22 亿元左右，区域市场稳步扩张，依然处于上升态势	2005 年销售收入较好，达到 25 亿元左右，尔后因市场变化起伏较大，出现较大跌幅

　　在产业发展初期，受行业宏观调控的影响，进入中国市场的产品都是国外品牌，且大多由国有企业统一分销，因此 A 公司和其他许多私人手机分销企业一样，通过销售水货手机产品及相关通信产品开始迅速发家。自 1995 年以来，我国政府逐步放松对产业的相关规制，A 公司将主要业务调整为正规的移动手机销售代理形式，采取相关多元化和纵向联盟战略，坚持以代理手机产品的销售为主营业务，并积极与上游资源建立密切合作，2003 年转制为国有企业的合资公司，并建立相对健全的企业组织架构，有效解决企业的发展资金和供货稳定性问题。当前，A 企业主要代理一线手机品牌的销售，在相关分销领域处于优势地位。而与 A 企业有所不同的是，B 企业通过自身积累和对外扩张，采取与上游资源相对宽松的外部合作，主要经营代理二线手机的品牌，依托传统销售渠道优势支撑企业发展，在二三线城市拥有较大的市场。表 4.2 为两家企业高管团队成员构成，表 4.3 为两家企业高管团队成员特征比较。

表 4.2　A 企业和 B 企业高管团队人员组成比较

A 企业			B 企业		
序号	团队中职位	身份说明	序号	团队中职位	身份说明
01	董事长	集团派驻	01	董事长兼总经理	CEO，企业创始人
02	CEO	企业创始人，兼管行政	02	副总经理	家族成员（分管财务、物流、行政、人事）
03	总经理助理	职业经理人	03	总裁助理	职业经理人
04	副总经理	职业经理人	04	行政人事部经理	职业经理人
05	财务总监	职业经理人	05	技术部经理	职业经理人
06	内部顾问	家族成员	06	销售部经理	职业经理人
07	营销总监	公司元老	07	财务部经理	职业经理人
08	市场部经理	公司元老	08	财务总监	公司元老
09	销售部经理	公司元老	09	物流部经理	家族成员
10	财务部经理	公司元老			
11	发展部经理	公司元老			
12	IT 部经理	公司元老			

　　由表 4.2 可以看出，A、B 两家企业的高管团队均由家族成员、公司元老以及职业经理人组成，成立时间相近，均为基于政策不断放开而发展壮大起来的移动电话分销型企业，在发展规模、营销领域和经营管理上各自有其优点。作为本书设定的比较案例研究，具备鲜明特色和直接可比性。

表 4.3　A 企业和 B 企业高管团队属性特征比较

属性特征	A 企业	B 企业
治理结构	治理结构相对完善,设有董事会和监事会	治理结构相对缺失,董事会虚设,董事长及总经理均由 CEO 一人兼任
年龄	介于 35～54 岁之间,平均年龄 42.7 岁	介于 37～62 岁之间,平均年龄 46.2 岁
教育水平	内部顾问曾为行业内知名专家,享受国务院特殊津贴;总经理助理、财务经理等均拥有本科学历;其他人员为大专及以下学历	总裁助理、移动部总监为本科学历;其他高管均为大专及以下学历
专业背景	CEO 为邮电大学毕业,财务副总为会计专业毕业,除职业经理人外,其他高管并无相关专业背景	财务副总有相关工作背景,除职业经理人外,其他高管并无相关专业背景
任期	较长,一般超过 5 年,公司元老等人员流失率较低,尤其是财务及销售等核心高管相对稳定	较短,一般不会超过 5 年,公司元老及外聘职业经理人的流失率较高,尤其是财务部经理和销售部经理等核心高管更换频繁

　　而在访谈中我们得知,A 民营企业高管团队成员之间的凝聚力较强,做决策时大多可以从集体利益的角度出发,虽然也会有团队成员之间的工作冲突,但通过正式的例会机制,高管团队成员可以畅所欲言,相互进行有效沟通和协商。首席执行官(CEO)能做到兼听则明,通达人情,在外部职业经理人的管理变革遭遇来自各个方面的阻力和障碍时,往往会尽力进行有效沟通和协调:一方面,积极采纳外聘职业经理人的相关建议,在公开场合坚决支持公司的政策;另一方面,通过不同途径安抚新老员工的情绪,解决新老员工之间的矛盾,并给予必要的宽容和理解,调动高管团队成员的工作积极性,确保企业改革顺利实施。譬如,副总经理进入公司后建立了正规制度,要求高管成员每周提交例行报告,会前准备正式汇报材料等,公司元老们起初对此有诸多抵触和抱怨,常常敷衍了事,因此,或被要求重写,或在会议上被当众点名,但 CEO 坚持按制度办事,并以身作则,使得制度能够得到遵循。

与 A 企业相比,B 企业采取直线职能制的组织架构,缺乏健全的董事会等治理结构,同时受到团队文化缺失等因素影响,使得高层管理团队的凝聚力一直比较差,虽然公司不断引进各种类型的职业经理人,但这些人都未能实质性地融入企业的高管团队之中,派系间冲突时有发生,且常由任务冲突上升到关系冲突,导致多位元老和职业经理人先后辞职挂冠而去。此外,由于高管团队中的核心灵魂成员——首席执行官不能够公平处理和解决高层管理团队的冲突关系,导致内部冲突持续升级,各为其政,很难形成统一的意见,严重影响民营企业经营决策和日常管理;外聘职业经理人和非家族成员总是受到一些排斥性举动的影响,导致企业的忠诚度和凝聚力持续下降,严重影响了团队的效能。

（3）计算与分析

通过访谈结果,将 A 企业和 B 企业高管团队成员关系分成工作关系和人际关系两类,获得两家高管团队关系网络如图 4.2、图 4.3 所示。r 色图用实线表示,箭头表示工作指向;g 色图用虚线表示,双向箭头表示两者之间存在较强的人际交往关系。文中工作关系来自案例实际情景,人际关系为访谈所得,网络模型为无权无向网。

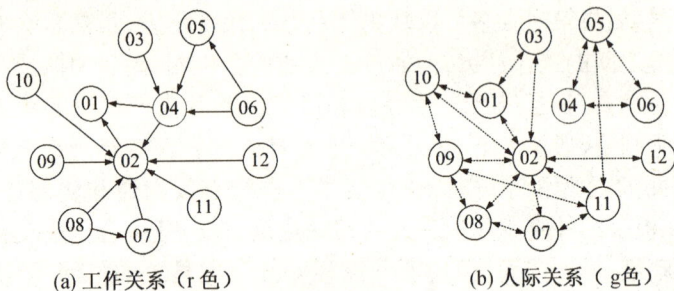

(a) 工作关系（r 色）　　　　(b) 人际关系（g 色）

图 4.2　A 企业高管团队关系网络

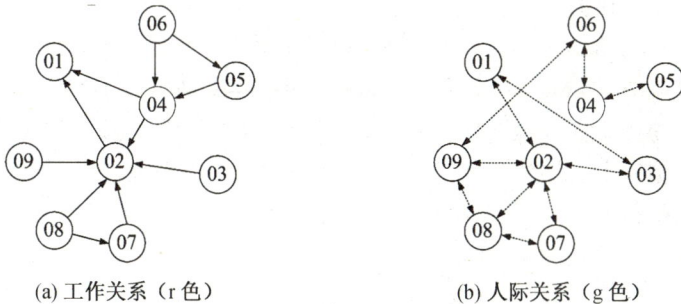

(a) 工作关系（r 色）　　　　　　　　(b) 人际关系（g 色）

图 4.3　B 企业高管团队关系网络

图 4.2,4.3 中节点代表企业高管团队人员组成（详细情况描述见表 4.2）。高管团队成员的一些基本属性 P 列采用索引方式（p_1,p_2,p_3,p_4,p_5,p_6）描述,分别表示任职年限、教育程度（专科及以上至博士分别表示为 1,2,3,4）、工资水平（共 1~10 级,最大为 10级）、整体信任程度（自我评定值,共 1~10 级,最大为 10 级）、合作程度（自我评定值,共 1~10 级,最大为 10 级）和沟通水平（自我评定值,共 1~10 级,最大为 10 级）,A、B 企业所有高管团队成员属性各自构成属性矩阵 F_A、F_B。

表 4.4　A 企业高管团队关系网络特征属性

姓名	编号	F_A	度数	接近度	集聚系数	介数	点权
WWY	01	(6,3,10,9,10,10)	2r+3g	20r+24g	1r+0.6667g	0r+0g	26r+39g
SHJ	02	(16,2,9,10,9,10)	8r+8g	14r+16g	0.0714r+0.2500g	36r+25g	112r+184g
ZQM	03	(9,2,6,7,8,9)	1r+2g	27r+25g	0r+1g	0r+0g	5r+22g
ZJ	04	(6,3,8,10,9,9)	4r+2g	17r+33g	0.20000r+1g	36r+0b	75r+10g
SZF	05	(4,2,6,8,8,10)	2r+3g	26r+24g	1r+0.3333g	0r+32b	14r+24g
WHC	06	(5,4,4,7,8,8)	2r+2g	26r+33g	1r+1g	0r+0g	14r+10g
DHY	07	(14,2,7,9,10,9)	2r+3g	23r+21g	1r+0.6667g	0r+0g	20r+45g
LXJ	08	(16,1,3,9,9,10)	2r+3g	23r+24g	1r+0.6667g	0r+0g	20r+45g
CHL	09	(10,1,3,8,8,10)	1r+4g	24r+20g	1r+0.5g	0r+5g	8r+72g
CB	10	(16,1,1,8,8,9)	1r+3g	24r+24g	0r+0.6667g	0r+0g	8r+45g
JHX	11	(10,1,2,8,9,10)	1r+4g	24r+18g	0r+0.3333g	0r+42g	8r+72g
LGF	12	(13,1,3,7,6,8)	1r+1g	24r+26g	0r+0g	0r+0g	8r+8g

表 4.4 中企业高管团队关系网络的度数、接近度、集聚系数、介数列为采用上文公式对相关特征属性进行计算后所获得的 2 色

向量和点权值排序。

不同的 $\omega = (\omega_r, \omega_g)$ 取值反映了不同团队的运作环境。表 4.5 至 4.7 中,当 $\omega = (0.8, 0.2)$ 时表示团队运行处于工作导向,此时团队的首要任务是开展业务,相应而言,任务冲突在团队冲突中所占比例较大;反之,当 $\omega = (0.2, 0.8)$ 时,个人关系在团队过程中所占比例较大,人际关系处理成为团队工作的重要内容,冲突潜在表现形式为关系冲突。

表 4.5　A 企业高管团队关系网络属性决策矩阵及序关系[$\omega = (0.5, 0.5)$]

编号	U				V				Y				序值
	D	P	C	B	D	P	C	B	D	P	C	B	
01	2.5	22	0.83	0	0.21	0.53	0.83	0	0.0724	0.1064	0.1187	0	1.6739
02	8	15	0.48	30.5	1	1	0.48	1	0.3447	0.2008	0.0687	0.3472	2.7142
03	1.5	26	0.50	0	0.07	0.27	0.50	0	0.0244	0.0542	0.0716	0	1.3918
04	3	30	0.60	18	0.29	0	0.60	0.59	0.0985	0	0.0858	0.2048	2.2356
05	2.5	25	0.67	16	0.21	0.33	0.67	0.52	0.0723	0.0663	0.0959	0.1806	2.2339
06	2	29.5	1	0	0.14	0.03	1	0	0.0492	0.0060	0.1431	0	1.3614
07	2.5	22	0.83	0	0.21	0.53	0.83	0	0.0723	0.1064	0.1187	0	1.6737
08	2.5	23.5	0.83	0	0.21	0.43	0.83	0	0.0723	0.0863	0.1187	0	1.6446
09	2.5	22	0.75	2.5	0.21	0.53	0.75	0.08	0.0723	0.1064	0.1073	0.0278	2.0708
10	2	24	0.33	0	0.14	0.40	0.33	0	0.0493	0.0804	0.0472	0	1.4666
11	2.5	21	0.17	21	0.21	0.60	0.17	0.69	0.0723	0.1205	0.0243	0.2396	2.2013
12	1	25	0	0	0	0.33	0	0	0.0663	0	0	0	0.5059

注:OWG 权值为 0.249 8,0.251 1,0.254 1,0.247 7;排序为 02 > 04 > 05 > 11 > 09 > 01 > 07 > 08 > 10 > 03 > 06 > 12。

表 4.6　A 企业高管团队关系网络属性决策矩阵及序关系[$\omega = (0.2, 0.8)$]

编号	U				V				Y				序值
	D	P	C	B	D	P	C	B	D	P	C	B	
01	2.8	23.2	0.73	0	0.26	0.53	0.73	0	0.0765	0.0895	0.1056	0	1.6392
02	8	15.6	0.21	27.2	1	1	0.21	0.81	0.2940	0.1686	0.0305	0.2793	2.5211
03	1.8	25.4	0.80	0	0.11	0.39	0.80	0	0.0324	0.0658	0.1158	0	1.5103
04	2.4	29.8	0.84	7.2	0.20	0.11	0.84	0.21	0.0589	0.0185	0.1216	0.0724	2.3818
05	2.8	24.4	0.47	25.6	0.26	0.45	0.47	0.76	0.0765	0.0759	0.0680	0.2621	2.2758
06	2	31.6	1	0	0.14	0	1	0	0.0412	0	0.1447	0	1.0653
07	2.8	21.4	0.73	0	0.26	0.64	0.73	0	0.0765	0.1079	0.1056	0	1.6654
08	2.8	23.8	0.73	0	0.26	0.49	0.73	0	0.0765	0.0826	0.1056	0	1.6283
09	3.4	20.8	0.60	4	0.34	0.68	0.60	0.12	0.1000	0.1147	0.0868	0.0414	2.3818

续表 4.6

编号	U				V				Y				序值
	D	P	C	B	D	P	C	B	D	P	C	B	
10	2.6	24	0.53	0	0.23	0.48	0.53	0	0.0676	0.0809	0.0767	0	1.5656
11	3.4	19.2	0.27	33.6	0.34	0.78	0.27	1	0.1000	0.1315	0.0391	0.3448	2.3740
12	1	25.6	0	0	0	0.38	0	0	0	0.0641	0	0	0.5015

注:OWG 权值为 0.250 4,0.251 2,0.251 3,0.247 1;排序为 02 > 04 = 09 > 11 > 05 > 07 > 01 > 08 > 10 > 03 > 06 > 12。

表 4.7　A 企业高管团队关系网络属性决策矩阵及序关系[ω = (0.8,0.2)]

编号	U				V				Y				序值
	D	P	C	B	D	P	C	B	D	P	C	B	
01	2.2	20.8	0.93	0	0.17	0.52	0.93	0	0.0691	0.1262	0.1446	0	1.7214
02	8	14.4	0.11	33.8	1	1	0.11	1	0.4065	0.2426	0.0171	0.4311	2.6703
03	1.2	26.6	0.20	0	0.03	0.06	0.20	0	0.0122	0.0146	0.0311	0	1.0951
04	3.6	20.2	0.36	28.8	0.37	0.55	0.36	0.85	0.1504	0.1335	0.0560	0.3664	3.0060
05	2.2	25.6	0.87	6.4	0.17	0.14	0.87	0.19	0.0691	0.0340	0.1353	0.0819	2.0836
06	2	27.4	1	0	0.14	0	1	0	0.0569	0	0.1555	0	1.1147
07	2.2	22.6	0.93	0	0.17	0.37	0.93	0	0.0691	0.0898	0.1446	0	1.6727
08	2.2	23.2	0.93	0	0.17	0.32	0.93	0	0.0691	0.0777	0.1446	0	1.6532
09	1.6	23.2	0.90	1	0.09	0.32	0.90	0.03	0.0366	0.0777	0.1401	0.0129	1.9149
10	1.4	24	0.13	0	0.06	0.26	0.13	0	0.0244	0.0631	0.0202	0	1.2687
11	1.6	22.8	0.07	8.4	0.09	0.35	0.07	0.25	0.0366	0.0850	0.0109	0.1077	1.8730
12	1	24.4	0	0	0	0.23	0	0	0	0.0558	0	0	0.4835

注:OWG 权值为 0.249 7,0.251 8,0.251 8,0.246 7;排序为 04 > 02 > 05 > 09 > 11 > 01 > 07 > 08 > 10 > 06 > 03 > 12。

在任务与人际关系相对均衡状态下, ω = (0.5,0.5)时,对 4 个特征属性归一化后获得的决策矩阵 U,可知节点 02 具有最大的度(8.0),节点 12 具有最小度(1.0);节点 04 具有最大邻近度(30.0),节点 02 具有最小邻近度(15.0);节点 06 具有最大集聚系数(1.00),节点 12 具有最小集聚系数(0.00);节点 02 具有最大介数(30.5),节点 03,06,07,08,12 的介数最小为 0,显然节点 02 在多项特征中占据优势。采用式(4.9)和(4.10)对属性矩阵 U 作公度化和归一化处理后所得的规范化矩阵为 V,Y。根据式(4.11)计算得到平均几何加权值为(0.249 8,0.251 1,0.254 1,0.247 7),采用该权值对高管团队关系网络的 4 个属性进行集结,则序关系为

12 < 06 < 03 < 10 < 08 < 07 < 01 < 09 < 11 < 05 < 04 < 02。

当算例分别采用 $\omega = (0.5, 0.5)$，$\omega = (0.2, 0.8)$ 和 $\omega = (0.8, 0.2)$ 后，其获得的属性序关系分别为

$\omega = (0.5, 0.5)$ 时，属性序关系 02 > 04 > 05 > 11 > 09 > 01 > 07 > 08 > 10 > 03 > 06 > 12；

点权序关系 02 > 04 > 09 > 11 > 01 > 07 > 08 > 10 > 05 > 03 > 06 > 12；

$\omega = (0.2, 0.8)$ 时，属性序关系 02 > 04 = 09 > 11 > 05 > 07 > 01 > 08 > 10 > 03 > 06 > 12；

点权序关系 02 > 09 = 11 > 07 = 08 > 10 > 01 > 04 > 05 > 03 > 06 > 12；

$\omega = (0.8, 0.2)$ 时，属性序关系 04 > 02 > 05 > 09 > 11 > 01 > 07 > 08 > 10 > 06 > 03 > 12；

点权序关系 02 > 04 > 01 > 07 = 08 > 09 = 11 > 05 > 10 > 06 > 03 > 12。

A 企业的董事长由合作企业派驻，主要参与公司的战略决策，一般不参与企业的日常管理，企业的高层管理团队以原班人马为主（即主要由公司的元老、家族内成员组成）。

由表 4.5 至 4.7 可以看出，A 企业为稳固企业发展，在成功地实现了与其他企业的并购战略后，完成了一系列的内部结构治理，建立了完善的董事会结构及相应的管理体系，所引入的职业经理人（04、05）能发挥较强的作用。例如，作为职业经理人的（04）成员，尽管是"外来人员"，但从网络属性所反映的个体特征来看，他具有非常强的业务能力，在 $\omega = (0.8, 0.2)$ 状态下排序第一；在 $\omega = (0.2, 0.8)$ 状态下排序第二，表明其也具有很强的人际关系处理能力；同时，点权值排序也显示他具有很重要的团队位置，这些都使得高层管理团队效能得到了进一步提升。作为公司创始人（02），在任务主导状态下 $\omega = (0.8, 0.2)$ 排序第二，这与其实际能力情况十分相称；而在一般冲突水平下 $\omega = (0.5, 0.5)$ 及人际关系复杂状态下 $\omega = (0.2, 0.8)$，该成员均排序第一，完全符合公司创

始人的地位,同时也显示出他具有突出的内聚力特征。

从团队运作环境变化上来看,当 $\omega=(\omega_r,\omega_g)$ 取值不同时,无论是点权排序还是属性排序,作为核心节点(02)、(04)表现非常稳定。同时,在不同的关系导向下,A 企业高管团队成员关系网络结构序列也相对稳定,体现了该团队具有较强的冲突适应能力,能够应对和满足复杂环境下团队运作的沟通、交流要求,这为团队高效运作提供了有力保证。

与前述 A 企业算法相似,表 4.8 为 B 企业高管团队关系网络的度、接近度、集聚系数、介数等特征属性;表 4.9 至 4.11 为不同任务或是关系导向下的特征属性矩阵 $\boldsymbol{U}$,$\boldsymbol{V}$,$\boldsymbol{Y}$ 和序值。

表 4.8　B 企业高管团队关系网络特征属性

编号	排序	F_A	度	接近度	集聚系数	介数	点权
HWG	01	(14,1,10,9,9,8)	2r+2g	14r+20g	1r+1g	0r+0g	20r+14g
ZTF	02	(9,2,9,9,8,8)	6r+5g	10r+14g	0.1333r+0.3000g	16r+17g	72r+60g
SLR	03	(6,2,6,6,7,7)	1r+2g	17r+20g	0r+1g	0r+0g	6r+21g
WZS	04	(4,2,7,8,8,7)	4r+2g	12r+22g	0.3333r+0g	16r+12b	48r+6g
XJ	05	(2,2,3,6,6,7)	2r+1g	18r+29g	1r+0g	0r+0b	12r+2g
XHJ	06	(5,1,5,8,8,9)	2r+2g	18r+17g	1r+0g	0r+22g	12r+10g
CJZ	07	(4,2,2,7,8,8)	2r+2g	16r+20g	1r+1g	0r+0g	16r+16g
LHF	08	(12,1,6,8,9,8)	2r+3g	16r+16g	1r+0.6667g	0r+1g	16r+30g
HAP	09	(10,1,7,7,8,8)	1r+3g	17r+14g	0r+0.3333g	0r+26g	6r+30g

表 4.9　B 企业高管团队关系网络属性决策矩阵及序关系 $\omega=(0.5,0.5)$

编号	$\boldsymbol{U}$				$\boldsymbol{V}$				$\boldsymbol{Y}$				序值
	D	P	C	B	D	P	C	B	D	P	C	B	
01	2	17	1	0	0.13	0.57	1	0	0.0605	0.0950	0.2464	0	1.7548
02	5.5	12	0.22	16.5	1	1	0.06	1	0.4650	0.1666	0.0148	0.2994	2.5516
03	10.5	18.5	0.50	0	0	0.43	0.40	0	0	0.0717	0.0985	0	1.0737
04	3	17	0.17	14	0.38	0.57	0	0.85	0.1767	0.0950	0	0.2545	1.9144
05	1.5	23.5	0.50	0	0	0	0.40	0	0	0	0.0985	0	0.5589
06	2	17.5	0.50	11	0.13	0.52	0.40	0.67	0.0605	0.0867	0.0985	0.2006	2.2679
07	2	18	1	0	0.13	0.48	1	0	0.0605	0.0800	0.2463	0	1.7313

续表4.9

编号	U				V				Y				序值
	D	P	C	B	D	P	C	B	D	P	C	B	
08	2.5	16	0.83	0.5	0.25	0.65	0.80	0.03	0.1163	0.1083	0.1970	0.0090	2.1322
09	2	15.5	1.3	13	0.13	1.78	0	0.79	0.0605	0.2967	0	0.2365	1.9334

注:OWG 权值为 0.248 1, 0.251 9, 0.251 1, 0.248 9;排序为 02＞06＞08＞09＞04＞01＞07＞03＞05。

表4.10　B 企业高管团队关系网络属性决策矩阵及序关系[$\omega=(0.2,0.8)$]

编号	U				V				Y				序值
	D	P	C	B	D	P	C	B	D	P	C	B	
01	2	20.8	1	0	0.20	0	1	0	0.0714	0	0.2392	0	1.2157
02	5.2	13.2	0.27	16.8	1	1	0.09	0.81	0.3572	0.2330	0.0215	0.2440	2.5535
03	1.8	19.4	0.8	0	0.15	0.18	0.75	0	0.0536	0.0420	0.1795	0	1.5823
04	2.4	20	0.67	12.8	0.30	0.24	0.59	0.62	0.1071	0.0559	0.1411	0.1867	2.3281
05	1.2	15.2	0.2	0	0	0.74	0	0	0	0.1725	0	0	0.6430
06	2	17.2	0.2	17.6	0.20	0.47	0	0.85	0.0714	0.1096	0	0.2560	1.8034
07	2	19.2	1.	0	0.20	0.21	1	0	0.0714	0.0490	0.2393	0	1.6844
08	2.8	16	0.73	0.8	0.40	0.63	0.66	0.04	0.1429	0.1469	0.1579	0.0120	2.1958
09	2.6	14.6	0.27	20.8	0.35	0.82	0.09	1	0.1250	0.1911	0.0215	0.3013	2.3791

注:OWG 权值为 0.250 2, 0.251 3, 0.250 2, 0.248 3;排序为 02＞09＞04＞08＞06＞07＞03＞01＞05。

表4.11　B 企业高管团队关系网络属性决策矩阵及序关系[$\omega=(0.8,0.2)$]

编号	U				V				Y				序值
	D	P	C	B	D	P	C	B	D	P	C	B	
01	2	15.2	1	0	0.17	0.53	1	0	0.0702	0.1345	0.1923	0	1.7787
02	5.8	10.8	0.17	16.2	1	1	0	1	0.4132	0.2538	0	0.3936	2.3045
03	1.2	17.6	0.20	0	0	0.28	0.04	0	0	0.0711	0.0077	0	0.8066
04	3.6	14	0.27	15.2	0.52	0.66	0.12	0.94	0.2150	0.1675	0.0231	0.3701	2.4885
05	1.8	20.2	0.80	0	0.13	0	0.76	0	0.0537	0	0.1462	0	1.0986
06	2	17.8	0.80	4.4	0.17	0.26	0.76	0.27	0.0702	0.0660	0.1462	0.1063	2.2110
07	2	16.8	1	0	0.17	0.36	1	0	0.0702	0.0914	0.1923	0	1.7228
08	2.2	16	0.93	0.2	0.22	0.45	0.92	0.01	0.0909	0.1142	0.1768	0.0040	2.0311
09	1.4	16.4	0.67	5.5	0.04	0.40	0.60	0.32	0.0165	0.1015	0.1154	0.1260	2.1015

注:OWG 权值为 0.2491, 0.2523, 0.2520, 0.2466;排序为 04＞02＞06＞09＞08＞01＞07＞05＞03。

同样,对于 B 企业分别采用 $\omega=(0.5,0.5)$、$\omega=(0.2,0.8)$ 和

$\omega = (0.8,0.2)$计算后,企业高管团队成员在不同关系状态下的特征属性排序为

$\omega = (0.5,0.5)$时,属性序关系 $02 > 06 > 08 > 09 > 04 > 01 > 07 > 03 > 05$;

点权序关系 $02 > 04 > 08 > 09 > 01 > 07 > 03 > 06 > 05$;

$\omega = (0.2,0.8)$时,属性序关系 $02 > 09 > 04 > 08 > 06 > 07 > 03 > 01 > 05$;

点权序关系 $02 > 08 > 09 > 03 > 07 > 01 > 04 > 06 > 05$;

$\omega = (0.8,0.2)$时,属性序关系 $04 > 02 > 06 > 09 > 08 > 01 > 07 > 05 > 03$;

点权序关系 $02 > 04 > 01 = 08 > 07 > 06 > 09 > 05 > 03$。

在不同的 $\omega = (\omega_r, \omega_g)$下,节点 01 作为董事长网络位置特征排序均较后,被排除在节点之外,作为团队实际掌舵人,节点 01 在工作指导、人际沟通、领导方式等方面能力表现欠佳,无法较好地履行董事长职责,存在较大的冲突隐患。

整体上看,当团队处在不同关系状态环境时,B 企业中的职业经理人除节点 04 外,其余 4 人(节点 03,05,06,07)均表现一般,职业经理人的作用没有得到应有的发挥,且总经理(节点 01)与团队成员(节点 04,05,06)人际关系路径均较长,团队在内聚力方面有所缺乏,企业可能存在派系冲突。与此同时,在不同的关系导向下,B 企业高管团队成员关系网络结构序列变动较大,团队冲突适应能力较差,无法满足复杂环境下团队运作的沟通、交流要求,对团队效能存在显著的负面影响。

此外,通过比较 A、B 两个团队在不同冲突水平下的属性位序变化情况,我们发现,A 团队在不同的冲突强度下,其成员属性位序相对保持不变,团队具有较好的冲突适应性,能够满足复杂环境下决策要求;同时,其核心成员(节点 02、04)无论在哪种冲突水平下均表现突出,起到了真正的核心作用,体现了该团队具有较强的内聚力和向心力。B 团队在不同的冲突水平下,团队成员属性位序变化波动较大,节点 02 作为家族成员、副总经理有高度集权的倾

向,团队核心成员也无法稳定,导致团队关系错综复杂,严重影响团队内聚力。而通过研究团队在不同冲突水平下的网络静态特征,不难看出,冲突强度的变化会明显影响团队成员之间的相互关系,这种相互关系外在体现为沟通、交流是否顺畅,相互之间的聚合程度是否密切,核心成员的凝聚力是否强大,团队的中心特征是否明显。

通过上述研究,不难发现,不同的冲突会影响团队成员之间的关系,在具体团队活动中表现为成员之间的交流和沟通会有不同的变化,从而会对团队内聚力带来不同的影响;同时,作为内聚力的关键因素,团队领导在冲突过程中扮演重要的作用。分析结果与访谈结果也得到了较好的相互印证。综上表明,在构建高管团队关系网络模型的基础上,通过对网络度数、接近度、集聚系数、介数等网络特征属性的分析和提取,并对各网络特征属性值进行集结,利用民营企业高层管理团队特征与复杂网络特性之间的关联性,能够为复杂环境下高管团队冲突的网络分析提供一个快捷有效的研究方案。

4.2 基于个体属性的高管团队成员冲突动态博弈分析

4.2.1 民营企业高管团队成员博弈关系描述

雪堆博弈所描述的是,当两个人相遇时是彼此合作共同受益,还是彼此欺骗来相互报复。它揭示了个体理性和群体理性的矛盾对立,能较好地契合民营企业高管团队成员博弈的情景。雪堆博弈可以从以下示例进行描述:在一个风雪交加的夜晚,两人开车相向而行,被一个雪堆所阻,假设铲除这个雪堆使道路通畅两人合作需要付出的劳动量为 c,单独一人铲除雪堆需要付出的劳动量为 b ($b>c$),而道路通畅带给每个人的好处量化为 p ($p>b>c$)。如果两人一齐动手铲雪,则他们的收益为 $R=p-c/2$(分别承担劳动量 $c/2$);如果只有一人下车铲雪,虽然两人都能及时回家,但是背叛者逃避了劳动,它的收益为 $T=p$,而合作者的收益为 $S=p-b$;如果两人都选择不合作,则两人都无法及时回家,其收益量化为 $p=0$。
可用表 4.12 表示博弈矩阵描述双方收益情况①。

表 4.12　"雪堆"博弈收益矩阵描述

个体 1	个体 2	
	合作	背叛
合作	$p-\dfrac{c}{2},p-\dfrac{c}{2}$	$p-b,p$
背叛	$p,p-b$	0,0

　　如果对方选择背叛策略(待在车中),那么另一方的最佳策略是
下车铲雪,因为按时回家的利益 $p-b$ 好于待在车中的背叛收益;反
之,如果对方下车铲雪,则自己的最佳策略是待在舒服的车中。这就
如同企业内部高管团队成员对于工作任务的博弈关系,如果团队成
员均通力合作,则任务可以顺利完成,每人付出的劳动量相对个人完
成会减少 $b-c$;而团队成员中风险偏好较高的成员,可能存有侥幸心
理,遇事喜欢搭便车,反正事情有人完成,只要不被发现或没有惩罚,
他们可能会采取背叛策略,不用付出,也能收益 p。但如果双方都持
有冒险态度,则可能导致工作任务完不成,双方关系日趋紧张、充满
冲突,且双方收益均为 0。根据 Blake 和 Mouton 冲突管理"二维方格
模型",从"关心人"和"关心生产"两个维度将冲突管理分成 5 种策
略方式:竞争(Competing)、合作(Collaborating)、妥协(Compromi-
sing)、逃避(Avoiding)以及宽容(Accommodating)(见图 4.4)。

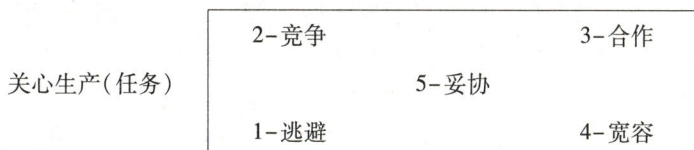

关心生产(任务)

2-竞争	3-合作
5-妥协	
1-逃避	4-宽容

图 4.4　冲突管理策略方式

---

①　杨阳,等:《复杂网络演化博弈理论研究综述》,《复杂系统与复杂性科学》,2008
年第 4 期。

则上述对冲突的处理态度可采用下述行为策略如表 4.13 所示。

表 4.13　高管团队成员冲突处理态度策略

序号	行为策略名称	标识	简单描述
1	针锋相对	TFT	以牙还牙
2	一直背叛	D	总是处于竞争状态
3	一直合作	C	总是处于合作状态
4	妥协 1 次	C1	发生冲突时,原谅对方一次
5	妥协 2 次	C2	发生冲突时,原谅对方两次

从国内外研究现状来看,对于团队成员工作冲突等互动关系方面的研究主要采用静态的实验研究和数理推演,这些方法都是自上而下的整体研究方法。对于群体中策略的演化规律采用概率统计等方法描述,所建模型存在以下问题:① 所建模型多为静态模型,当系统边界条件改变及成员内部交互变化时,无法体现成员的自适应调整特性,也无法体现成员自身随经验累积的学习过程;② 对于不同的工作参数,需重新建模和推演,缺乏可重用性,导致研究工作重复烦琐;③ 模型常用于描述单期行为,难于描述系统的长期演化规律;④ 整体研究忽略了个体的微观行为表现,无法体现个体微观特异性与系统宏观"涌现"之间的内在联系。

民营企业高管团队成员具有个性差异,其行为具有动态性,成员个体同时具有自学习和自适应的能力,能够根据自身经验和与其他成员的交互在后期工作中调整自身行为决策。因此,团队成员内部关系冲突问题是复杂的管理问题,具有非线性特性。社会科学的计算实验方法以现实系统为原型,通过对现实系统的抽象提炼,构建与现实系统对应的人工系统,即多智能人工主体模型。通过定义主体特征和行为规则,模拟现实社会中复杂个体的自适应和自学习过程,自下而上地研究微观个体的行为规律,并通过统计分析观察系统的宏观"涌现",从而可以更好地描述复杂系统的动态演化过程。

由此,本章借助演化博弈和多智能体模拟方法,基于个体属性建立民营企业高管团队成员互动模拟系统,探讨不同情境下的团队成员冲突演化过程及规律。

4.2.2 模型构建

1. 现实系统抽象与模型假设

根据对民营企业内部高管团队成员博弈关系的描述,可以将团队成员之间错综复杂的业务关系进一步细化为两两直接相关的多个子关系。譬如假定一集团存在高管 A 到高管 H 共 8 个高管,结合前期对企业高管组织关系的实地调查,在不考虑高管职务性质及大小的前提下,有直接关系的高管成员业务关系示意模型如图 4.5 所示。

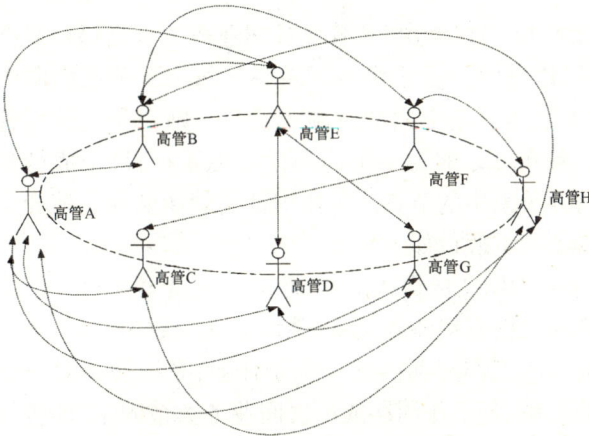

图 4.5 高管成员关系示意模型

在图 4.5 中,高管 A 与高管 B,C,D,E,G 和 H 存在业务关系,高管 B 与高管 A,E,F 和 H 存在业务关系,高管 C 与高管 A,F 和 H 存在业务关系,高管 D 与高管 A,E 和 G 存在业务关系,高管 E 与高管 A,B,D 和 G 存在业务关系,高管 F 与高管 B,C 和 H 存在业务关系,高管 G 与高管 A,D 和 E 存在业务关系,高管 H 与高管 A,B,C 和 F 存在业务关系。其关系模型如表 4.14 所示。

表 4.14　民营企业内部高管间的业务关系

高管名称	有直接业务关系的高管	关系数目
高管 A	高管 B,C,D,E, G 和 H	6
高管 B	高管 A,E,F 和 H	4
高管 C	高管 A,F 和 H	3
高管 D	高管 A,E 和 G	3
高管 E	高管 A,B,D 和 G	4
高管 F	高管 B,C 和 H	3
高管 G	高管 A,D 和 E	3
高管 H	高管 A,B,C 和 F	4

从表 4.14 可以看出,高管成员间业务关系是错综复杂的非线性关系,可以理解为若干个两两关系。每个子关系由两个成员组成,完成本工作周期中内的一项子任务。则企业内部高管团队成员的冲突关系可分解为多个两两博弈关系,而每个成员都是一个或多个博弈关系中的节点。企业内部高管团队成员博弈关系的计算实验模型基本假设如下:

① 某高管团队成员人数为 n,每个成员至少与一个其他成员有与任务相关的直接业务关系,系统总任务数为 m,每个直接业务关系对应一个工作周期内的一项子任务,系统初始时随机确定成员之间的关系,各工作周期成员之间业务关系固定,即各周期子任务项数确定,节点数为子任务数的两倍。

② 根据高管团队内部冲突水平的差异,系统假设 3 类不同的团队类型:冲突较强、冲突适中、冲突较小。各子任务中工作关系双方根据不同的团队类型确定初始行为规则(TFT,D,C,C1 或 C2)。三类团队行为策略的人员比例如表 4.15 所示。

表 4.15　三类团队成员行为策略初始比例设置

策略	权重	冲突较强	一般	冲突较小
TFT	$\omega 1$	0.20	0.2	0.20
D	$\omega 2$	0.40	0.2	0.15
C	$\omega 3$	0.15	0.2	0.40
C1	$\omega 4$	0.20	0.2	0.20
C2	$\omega 5$	0.05	0.2	0.05

③ 每个直接业务关系对应一次雪堆博弈,子任务完成后,参与双方获得的收益为 p(收益由部门绩效、心理满足、奖金等构成),实质上不仅仅表现为高管团队的部门绩效,更重要地表现为包括高管团队成员满足感在内的高管团队整体效能。未完成对应收益为 0。

④ 每个工作周期,有直接业务关系的成员将根据一定的规则选择冲突处理决策。当两成员均选择合作态度时,需要付出的总劳动量为 c;当一方合作,一方背叛时,任务由一方完成需要付出的劳动量为 $b(b>c)$;双方均选择背叛态度时,付出的劳动量为 0;任务完成收益为 p,否则收益为 0。各成员收益矩阵为

$$\begin{pmatrix} p-\dfrac{c}{2} & p-\dfrac{c}{2} & p-b & p \\ p & -b & 0 & 0 \end{pmatrix} \quad (4.14)$$

⑤ 各工作周期企业的整体收益公式为

$$\mu = \sum_j \mu_j \quad (4.15)$$

$$\mu_j = \begin{cases} \gamma A_j^\alpha, & \text{子任务完成} \\ 0, & \text{子任务未完成} \end{cases} \quad (4.16)$$

其中 j 为子任务编号,对应系统中唯一的一对博弈关系,A_j 为子任务 j 完成创造的价值;γ、α 为大于零的常数,体现子任务 j 完成为企业带来的收益折现;μ_j 为本次博弈为企业带来的整体收益;μ 为某周期企业总的整体收益。

⑥ 每个成员最多有 k 个朋友,系统初始时随机建立成员之间的朋友关系,朋友关系各工作周期固定,朋友之间收益信息透明。

2. 模型设计

（1）工作流程设计

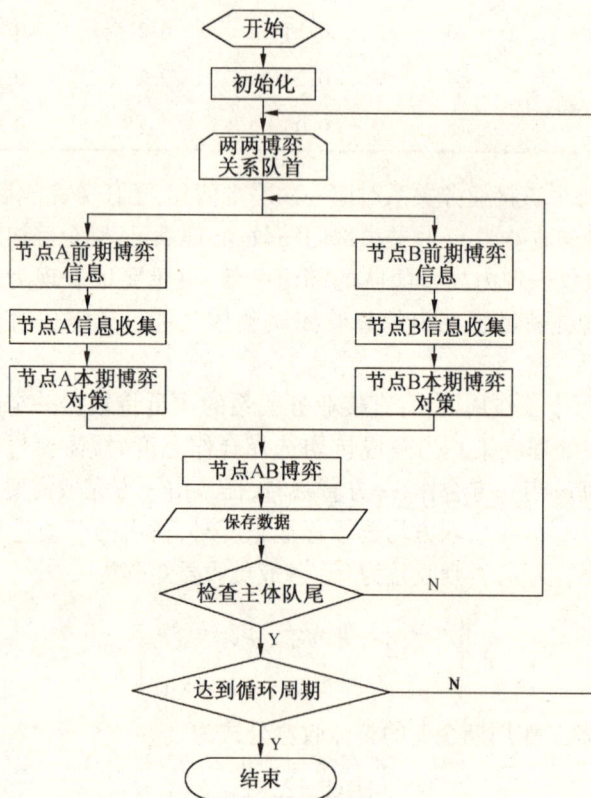

```
            ┌─────────┐
            │  开始   │
            └────┬────┘
                 │
            ┌────┴────┐
            │ 初始化  │
            └────┬────┘
                 │
         ┌───────┴───────┐
         │  两两博弈     │
         │  关系队首     │
         └───────┬───────┘
        ┌────────┴────────┐
        │                 │
┌───────┴──────┐   ┌──────┴───────┐
│节点A前期博弈 │   │节点B前期博弈 │
│信息          │   │信息          │
└───────┬──────┘   └──────┬───────┘
┌───────┴──────┐   ┌──────┴───────┐
│节点A信息收集 │   │节点B信息收集 │
└───────┬──────┘   └──────┬───────┘
┌───────┴──────┐   ┌──────┴───────┐
│节点A本期博弈 │   │节点B本期博弈 │
│对策          │   │对策          │
└───────┬──────┘   └──────┬───────┘
        └────────┬────────┘
         ┌───────┴───────┐
         │  节点AB博弈   │
         └───────┬───────┘
            ┌────┴────┐
            │保存数据 │
            └────┬────┘
         ┌───────┴───────┐         N
         │ 检查主体队尾  ├─────────→
         └───────┬───────┘
                 │ Y
         ┌───────┴───────┐         N
         │  达到循环周期 ├─────────→
         └───────┬───────┘
                 │ Y
            ┌────┴────┐
            │  结束   │
            └─────────┘
```

图 4.6　民营企业高管团队冲突关系人工模型工作流程

本模型采用 Delphi XE2 作为主要开发工具,并使用数据库 Oracle 11g 存储高管团队成员主体初始个性特质、业务关系及主体各周期交互、学习过程信息与博弈决策过程及收益等。多主体模型为周期循环博弈模型,设定循环周期总数 T,则各周期分别以 $t = 1, 2, \cdots, T$ 表示。将现实中复杂的成员及博弈关系映射为多个成员

Agent、关系 Agent 和节点 Agent,每个 Agent 有唯一识别号,并将成员个性特征及行为映射为 Agent 的属性和规则。各 Agent 以自身属性为基础,按照一定的行为规则模拟个体行为,并按照一定的交互规则,与关系 Agent 中的节点 Agent 进行多期重复博弈。同时,Agent 记忆自身的历次博弈经历,在不同情境下,或与全体其他 A-gent,或仅与相关朋友各周期各策略的累计收益进行比对,对后期博弈决策产生影响。观察记录各 Agent 在各周期的决策规律,模拟现实世界高管团队成员冲突关系的交互过程,从微观层面观察各成员的行为变化,并在宏观层面分析企业整体收益的演化机制。模型工作流程如上图4.6所示。

其中,"初始化"阶段按系统假设生成一定数量个性特质、决策规则、朋友个数等属性各不相同的人工主体,对于每个设定的情境,按指定周期循环模拟人工主体的博弈过程,并将过程及结果数据保存到历史信息数据库。对历史数据进行统计分析,可以观察主体的微观表现和系统的宏观"涌现"。

(2)博弈规则设计

根据表4.13中对5种冲突处理态度的定义,设计各类冲突关系,节点策略与博弈结果对照关系如表4.16所示(设冲突关系的双方为 A 和 B)。

表4.16 冲突关系博弈规则表

A 策略	B 策略	A 行为	B 行为	任务结果
TFT	TFT	合作	合作	完成
		背叛	背叛	失败
	D	背叛	背叛	失败
	C	合作	合作	完成
	C1	合作	合作	完成
		背叛	背叛	失败
	C2	合作	合作	完成
		背叛	背叛	失败
D	TFT	背叛	背叛	失败

A策略	B策略	A行为	B行为	任务结果
	D		背叛	失败
	C		合作	完成
	C1		合作	完成
			背叛	失败
	C2		合作	完成
			背叛	失败
C	TFT	合作	合作	完成
	D		背叛	完成
	C		合作	完成
	C1		合作	完成
	C2		合作	完成
C1	TFT	合作	合作	完成
		背叛	背叛	失败
	D	合作	背叛	完成
		背叛	背叛	失败
	C	合作	合作	完成
		背叛	合作	完成
	C1	合作	合作	完成
			背叛	完成
		背叛	合作	完成
			背叛	失败
	C2	合作	合作	完成
			背叛	完成
		背叛	合作	完成
			背叛	失败
C2	TFT	合作	合作	完成
		背叛	背叛	失败
	D	合作	背叛	完成
		背叛	背叛	失败
	C	合作	合作	完成
		背叛	合作	完成
	C1	合作	合作	完成

A 策略	B 策略	A 行为	B 行为	任务结果
			背叛	完成
		背叛	合作	完成
			背叛	失败
	C2	合作	合作	完成
			背叛	完成
		背叛	合作	完成
			背叛	失败

（3）系统参数

系统模拟需要的公共参数及高管团队成员主体、关系主体及节点主体的个性化参数等设置尽量考虑从实地调查中取得的客观现实原型,对于某些难以量化的参数(如劳动量、合作收益等),是程序多次训练和测试并与客观现实对比后得出的经验值。系统参变量及初始赋值规则如表 4.17 所示。

表 4.17　系统参变量及初始赋值

变量/参数	含义	赋值	赋值规则
n	成员人数	8	固定值
m	关系总数	20	固定值
P	个人工作收益	20	固定值
C	合作完成所需工作量	15	固定值
B	单人完成所需工作量	17	固定值
A	任务完成价值	50	固定值
k	最大朋友数	5	1 到 5 之间随机生成
γ	任务价值对应企业收益折现参数 1	1	固定值
α	任务价值对应企业收益折现参数 2	1	固定值

3. 实验模拟与结果分析

（1）完全理性情境下团队内部成员博弈关系模拟

在系统公共参数的基础上，假定团队成员都是完全理性的，即每个成员洞悉每种策略在前期博弈中的累计平均收益，并能够根据此收益调整自身的本期博弈策略。系统首先根据参数定义生成参与博弈的团队成员，并建立成员之间的业务关系，然后根据表4.17对3个团队的成员比例定义初始化各团队成员的初始博弈策略。设定循环周期 $T = 100$，循环模拟各成员之间的博弈过程，3个团队的成员策略选择随周期演化情况如图4.7所示。

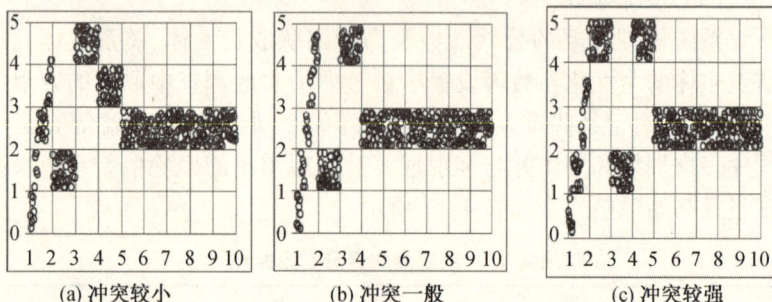

| (a) 冲突较小 | (b) 冲突一般 | (c) 冲突较强 |

图 4.7　完全理性情境下团队成员周期选择策略

图 4.7 中（a）、（b）、（c）分别描述冲突较小、冲突一般、冲突较强3个团队的成员策略选择演化情况，纵坐标对应循环周期，横坐标分区域表示团队成员对各种博弈策略的选择情况，其中 0~1 对应 TFT，1~2 对应 D，2~3 对应 C，3~4 对应 C1，4~5 对应 C2。由图可见，当团队成员全部为完全理性时，除初始时由于团队类型不同成员策略不同外，其他周期所有成员将统一选择某种最优策略，且经过 4~5 周期，各类型团队成员均选择策略 C，即"一直合作"。此时企业所有任务都能得以完成，是一种理想状态。

但我们应该注意到，现实世界中，完全理性的行为人是不存在的，由于个体特性的差异、获取信息的不完备及其他随机因素的干扰，主体的行为通常是有限理性的，即根据自身所能获取的信息做出行为决策。

（2）不考虑个性特征的有限理性团队内部成员博弈关系模拟

有限理性情境下主体获取的信息是不完备的,信息透明仅限于朋友群体之间。主体依据上期自身及朋友的博弈策略选择及收益情况调整本期策略。

① 团队成员反复博弈策略选择。不考虑成员个性的前提下,各有限理性团队成员在反复博弈中的策略选择情况如图 4.8 所示,为更好地表示出 100 个周期的演化规律,纵坐标的周期选取了 1,20,40,60,80,100 共 6 个周期的数据。

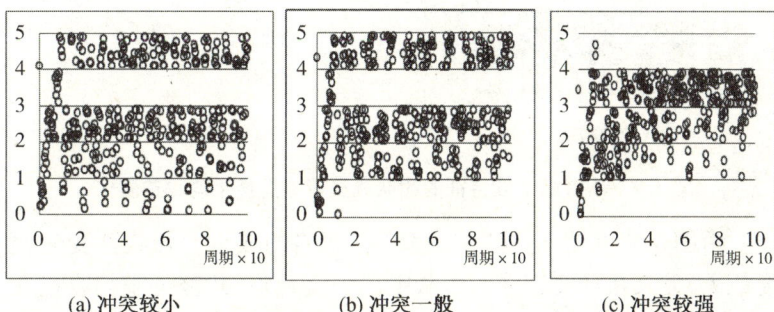

(a) 冲突较小　　　　　　(b) 冲突一般　　　　　　(c) 冲突较强

图 4.8　不考虑个性特征的有限理性团队成员周期策略选择

由图 4.8 可见,不同于完全理性情境下快速收敛于"一直合作"策略的选择规律,有限理性情境下团队成员的策略选择表现出多样性的特征,且冲突越小,选择的多样性越明显。但从长期演化趋势来看,选择"针锋相对"的群体在 3 种冲突强度的团队中均较少。这一现象在冲突较强的团队中表现尤为突出,这是由于冲突较强的团队中初始人群选择"一直背叛"的人数较多,"针锋相对"的结果中可能更容易出现双方均选择"背叛",从而收益为 0 的结果。而且由于同样的原因,冲突较强的团队中更多的成员选择"原谅一次",而冲突较小的团队中成员更倾向于选择"原谅两次"。

② 各策略成员周期收益变动情况。各周期每种策略的平均收益情况如图 4.9 所示。

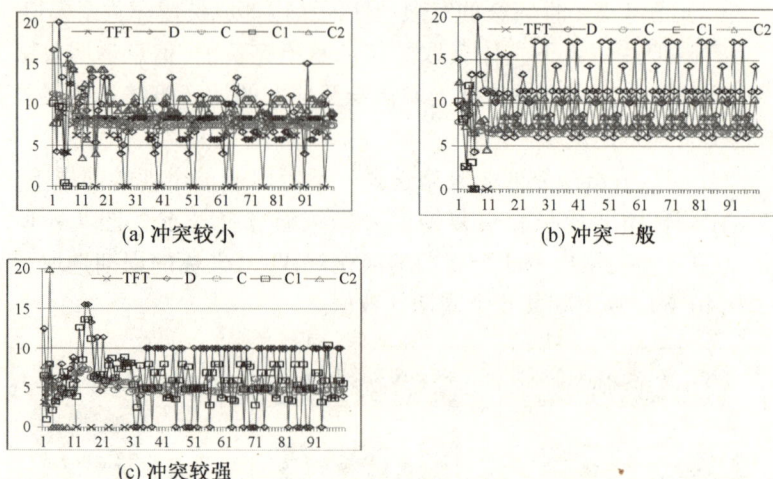

(a) 冲突较小

(b) 冲突一般

(c) 冲突较强

图4.9　不考虑个性特征的团队成员策略选择平均收益演化

由图4.9可见,选择"一直背叛"策略的成员平均收益变化幅度最大,尤其在冲突较强的团队中,"一直背叛"策略的平均收益在演化后期几度到达最低值,即在这几个周期,所有选择"一直背叛"的成员均遭到了背叛,这也解释了图4.9中随团队冲突强度变大,选择"一直背叛"的人数减少的原因;而"一直合作"在"冲突较强"的团队中平均收益最低(约5,其他约7~8),同样可以解释图4.9中"一直合作"人数与"冲突强度"的负相关;"针锋相对"在"冲突较弱"的团队中平均收益波动较大,选择人数较少,而在其他冲突强度的团队中后期没有成员选择该策略。

为了更清晰地观察各策略在不同周期的平均收益情况,分别选取1,20,40,60,80,100周期的数据做对比,各策略特定周期的平均收益如图4.10所示。

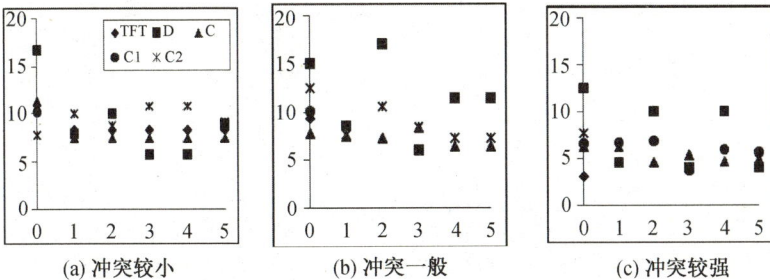

(a) 冲突较小 　　(b) 冲突一般 　　(c) 冲突较强

图4.10 不考虑个性特征的有限理性团队成员特定周期策略平均收益对比

由图4.10可以更清晰地观察到特定周期各策略的平均收益对比情况。如"一直背叛"、"一直合作"、"针锋相对"在"冲突最强"的团队中平均收益最低,而相对于"原谅两次","原谅一次"在"冲突最强"的团队中平均收益更高,这些都解释了图4.10中团队成员策略选择分布的原因。

③ 不同团队、不同策略背叛与合作收益情况。提取不同团队中各成员在不同周期的策略选择及博弈行为,以及各成员在每一周期的收益情况,分团队、策略、行为3个维度统计其收益情况如表4.18所示。

表4.18 不同团队、不同策略背叛与合作收益情况

企业类型	博弈策略	合作者收益				背叛者收益				100周期	
		最大收益	最小收益	期望值	方差	最大收益	最小收益	期望值	方差	合作次数	背叛次数
冲突较小	TFT	12.5	12.5	12.5						183	157
	D					20		8.48	97.69		757
	C	12.5	3	7.76	22.56					1 698	
	C1	12.5	3	9.33	20.06	20		3.16	53.19	24	19
	C2	12.5	3	11.5	8.5	20		9.34	99.57	19	1 143
冲突一般	TFT	12.5	12.5	12.5						8	17
	D					20		10.9	99.19		791
	C	12.5	3	7.12	22.16					1 582	
	C1	12.5	3	10.26	16.24	20		3.16	53.19	17	19
	C2	12.5	3	12.32	1.7	20		7.53	93.92	313	1 253

117

续表 4.18

企业类型	博弈策略	合作者收益				背叛者收益				100 周期	
		最大收益	最小收益	期望值	方差	最大收益	最小收益	期望值	方差	合作次数	背叛次数
冲突较强	TFT	12.5	12.5	12.5						16	34
	D					20		6.71	89.19		581
	C	12.5	3	5.17	15.92					1 076	
	C1	12.5	3	4.14	9.53	20		5.83	82.6	25	2 258
	C2	12.5	3	6.17	20.06	20		2.86	48.98	3	7
合计			5.38	9.28	15.19	20		6.44	79.72	4 964	7 036

表中数据显示,背叛者可以获取最大收益,但方差较大,说明获取最高收益的风险较大;而期望值最高的是"针锋相对"合作者,但由于每种团队中,选择"针锋相对"策略时,节点成员的行为选择"背叛"的概率高于选择"合作"的概率,因此导致更多情况下达不到期望收益,因此选择群体不多;同时,"冲突较小"团队中选择"针锋相对"的群体采取合作行为的成员明显多于其他团队成员,因此"冲突较小"团队中"针锋相对"群体平均收益较高。而总体来看,"冲突较小"及"冲突一般"团队中成员间的合作次数明显高于"冲突较强"团队,且不同于"冲突较强"团队中的总合作次数远小于背叛次数的规律,"冲突较小"和"冲突一般"团队中合作次数与背叛次数相近。

④ 不同团队企业周期收益情况对比。不同团队在各周期的企业总平均收益情况如图 4.11 所示。

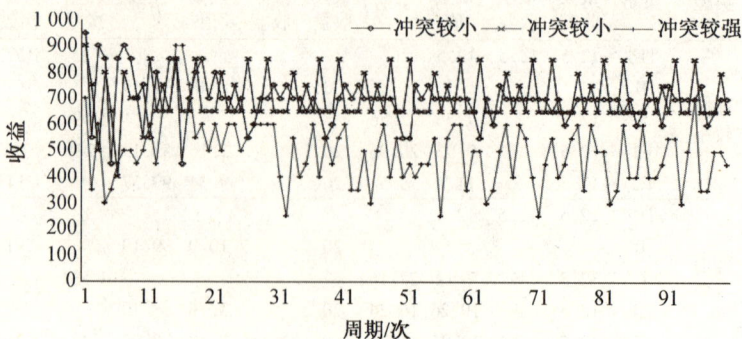

图 4.11　不同冲突水平团队企业收益演化趋势

由图 4.11 可见,"冲突较强"团队企业平均收益最低(约为 500),且收益波动较大;收益波动最小的是"冲突较小"团队,且"冲突较小"团队与"冲突一般"团队企业总体收益情况类似(均为 700 左右)。从周期情况看,20 周期之前企业收益波动较大,后期波动较小,特别是"冲突较小"和"冲突一般"团队,20 周期后企业收益波动曲线呈现规律性。

⑤ 3 个团队各周期博弈合作次数。分别统计 3 个团队在各周期的博弈合作总次数如图 4.12 所示。

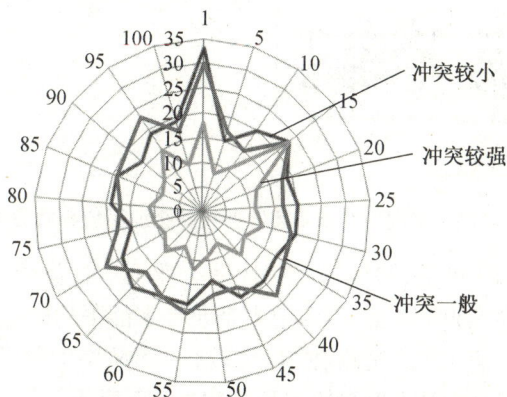

图 4.12　不同冲突水平团队博弈合作次数演化趋势

由图 4.12 可见,"冲突较强"团队每周期的总合作次数最少,基本维持在 5 次到 10 次之间;"冲突较小"和"冲突一般"团队每周期的总合作次数基本一致,在 20 次左右,特别是在系统运行的初始阶段,博弈合作的总次数更是高达 30 多次。而根据系统设置可知,一个周期的节点博弈总次数为 40 次,说明在"冲突较小"和"冲突一般"的团队,有更多的节点成员在博弈中选择合作。

⑥ 各策略下企业平均收益情况分析。根据企业收益计算公式,当有直接业务关系的博弈双方中有一方或两方选择"合作"行为时,将为企业带来正收益。针对不同团队统计不同周期各策略对企业收益的平均贡献如图 4.13 所示。

(a) 冲突较小

(b) 冲突一般

(c) 冲突较强

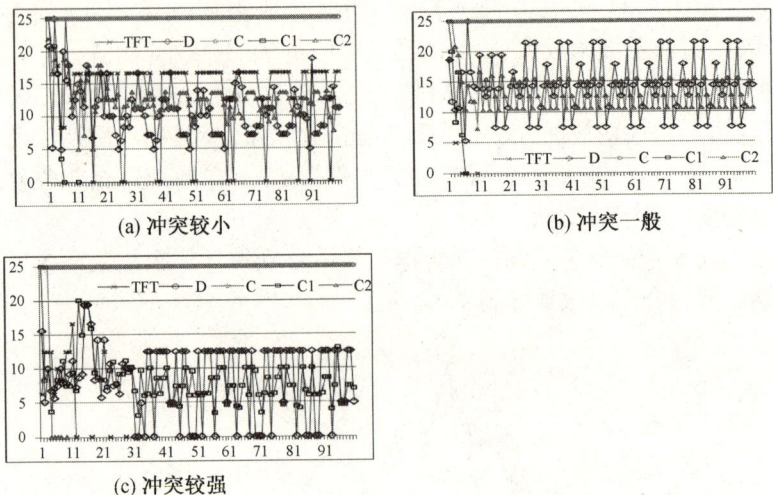

图4.13 不同冲突水平团队各策略企业平均收益演化

由图4.13可见,"冲突较强"团队企业平均收益最低,且"一直背叛"策略在"冲突较强"团队中为企业带来的平均收益波动最大,多个周期"一直背叛"策略在"冲突较强"团队中的收益为0,这是由于"冲突较强"团队中初始人群选择"一直背叛"的人数较多,导致双方均采取"背叛"行为的概率加大,任务执行失败。同时,所有团队中,"一直合作"策略在内聚力较强团队的企业里平均收益贡献始终为最高(25),这是由于一方采用"一直合作"策略下,无论对方采取何种策略,始终能够保证任务完成,为企业带来收益。而"针锋相对"在"冲突较弱"团队中的平均收益最高,虽然有些周期对企业的平均收益贡献为0,但大部分周期收益稳定在17左右。"冲突较强"团队中的"原谅一次"与"冲突较弱"和"冲突一般"团队中的"原谅两次"企业平均收益曲线波动幅度相似,"冲突较强"团队"原谅一次"平均收益略低于"冲突较弱"和"冲突一般"团队。

(3)考虑个性特征的有限理性团队内部成员博弈关系模拟

现实系统中的民营企业高管团队成员之间除了信息的不完全透明外,成员自身的个性特征及任务执行中的情绪等随机因素也

120

影响其学习及决策过程。将团队成员按个性特征分为3类,即保守型、中立型和易变型。保守型以贯彻自身的初始博弈策略为主,但也有很小概率受到周围朋友的影响(系统设为10%);中立型对于朋友影响有50%的采纳几率;易变型将比较自身收益与朋友收益,较高概率(90%)选取收益最高的博弈决策。加入主体学习采纳概率,调整主体学习规则,循环100周期模拟考虑个性特征的有限理性团队内部成员博弈过程。

① 团队成员反复博弈策略选择。考虑成员个性特征的有限理性团队成员在反复博弈中的策略选择情况如图4.14所示,其中选取了1,20,40,60,80,100共6个周期的数据。

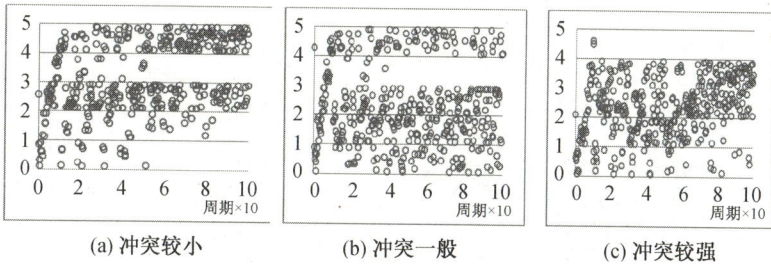

(a) 冲突较小　　　　　(b) 冲突一般　　　　　(c) 冲突较强

图4.14　不考虑个性特征的有限理性团队成员周期策略选择

由图4.14可见,与不考虑个性特征的有限理性情境不同,"针锋相对"在"冲突一般"和"冲突较强"团队中均有大幅提高(不考虑个性特征情境下,"冲突较强"和"冲突一般"团队中后期无人采纳"针锋相对"策略);持"一直背叛"策略节点数在"冲突一般"和"冲突较强"团队中也高于不考虑个性特征情境;与不考虑个性特征的情境类似,冲突较强团队中更多的成员选择"原谅一次",而冲突较小(更趋向于宽容)的团队中成员更倾向于选择"原谅两次";由于考虑到成员个性特征差异下新策略接受概率的不同,博弈策略的选择更趋于多样化。

② 各策略成员周期收益变动情况。考虑成员个性特征,各周期各博弈策略下团队成员的平均收益情况如图4.15所示。

(a) 冲突较小

(b) 冲突一般

(c) 冲突较强

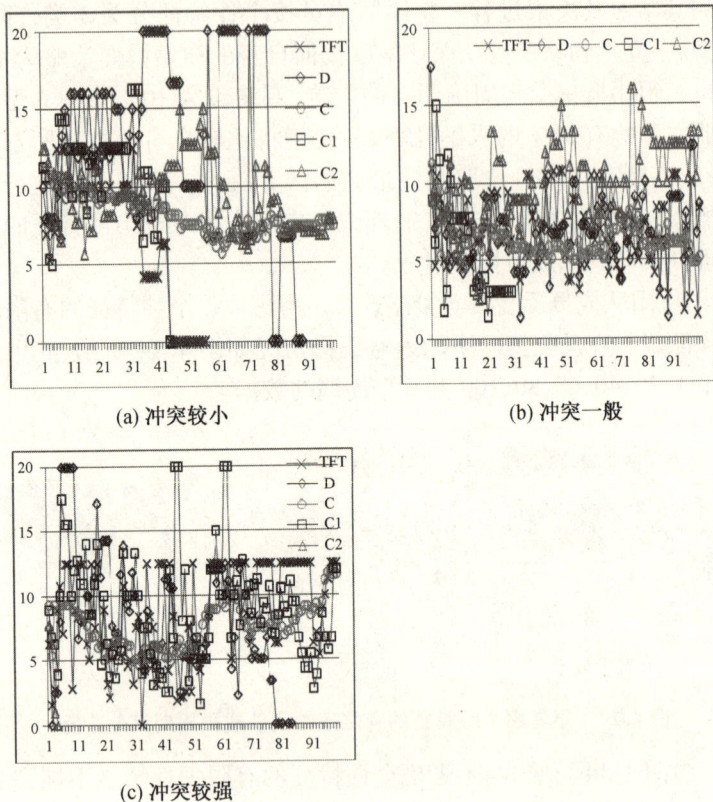

图 4.15　考虑个性特征的团队成员策略选择平均收益演化

由图 4.15 可见,"一直背叛"策略下,成员的平均收益较不考虑个性特征情境在"冲突较小"团队前期博弈中有大幅提升,其中多个周期达到最大值(20);不同于考虑个性特征情境下"一直合作"策略各期平均收益平稳的趋势,"冲突较小"团队中"一直合作"策略平均收益随周期呈下降趋势,而在"冲突较强"团队中呈波动上升趋势,这是由于"一直合作"策略在一次博弈中的平均收益低于多次博弈,当团队成员以较小概率改变策略选择时,该策略能获得更高的平均收益,尤其在"冲突较强"团队中,"一直合作"可以赢取更多"原谅一次"策略执行者的合作;从整体情况看,成员平均收益整体情况与不考虑成员个性特征情境类似,随团队冲突强度增大而降低。

③ 不同团队、不同策略背叛与合作收益情况。提取不同团队中各成员在不同周期的策略选择及博弈行为,以及各成员在每一周期的收益情况,分团队、策略、行为 3 个维度统计其收益情况如表 4.19 所示。

表 4.19　不同团队、不同策略背叛与合作收益情况

企业类型	博弈策略	合作者收益				背叛者收益				100 周期	
		最大收益	最小收益	期望值	方差	最大收益	最小收益	期望值	方差	合作次数	背叛次数
冲突较小	TFT	12.5	12.5	12.5						124	58
	D					20		12.84	91.94		324
	C	12.5	3	8.33	22.23					1 682	
	C1	12.5	3	12.4	0.93	20		7.04	91.22	96	54
	C2	12.5	12.5	12.5		20		7.9	95.61	364	1 298
冲突一般	TFT	12.5	12.5	12.5						382	339
	D					20		6.69	89.04		1 211
	C	12.5	3	6.23	20.25					1 121	
	C1	12.5	3	7.82	22.56	20		1.67	30.56	67	36
	C2	12.5	3	11.06	11.63	20		9.86	99.98	79	765
冲突较强	TFT	12.5	12.5	12.5						271	164
	D					20		7.54	93.93		881
	C	12.5	3	8.01	22.49					1 587	
	C1	12.5	3	9.71	18.74	20		7.93	95.71	17	1 072
	C2	12.5	3	7.75	22.56					4	4
合计		12.5	6.17	10.11	17.67	20		7.68	86	5 794	6 206

表 4.19 中数据显示,与不考虑个性特征情境类似,背叛者可以获取最大收益,但方差较大,说明获取最高收益的风险较大;而期望值最高的是"针锋相对"合作者和"冲突较小"团队中"原谅两次"的合作者。同时,随着冲突强度提高,"原谅两次"合作者的平均收益呈下降趋势;而平均收益最低的是"一直合作"者。考虑个性特征情境下,团队成员合作次数高于不考虑个性特征情境,与不考虑个性特征情境类似,"冲突较小"及"冲突一般"团队中成员间

的合作次数明显高于"冲突较强"团队,且不同于"冲突较强"团队中的总合作次数远小于背叛次数的规律,"冲突较小"团队中合作次数大于背叛次数。

④ 不同团队企业周期收益情况对比。考虑团队成员个性特征情境下,不同团队在各周期的企业总平均收益情况如图4.16所示。

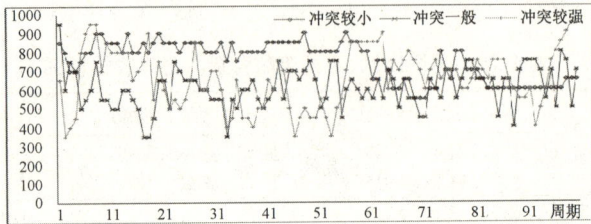

图4.16　不同冲突水平团队企业收益演化趋势

由图4.16可见,考虑个性特征情境下,"冲突较强"团队中企业平均收益较不考虑个性特征情境有较大提高,基本与"冲突一般"企业类似;而"冲突一般"企业前期平均收益较高,后期有下滑趋势。总体来看,基于内聚力的角度分析,"冲突较小"高管团队的士气和向心力较强,从而导致企业平均收益高于"冲突一般"和"冲突较强"团队。

⑤ 3个团队各周期博弈合作次数。考虑团队成员个性特征情境下,3个团队在各周期的博弈合作总次数如图4.17所示。

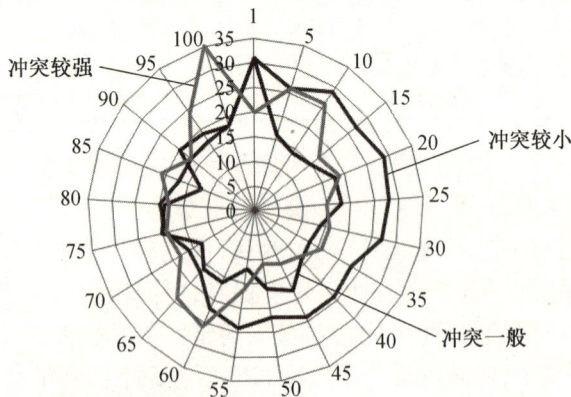

图4.17　不同冲突水平团队博弈合作次数演化趋势

　　由图4.17可见,与不考虑成员个性特征情境相比,在考虑成员个性特征情况下,"冲突较强"团队每周期的总合作次数有大幅提高,这是由于团队成员为追求自身收益最大化而在各周期中改变策略的频率降低。总体来看,"冲突较小"团队中合作次数高于"冲突一般"和"冲突较强"团队。

　　⑥ 各策略下企业平均收益情况分析。针对不同团队统计不同周期考虑成员个性特征情境下的各策略对企业收益的平均贡献如图4.18所示。

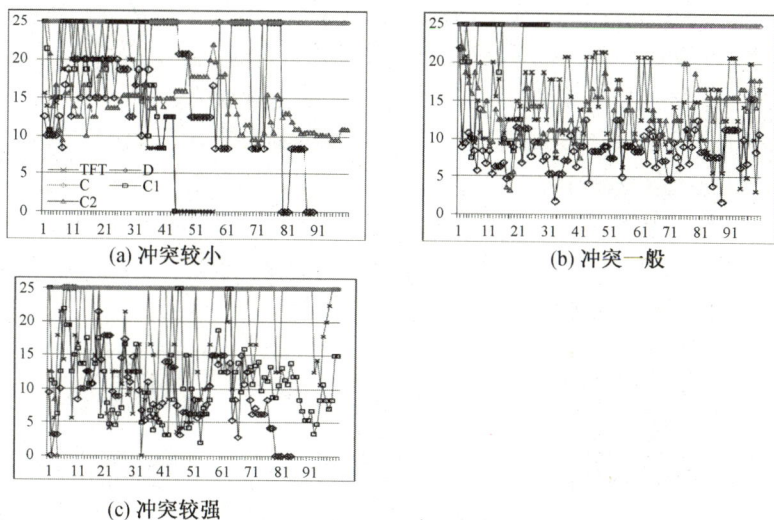

(a) 冲突较小

(b) 冲突一般

(c) 冲突较强

图4.18　不同冲突水平团队各策略下企业平均收益演化

　　由图4.18可见,随团队冲突强度的加大,企业平均收益水平下降,但"冲突较强"的企业平均收益较不考虑成员个性特征情境有所提高,尤其是"一直背叛"策略在"冲突较强"团队中的平均收益明显高于不考虑成员个性特征情境时的收益,且平均收益曲线波动较小;与不考虑成员个性特征情境类似,所有团队中,"一直合作"策略的企业平均收益贡献始终为最高;同时,"针锋相对"策略在各团队中的企业平均收益情况均好于不考虑成员个性特征情境时的收益。

（4）考虑奖惩机制的高管团队成员博弈关系模拟

根据企业整体收益计算公式，为保证高管团队效能和民营企业整体收益，自然是鼓励团队成员之间增强凝聚力和向心力、加强彼此合作以保证各项子任务的完成。而站在高管团队成员个人角度，背叛可以不劳而获，使自身收益得到最大化。前面的模拟也从多个角度体现了合作与企业整体收益的关系，以及不同冲突强度的团队中各成员策略的变化规律。下面试考虑加入奖惩机制来激发高管团队成员的凝聚力，增强彼此信任合作，即当团队成员执行合作行为时，收益在原收益 p 的基础上额外增加 p_0；而当团队成员执行背叛行为时，其收益在原收益 p 基础上减少 f_0。设 $p_0 = 10$，$f_0 = 10$，循环模拟 100 周期，观察加入奖惩机制的情境下，团队成员各周期的动态博弈过程。

① 团队成员反复博弈策略选择。选取 1，20，40，60，80，100 共 6 个周期的博弈数据，团队成员在各周期的反复博弈过程中，策略选择情况如图 4.19 所示。

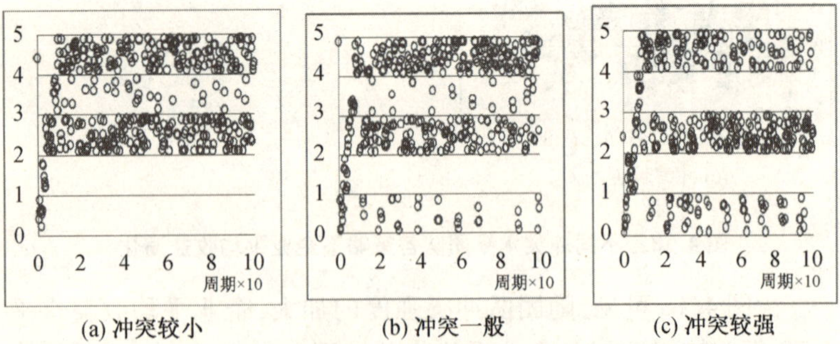

(a) 冲突较小　　　　(b) 冲突一般　　　　(c) 冲突较强

图 4.19　奖惩机制下团队成员周期策略选择

由图 4.19 可见，不同于无奖惩机制的策略选择，更多的成员选择了合作几率最高的"一直合作"和"原谅两次"，且"一直背叛"策略在博弈的较早期就已被全体成员放弃；同时，奖励机制情境下，"冲突一般"和"冲突较高"团队中有一定比例成员选择"针锋相对"策略,考虑到团队整体选择高合作策略,"针锋相对"策略在对方选择合作时,策略方行为结果也是合作,因此"针锋相对"在此情境下也是高合作几率策略。

② 各策略成员周期收益变动情况。奖惩机制情境下,各周期各策略的平均收益情况如图4.20所示。

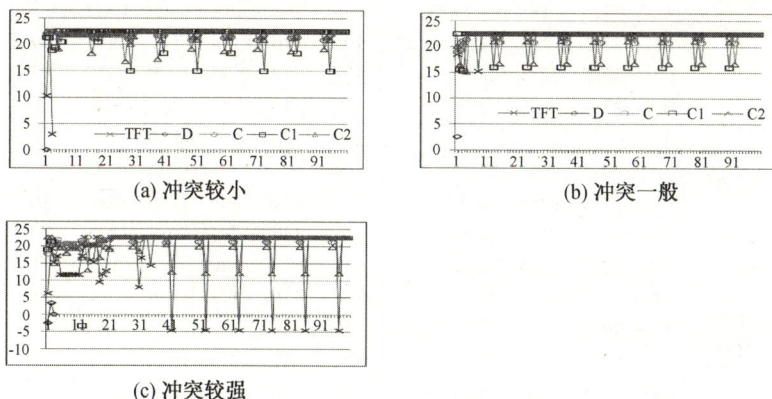

(a) 冲突较小   (b) 冲突一般

(c) 冲突较强

图 4.20 奖惩机制下团队成员策略选择平均收益演化

由图4.20可见,团队成员在奖惩机制情境下的平均收益较无奖惩机制均有大幅提高,且"冲突较小"和"冲突一般"团队平均收益高于"冲突较强"团队;"冲突较强"团队中个别周期"针锋相对"策略平均收益小于0,这是由于"冲突较强"团队中初始阶段选择"一直背叛"策略人数较多,"针锋相对"遇上背叛的结果是任务执行的失败,并进而导致团队内惩罚机制的启动,增加内耗,造成收益较低;而"一直合作"和"原谅两次"的平均收益较高,且高于无奖励机制情境。

③ 不同团队、不同策略背叛与合作收益情况。提取不同团队中各成员在不同周期的策略选择及博弈行为,以及各成员在每一周期中的收益情况,分团队、策略、行为3个维度统计其收益情况,如表4.20所示。

表 4.20　不同团队、不同策略背叛与合作收益情况

企业类型	博弈策略	合作者收益				背叛者收益				100 周期	
		最大收益	最小收益	期望值	方差	最大收益	最小收益	期望值	方差	合作次数	背叛次数
冲突较小	TFT	22.5	22.5	22.5		−10	−10	−10		10	6
	D					10	−10		100		6
	C	22.5	13	22.16	3.12					1 811	
	C1	22.5	13	22.47	0.29	10	−10	4.74	77.56	309	19
	C2	22.5	22.5	22.5			−10	2.73	92.56	1 762	77
冲突一般	TFT	22.5	22.5	22.5		−10	−10	−10		326	3
	D					10	−10	2.5	93.75		8
	C	22.5	13	22.31	1.73					1 481	
	C1	22.5	22.5	22.5		10	−10	−5	75	236	16
	C2	22.5	13	22.49	0.1	10	−10	−3.71	86.2	1 860	70
冲突较强	TFT	22.5	22.5	22.5		−10	−10	−10		566	71
	D					10	−10	−1.43	97.96		21
	C	22.5	13	22.19	2.89					1 901	
	C1	22.5	13	19.97	17.65	10	−10	−3.33	88.89	15	3
	C2	22.5	13	22.49	0.07	10	−10	−1.89	96.44	1 280	143
合计		22.5	16.96	22.22	3.69	5	−10	−3.22	89.82	11 557	443

表 4.20 中数据显示,奖惩机制情境下,选择合作的次数大幅增加,且各策略下合作者的收益期望值均远大于背叛者的收益期望值;同时,各策略下合作者的期望收益水平大致持平,均为 20 左右;而背叛者的最大收益、最小收益和期望收益均有大幅下降;奖惩机制下各冲突强度团队的合作次数均远大于无奖惩机制下的合作次数,这是由于引入奖惩机制后,团队成员为提高自身收益,更多地在博弈中选择合作行为。

④ 不同团队企业周期收益情况对比。引入奖惩机制情境下,不同团队在各周期的企业总平均收益情况如图 4.21 所示。

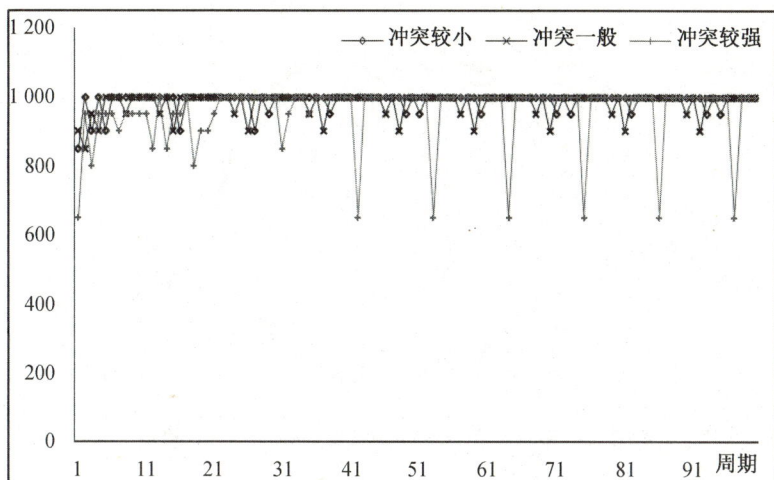

图 4.21　不同冲突水平团队企业收益演化趋势

由图 4.21 可见,引入奖惩机制后,各冲突水平的团队企业总平均收益均较无奖惩机制情境有大幅提高,且各周期企业平均收益水平波动较小,尤其是"冲突较小"团队,平均收益基本维持在最高水平;总体来看,与无奖励机制情境类似,"冲突较小"团队的企业平均收益高于"冲突一般"和"冲突较强"团队,且随团队冲突强度的提高,平均收益波动加大,但其平均收益最高值维持在同一水平。

⑤ 3 个团队各周期博弈合作次数。引入奖惩机制情境下,3 个团队在各周期的博弈合作总次数如图 4.22 所示。

由图 4.22 可见,引入奖惩机制后,尽管"冲突较强"团队在博弈初期选择合作的成员比例远少于"冲突较小"和"冲突一般"团队,但在反复博弈几个周期后,各冲突水平的团队成员在后期博弈中均较多地选择合作行为。

⑥ 各策略下企业平均收益情况分析。针对不同团队统计引入奖惩机制后不同周期各策略对企业收益的平均贡献如图 4.23所示。

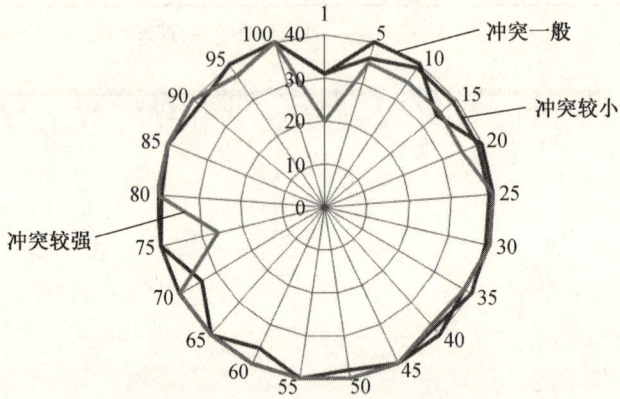

图 4.22 不同冲突水平团队博弈合作次数演化趋势

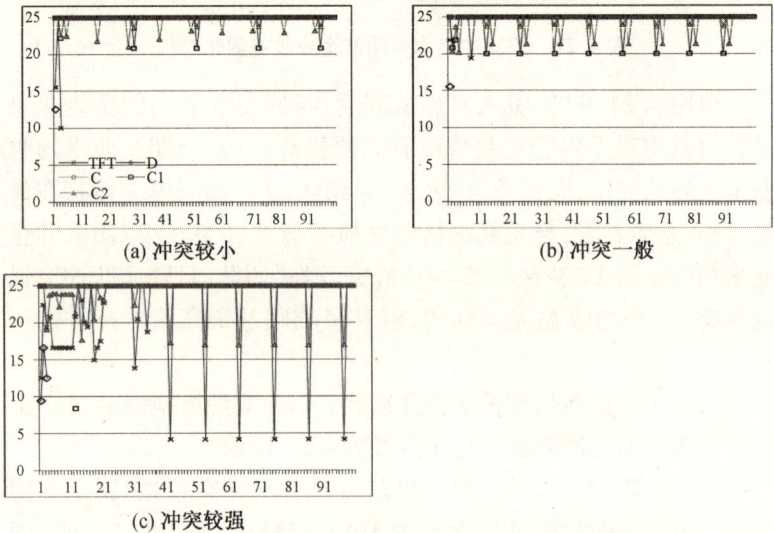

(a) 冲突较小

(b) 冲突一般

(c) 冲突较强

图 4.23 不同冲突水平团队各策略下企业平均收益演化

由图 4.23 可见,不同于无奖惩机制情境下的企业平均收益曲线,引入奖惩机制后,由于奖优罚劣、奖勤罚懒,某种程度上强化了高管团队成员内聚力,因此,造成不同冲突水平的团队对企业收益的平均贡献曲线波动较小,且各策略下的平均收益贡献最大值基本持平,这是由于引入奖惩机制后,"一直背叛"在重复博弈几个周期后被全体成员所放弃,因此,背叛几率显著降低,与无奖励机制情境类似,随着团队冲突强度加大,企业平均收益水平有所下降,且波动幅度加大,尤其是"冲突较强"团队的"针锋相对"策略,对企业平均收益的贡献值在较大幅度内波动。

4.2.3　动态演化模拟的启示

如上,通过不同情境下民营企业高管团队成员在任务关系博弈中的动态演化模拟,可以清晰地从微观层面观察到不同个性特征的成员在多周期动态博弈过程中的策略选择及行为规律,以及奖惩机制对团队成员凝聚力、策略选择及合作态度的影响,并在宏观层面统计企业整体效益的周期变动情况。研究发现:

① 高管团队冲突水平对团队成员的后期策略选择有一定影响,如在妥协次数的选择上,"冲突较强"团队中,成员倾向于选择"原谅一次";而"冲突较小"和"冲突一般"团队中,成员更倾向于选择"原谅两次"。

② 冲突强度与高管团队成员平均收益、合作次数和团队乃至企业整体收益负相关。随着冲突强度的加大,成员平均收益、合作次数、团队乃至企业整体收益均呈下降趋势。

因此,为实现企业整体利益的最大化,企业管理者应着力加强团队成员之间的团结合作,降低团队成员间的冲突强度,找出矛盾冲突的根源,共建和谐团队;同时,应加强监督管理,完善激励约束机制,有效提升团队凝聚力,使工作付出与收益相当,鼓励劳有所得的同时,降低不劳而获者的期望收益,引导团队成员采取积极合作的态度对待每一项工作任务。

第5章 民营企业高管团队冲突的群体演化分析

　　民营企业是我国国民经济的重要组成部分,并成为其最为活跃的经济增长点。现阶段,我国众多民营企业选择家长式的管理模式,这种模式主要体现为"家族"、"亲缘化"的特征,家族成员占据企业管理的核心位置,这有利于将企业的所有权与经营权高度统一,能有效地增强企业凝聚力,有显著的组织优势和成本优势,对民营企业顺利度过创业期有着重要的意义。但是,随着民营企业的不断发展,家族式管理模式的弊端逐渐显露,如忽视制度建设与管理、家族内部人才紧缺、用人任人唯亲现象严重、难以协调内部复杂的关系等。因此,民营企业要发展,就必须认识到从外部引入高层管理人才,组建一支现代化的高层管理队伍的重要性。

　　借助职业经理人的专业知识和管理经验是弥补民营企业管理模式不足的重要方式,职业经理人亦通过自己的管理能力换取收益并实现自身价值。但现阶段的民营企业中,家族成员与职业经理人之间存在着诸多矛盾,这主要体现在:① 利益矛盾。如民营企业家族人员追求的是长期目标、企业价值最大化,而职业经理人大多追求短期目标、个人利益最大化等。② 权力矛盾。如家族成员因不信任职业经理人而不敢放权,或者不懂得放权的重要性等。③ 理念矛盾。这主要体现在传统家族文化影响下的管理理念与现代管理理念之间的冲突上。正是由于这些矛盾的存在使得高管团队中的家族成员对职业经理人的经营决策行为有着"支持"和"不支持"的态度。与此同时,由于人力资本市场具有信息不对称的特性,这使得企业家族成员无法全面正确地了解职业经理人的个人素质、能力,即存在职业经理人的道德风险,从而导致某些非家族成员的职业经理人可能通过不正当手段谋取个人利益,损害企业利益,或者不采取对企业有利的决策措施,从而产生"委托—代理"问题。因此,对于职业经理人而言,有着"努力工作"和"不努力工作"这两种选择。

经上述分析可以发现,在民营企业高管团队中,家族成员与职业经理人这两个群体之间的博弈关系明显,博弈双方在不同行为策略下有着对应的收益及成本。为了能够深入探讨博弈主体行为交互的动态演进过程,本文将采用演化博弈理论进行研究。同时,文章将借助柯布—道格拉斯函数来描述民营企业产出与高管团队中家族成员的支持程度、职业经理人的努力程度之间的关系,通过家族成员是否支持及职业经理人是否努力,来反映民营企业高管团队内家族成员与职业经理人这两大群体之间的冲突及其演化。在此基础上,期望能够有效反映出家族成员支持程度、职业经理人努力程度对企业发展的影响,因此,具有较强现实意义。

演化博弈理论源于进化论思想,以参与群体为研究对象。假设各个群体、个体之间的行为能够相互影响,个体将在学习、模仿过程中不断调整自己的行为决策,从而达到最优的均衡状态,这种均衡依赖于博弈的环境、博弈的历史。该理论能够有效反映博弈主体行为策略的复杂性,能够以微观行为变动描绘宏观演进过程。目前,演化博弈理论在众多领域有着广泛的应用,并取得了一系列令人瞩目的研究成果。本书将依托现实背景,通过分析民营企业高管团队中家族成员与职业经理人之间的行为影响因素,构建博弈群体双方的演化博弈模型,通过模型分析探讨系统演化的均衡点及稳定性,并借助仿真工具直观展示理论分析结果,以期为民营企业高管团队中的群体冲突研究提供一个新的视角。

5.1　家族成员与职业经理人群体的演化模型

5.1.1　模型假设

本书的研究中存在两个博弈方,分别为民营企业高管团队中的家族成员及外聘职业经理人，其中高管团队中家族成员群体的策略空间为 $S_1=\{$支持，不支持$\}$，职业经理人群体的策略空间为 $S_2=\{$努力，不努力$\}$。为了更好地描述博弈群体双方的交互关系，本书将结合民营企业的现实管理情形做出如下假设：

① 民营企业的团队产出效益不仅依赖于职业经理人的努力程度，还与家族成员的支持力度有关。因此，本书将采用柯布—道格拉斯函数 $S_{output}=Ae^{\alpha}a^{\beta}$ 来表示民营企业产出效益，其中 e 表示家族成员对于职业经理人工作的支持程度系数，$0\leqslant e\leqslant 1$；a 表示职业经理人对待工作的努力程度系数，$0\leqslant a\leqslant 1$；A 表示民营企业投入产出系数。为了简化分析，本文假设 $\alpha=1$，$\beta=1$，其他情形可类似进行分析。

② 职业经理人积极努力工作，而家族成员采取不支持态度时，群体双方将发生冲突，家族企业的不支持将降低职业经理人的工作积极性，从而对民营企业的长期发展产生负面影响，并影响家族成员与职业经理人之间的人际关系，本书将该损失记作 t_1。同理，当家族成员采取不支持态度时，职业经理人的经营管理才能无法充分释放，个人价值无法得到充分实现，从而缺乏成就感和归属感，本文将该损失记作 t_2。

③ 缺乏职业道德的职业经理人不努力工作，甚至可能通过窃取情报、强占渠道、浪费资源等手段损害民营企业利益，谋取个人收益。因此，本文假设职业经理人不努力工作将获得 n 的收益，而其不努力工作的行为被家族成员察觉将受到一定的惩处 f，被发现并被执行处罚的概率为 v，$0\leqslant v\leqslant 1$；同时，本文假设家族成员选择"不支持"策略时，对职业经理人是否努力工作缺乏客观认识，此时 $v=0$。

④ 职业经理人群体的收益由固定部分和激励部分构成，其中固定收益为 w，激励收益与职业经理人的努力程度呈正比关系，设为 sa，$s>0$。职业经理人的成本采取委托代理理论中的成本模型 be 表示，$b>0$。

⑤ 假设家族成员采取支持策略时，支持系数为 e_1；当家族成员

采取不支持策略时,支持系数为 e_2,e_1 显然大于 e_2。同理,当职业经理人努力工作时,其努力程度系数为 a_1,当职业经理人不努力工作时,努力程度系数为 a_2,显然,$a_1 > a_2$。

⑥ 家族成员采取支持策略时,其将为职业经理人管理决策的推行提供一系列支持,该支持成本设为 ke,$k>0$;而当家族成员采取不支持策略时,本书忽略支持成本。

基于上述假设前提,本书构建了民营企业高管团队中家族成员与职业经理人群体之间的策略交互的支付矩阵,具体如表5.1所示。

表5.1　家族成员与职业经理人的策略交互的支付矩阵

家族成员	职业经理人	
	努力	不努力
支持	$Ae_1a_1 - w - sa_1 - ke_1, w + sa_1 - ba_1$	$Ae_1a_2 - w - sa_2 - ke_1, w + sa_2 - ba_2 + n - vf$
不支持	$Ae_2a_1 - w - sa_1 - t_1, w + sa_1 - ba_1 - t_2$	$Ae_2a_2 - w - sa_2, w + sa_2 - ba_2 + n$

5.1.2　模型的演化

由家族成员与职业经理人群体策略交互的支付矩阵,根据复制动态方程,可建立博弈双方的群体策略交往的群体行为演化模型。因此,假设在初始状态下,家族成员群体中选择"支持"策略的比例为 p,选择"不支持"策略的比例为 $1-p$;职业经理人群体中选择"努力"策略的比例为 q,选择"不努力"策略的比例为 $1-q$,据此可计算出群体双方的期望收益及平均收益。

U_1 为家族成员群体中选择"支持"策略的期望收益,U_2 为家族成员群体中选择"不支持"策略的期望收益。$\overline{U}$ 为家族成员群体的平均收益,则有

$$U_1 = qAe_1(a_1 - a_2) - qs(a_1 - a_2) + Ae_1a_2 - w - sa_2 - ke_1$$
$$U_2 = qAe_2(a_1 - a_2) - qs(a_1 - a_2) - qt_1 + Ae_2a_2 - w - sa_2$$
$$\overline{U} = q[A(a_1 - a_2)(e_1 - e_2) + t_1] + Ae_1a_2 - ke_1 - Ae_2a_2$$

同理,V_1 为职业经理人群体中选择"努力"策略的期望收益,V_2

为职业经理人群体中选择"不努力"策略的期望收益。$\overline{V}$ 为职业经理人群体的平均收益,则有

$$V_1 = w + sa_1 - ba_1 - t_2 + pt_2$$

$$V_2 = w + sa_2 - ba_2 + n - pvf$$

$$\overline{V} = p(t_2 + vf) + (s-b)(a_1 - a_2) - t_2 - n$$

根据 Malthusian 动态方程,即策略的增长率等于其对应的适应度,只要采取某种策略的个体适应度高于群体的平均适应度,则该策略就会增长。从而可得家族成员群体和职业经理人群体策略交往随时间演化的动力学方程,如式(5.1)所示。

$$\begin{cases} \dfrac{dp}{dt} = p(U_1 - \overline{U}) = p(1-p)\{q[A(a_1 - a_2)(e_1 - e_2) + t_1] + \\ \qquad Ae_1 a_2 - ke_1 - Ae_2 a_2\} \\ \dfrac{dq}{dt} = q(V_1 - \overline{V}) = q(1-q)[p(t_2 + vf) + (s-b)(a_1 - a_2) - t_2 - n] \end{cases}$$

$$(5.1)$$

由 Firedman 提出的方法,演化系统均衡点的稳定性可由该系统的雅克比矩阵的局部稳定性分析得到。因此,本书根据复制动态方程(5.1),求得雅克比矩阵 J 如下所示:

$$J = \begin{pmatrix} (1-2p)\{[A(a_1-a_2)(e_1-e_2)+t_1] + Ae_1 a_2 - ke_1 - Ae_2 a_2\} \\ q(1-q)(t_2 + vf) \end{pmatrix}$$

$$p(1-p)[A(a_1-a_2)(e_1-e_2)+t_1]$$
$$(1-2q)[p(t_2+vf)+(s-b)(a_1-a_2)-t_2-n]$$

设 J 的行列式为 $\det J$,迹为 Tr,则有

$$\det J = (1-2p)(1-2q)\{q[A(a_1-a_2)(e_1-e_2)+t_1]+Ae_1 a_2 - ke_1 - Ae_2 a_2\} \times [p(t_2+vf)+(s-b)(a_1-a_2)-t_2-n] - pq(1-p)(1-q)[A(a_1-a_2)(e_1-e_2)+t_1](t_2+vf)$$

$$Tr = (1-2p)\{q[A(a_1-a_2)(e_1-e_2)+t_1]+Ae_1 a_2 - ke_1 - Ae_2 a_2\} + (1-2p) \times [p(t_2+vf)+(s-b)(a_1-a_2)-t_2-n]$$

本书将根据 $\det J$、Tr 值来分析复制动态方程(5.1)的稳定性。

5.1.3 模型分析

1. 均衡点及其稳定性分析

由上节的假设可知,p、q 分别表示民营企业高管团队中家族成员与职业经理人群体中选择某一策略的个体占该群体的比例,因此只有在 $0 \leqslant p \leqslant 1, 0 \leqslant q \leqslant 1$ 的区域范围内探讨模型的均衡点及稳定性才有意义,则平面 $M = \{(p,q) \mid 0 \leqslant p \leqslant 1, 0 \leqslant q \leqslant 1\}$ 内,约束条件为 $0 < t_2 + n - (s-b)(a_1 - a_2) < t_2 + vf$ 且 $0 < Ae_2a_2 + ke_1 - Ae_1a_2 < A(a_1 - a_2)(e_1 - e_2) + t_1$。根据计算,复制动态方程(5.1)的局部均衡点有 5 个,分别为 $(0,0)$、$(0,1)$、$(1,1)$、$(1,0)$ 及鞍点 $M(p^*, q^*)$,其中 $p^* = \dfrac{t_2 + n - (s-b)(a_1 - a_2)}{t_2 + vf}$,$q^* = \dfrac{Ae_2a_2 + ke_1 - Ae_1a_2}{A(a_1 - a_2)(e_1 - e_2) + t_2}$。根据雅克比矩阵的局部稳定分析法,由 $\det J$、Tr 值对这些均衡点进行分析,具体的分析结果如表 5.2 所示,其中 5 个平衡点中 $(0,0)$ 和 $(1,1)$ 为演化稳定策略。$(0,0)$ 表示 $p = 0, q = 0$,即家族成员群体全部选择不支持,职业经理人群体全部选择不努力工作,这种状态为不良状态,是不利于民营企业的长期有序发展;而 $(1,1)$ 表示 $p = 1, q = 1$,即家族成员群体全部选择支持,职业经理人群体全部选择努力工作,这是一种比较理想的状态,因此本文接下来将探讨如何有效规避系统锁定于不良状态,引导系统朝着理想状态演化。

表 5.2　局部稳定分析结果

均衡点	$\det J$		Tr	结果
$p=0, q=0$	$(Ae_1a_2 - ke_1 - Ae_2a_2) \times$ $[(s-b)(a_1-a_2) - t_2 - n]$	$+$	$(Ae_1a_2 - ke_1 - Ae_2a_2) +$ $(s-b)(a_1-a_2) - t_2 - n$	Ess
$p=0, q=1$	$-\{[A(a_1-a_2)(e_1-e_2) + t_1] +$ $Ae_1a_2 - ke_1 - Ae_2a_2\} \times$ $[(s-b)(a_1-a_2) - t_2 - n]$	$+$	$[A(a_1-a_2)(e_1-e_2) + t_1] +$ $(Ae_1a_2 - ke_1 - Ae_2a_2) -$ $[(s-b)(a_1-a_2) - t_2 - n]$	不稳定
$p=1, q=0$	$-(Ae_1a_2 - ke_1 - Ae_2a_2$ $[t_2 + vf + (s-b)(a_1-a_2) - t_2 - n]$	$+$	$-(Ae_1a_2 - ke_1 - Ae_2a_2) +$ $[t_2 + vf + (s-b)(a_1-a_2) - t_2 - n]$	不稳定
$p=1, q=1$	$\{[A(a_1-a_2)(e_1-e_2) + t_1] +$ $Ae_1a_2 - ke_1 - Ae_2a_2\} \times$ $[t_2 + vf + (s-b)(a_1-a_2) - t_2 - n]$	$+$	$-\{[A(a_1-a_2)(e_1-e_2) + t_1] +$ $Ae_1a_2 - ke_1 - Ae_2a_2\} -$ $[t_2 + vf + (s-b)(a_1-a_2) - t_2 - n]$	Ess
$p=p^*, q=q^*$	$-pq(1-p)(1-q) \times$ $[A(a_1-a_2)(e_1-e_2) + t_1] \times$ $(t_2 + vf)$	$-$	0	鞍点

图 5.1 描述了家族成员与职业经理人博弈群体的交互动态过程,其中点 $N(0,1)$、$H(1,0)$ 和鞍点 $M(p^*,q^*)$ 所连接的折线可看作系统收敛到不同模式的临界线,折线左边的区域面积代表着系统演化至不良状态(不支持,不努力)的概率,而折线右边区域面积表示系统演化至理想状态(支持,努力)的概率。从鞍点 $M(p^*,q^*)$ 的表达式中可以发现,系统模型相关参数的变动将影响鞍点在平面 M 中的位置坐标,从而影响系统收敛到不同模式的概率,根据这一规律,可通过调节相关参数来引导系统的演化方向,从而确保民营企业高管团队中家族成员与职业经理人的和谐共存,以推进民营企业的长期健康发展。

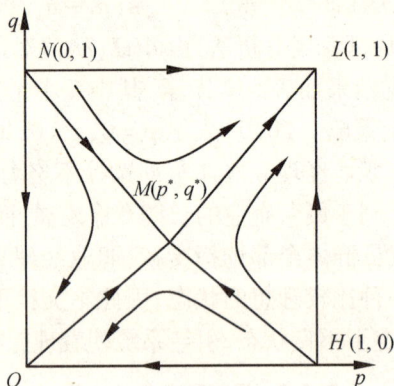

图 5.1　家族人员和职业经理人交往的动态过程

2. 多重均衡下参数分析及调控

为了解系统中相关参数的变动如何影响模型的演化趋势,本书将针对具体参数进行分析,以探讨参数的变动对鞍点位置坐标的影响。

① 职业经理人因不努力工作而受到处罚 f。$\frac{\partial p^*}{\partial f} = -\frac{v[t_2 + n - (s-b)(a_1 - a_2)]}{(t_2 + vf)^2} < 0$,$\frac{\partial q^*}{\partial f} = 0$,这表明当民营企业家族成员加大对职业经理人不努力工作的惩处力度时,图 5.1 中的

鞍点坐标位置将水平向左移动,这使得折线右边区域面积增大,从而提高了系统收敛到理想状态(支持,努力)的概率。因此,有效的监管惩处制度能够有效预防职业经理人处于懈怠不努力的状态。

② 家族成员因不支持职业经理人的努力工作而产生的损失 t_1。由鞍点的表达式可求得 $\frac{\partial p^*}{\partial t_1} = 0$, $\frac{\partial q^*}{\partial t_1} = -\frac{Ae_2 a_2 + ke_1 - Ae_1 a_2}{[A(a_1 - a_2)(e_1 - e_2) + t_1]^2}$ <0,这表明当 t_1 值增大时,鞍点位置垂直向下移动,因此,家族成员应充分意识到职业经理人对于民营企业发展的重要意义,对于工作努力的职业经理人给予积极的配合和支持,避免高管团队冲突对于企业发展的不良影响。

③ 家族成员的不支持对努力工作的职业经理人造成的损失 t_2。由表达式可知,$\frac{\partial p^*}{\partial t_2} = \frac{t_2 + vf - [t_2 + n - (s-b)(a_1 - a_2)]}{(t_2 + vf)^2} > 0$,

$\frac{\partial q^*}{\partial t_2} = 0$。这说明当 t_2 值增大时,鞍点位置水平向右移动,即系统收敛到理想模式(1,1)的概率减小。因此,注重对优秀职业经理人工作的支持,增加其成就感、归属感,有利于系统的良性发展。

④ 家族成员对于职业经理人努力工作的支持程度的系数 e_1。计算得出 $\frac{\partial p^*}{\partial e_1} = 0$, $\frac{\partial q^*}{\partial e_1} = \frac{(k - Aa_2)(Ae_2 a_2 + ke_1 - Ae_1 a_2)A(a_1 - a_2)}{[A(a_1 - a_2)(e_1 - e_2) + t_1]^2}$ <0。当家族成员对于努力工作的职业经理人支持力度越大时,平面中鞍点位置将会水平向下移动,则折线右边区域面积增大,系统收敛到理想状态的概率将增加,这表明给予努力工作的职业经理人更大的支持力度能够实现系统整体效益的增加,有助于实现博弈双方共赢的局面。

⑤ 职业经理人因不努力工作所获收益 n。$\frac{\partial p^*}{\partial n} = \frac{1}{t_2 + vf} > 0$,

$\frac{\partial q^*}{\partial n} = 0$,鞍点水平向右移动。因此,缺乏职业道德的职业经理人通过不努力工作所获得的收益 n 越多,系统锁定于不良状态(不支持,不努力)的可能性就越大。因此,借助有效的监管措施,降低职业经理人不努力工作的所得收益很有必要。

⑥ 其余参数的分析方法与上述类似,本书将用相位图的变化展示相关参数变动对演化结果的影响,如图 5.2 所示。

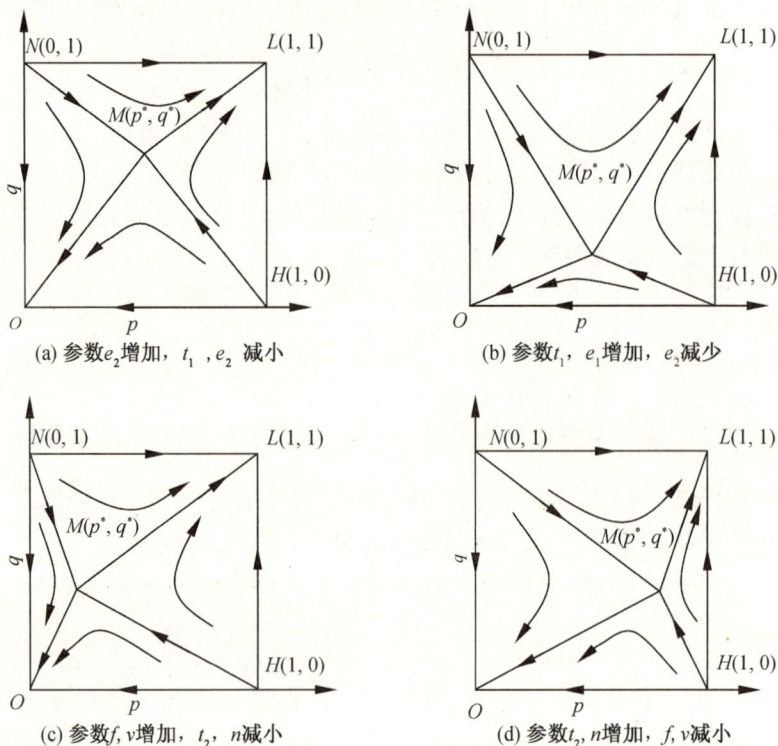

(a) 参数e_2增加, t_1 ,e_2减小

(b) 参数t_1, e_1增加,e_2减少

(c) 参数f,v增加, t_2, n减小

(d) 参数t_2,n增加, f,v减小

图 5.2　相关参数变动对演化结果的影响

5.2　数值仿真试验

下面针对上述参数分析结果,借助 Matlab 数值仿真,形象地展示各参数变动,如选择某种策略的初始人群比例,职业经理人因不努力工作而受到处罚f,家族成员因不支持职业经理人的努力工作而产生的损失t_1,家族成员的不支持对努力工作的职业经理人造成

的损失 t_2，家族成员对于职业经理人努力工作的支持程度的系数 e_1，职业经理人因不努力工作所获收益 n 对演化结果的影响。根据约束条件的限制，默认的参数取值分别为：$e_1=0.6, e_2=0.05, a_1=0.8, a_2=0.1, A=6, w=2, s=4, k=1.5, b=2, t_1=1.2, t_2=0.8, n=2, v=0.5, f=3$。

① 选择某种策略的初始群体比例变化对演化结果的影响。图 5.3 中 p_0, q_0 分别表示家族成员群体中选择策略"支持"和职业经理人群体中选择策略"努力工作"的初始人群比例。从图 5.3 可以发现，家族人员及职业经理人博弈双方的策略交互行为演化路径具有依赖性，从不同初始人群比例出发的演化轨线在收敛到均衡态前有着各自独特的路径，收敛趋势以及收敛速度的快慢与家族成员群体中选择"支持"策略的初始人群比例有关。通过对比图 5.3(a)与(b)可以发现，系统演化趋势及收敛速度还受职业经理人群体的初始人群比例的影响，图 5.3(b)中职业经理人群体选择"努力工作"的比例 q_0 较高，为 0.6，其整体的收敛效果要好于 $q_0=0.2$ 的情形。

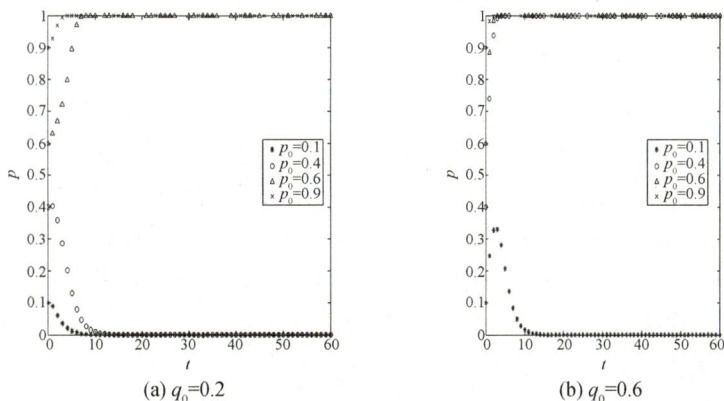

(a) $q_0=0.2$ 　　　　(b) $q_0=0.6$

图5.3　选择某一策略的群体不同初始比例对演化结果的影响

② 职业经理人因不努力工作而受到处罚 f 的变化对演化结果的影响(如图 5.4 所示)。图 5.4 展示了不努力工作的职业经理人

所受处罚 f 变动对演化轨线的影响。通过对比图 5.4(a)与(b)可以发现,当职业经理人不努力工作所受到的预期处罚增加时,系统朝着理想状态演化的概率增大。如图 5.4(a)中,当 $f=1$ 时,所有轨线都演化至 $p=0$ 的不良状态;而当 $f=1.5$ 时,4 条轨线中,初始值为 0.4,0.6,0.9 的轨线都快速收敛到理想状态,收敛效果大大改善。

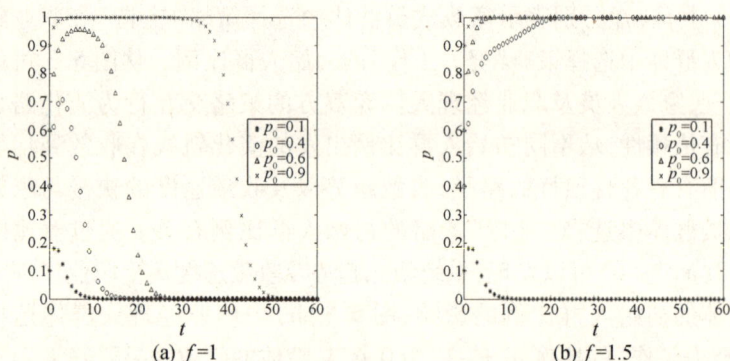

(a) $f=1$ (b) $f=1.5$

图 5.4 职业经理人不努力工作所受处罚 f 的变动对演化结果的影响

③ 家族成员因不支持职业经理人的努力工作而产生损失 t_1 的变化对演化结果的影响(见图 5.5)。从图 5.5 中可以看出,当家族成员与努力工作的职业经理人之间发生冲突时,将影响职业经理人服务民营企业的动力和决心,从而可能对民营企业的发展产生不利影响,当这种不利影响不断增大时,必然会降低企业收益,即降低了家族成员的收益,从而迫使家族成员审视自身行为,对努力工作的职业经理人给予应有的支持(如图 5.5 所示)。当家族成员所受损失从 1.8 增加至 3 时,整个系统的收敛效果明显改善的原因。

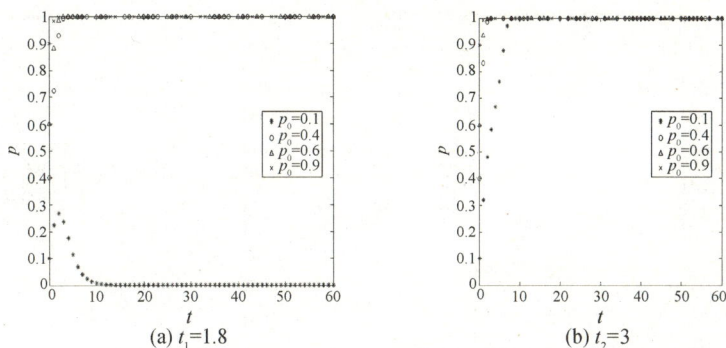

(a) $t_1=1.8$　　　　(b) $t_2=3$

图 5.5　不支持职业经理人的工作产生损失 t_1 的变化对演化结果的影响

④ 家族成员的不支持对努力工作的职业经理人造成的损失 t_2 的变化对演化结果的影响(见图 5.6)。家族成员对于职业经理人采取不支持的态度将对那些致力于努力工作的职业经理人产生消极影响,当这种消极影响增加时,系统收敛的效果变差。如图 5.6 所示,t_2 从 0.2 增加到 1.5,轨线收敛到 $p=1$ 的概率降低,影响了系统的良性发展。

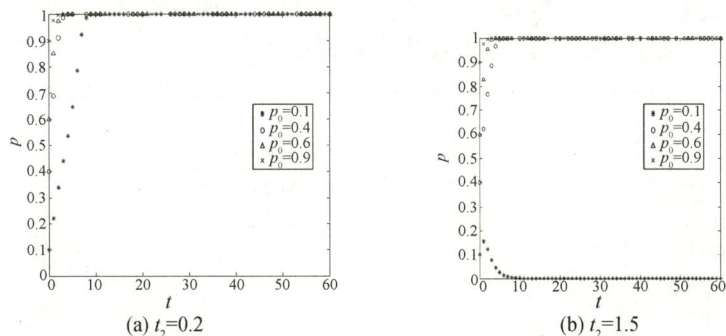

(a) $t_2=0.2$　　　　(b) $t_2=1.5$

图 5.6　不支持职业经理人工作造成损失 t_2 的变化对演化结果的影响

⑤ 家族成员对于职业经理人努力工作的支持程度系数 e_1 的变化对演化结果的影响(见图 5.7)。从图 5.7 的对比中可以看出,当家族成员对于职业经理人的支持力度增加时,系统的收敛效果得到一定的改善。

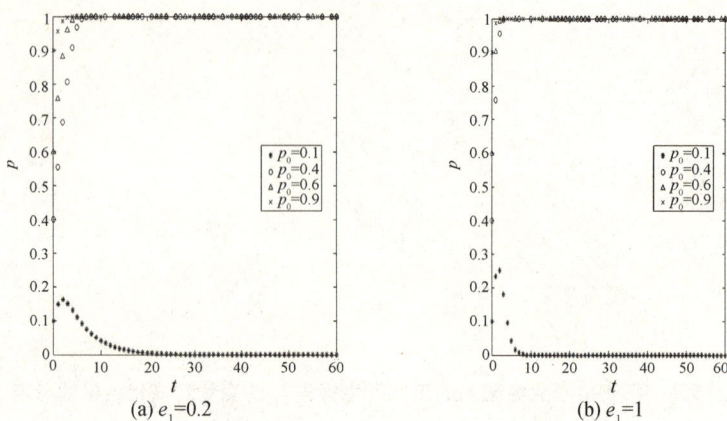

(a) $e_1 = 0.2$

(b) $e_1 = 1$

图 5.7 支持程度系数 e_1 的变化对演化结果的影响

⑥ 职业经理人因不努力工作所获收益 n 的变化对演化结果的影响。当缺乏职业道德的经理人不努力工作谋取不正当收益 n 增加时，系统收敛到不良状态的概率增大，如图 5.8(b) 所示，当 n 从 1.2 增加到 2.5 时，两条轨线的收敛方向朝相反方向发生变化，收敛效果明显降低。因此，对于缺乏职业道德的职业经理人，民营企业家族成员要做好防范和应对措施，避免损失。

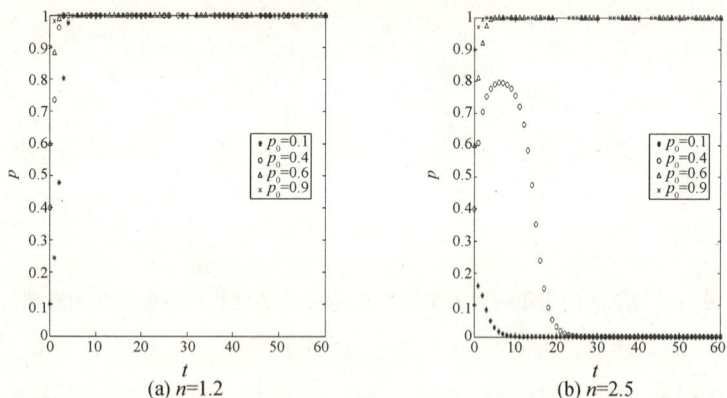

(a) $n = 1.2$

(b) $n = 2.5$

图 5.8 职业经理人因不努力工作所获收益 n 的变化对演化结果的影响

5.3　模型分析相关启示

民营企业高管团队中家族成员与职业经理人之间存在着复杂的博弈关系。本章试依据现实背景对影响博弈双方的行为要素进行设定,构建演化博弈模型,从博弈的视角描述民营企业家族成员与职业经理人之间的"委托—代理"关系,并引入经济学文献中常用的柯布—道格拉斯函数来描述团队"投入—产出"关系,将团队产出看作是由职业经理努力程度与家族成员支持程度共同决定的,更加贴近现实。通过数学分析及系统仿真探讨了博弈群体之间的演化规律。针对上述分析结果,本章认为,民营企业高管团队中家族人员与职业经理人的冲突,与下列因素密切相关:

（1）监督、约束和审计机制

由于人力资本市场的信息不对称,因此"委托—代理"问题难以完全避免,若对职业经理人的行为不加限制,极容易产生职业经理人为谋取个人收益损害企业利益。从职业经理人不努力工作所获收益 n 变化对演化结果的影响中可以发现,不正当收益的增加将影响系统收敛到理想状态的效果;与此同时,当职业经理人通过不正当手段谋取个人利益、消极对待工作所受到的预期处罚 vf 加大时,能够有效抑制系统朝不良状态演化,从而说明构建科学合理的监督约束机制不可或缺。在职业经理人进入民营企业前,双方应签订正式的法律合同,对双方的职、权、利进行明确详细的规定,使得职业经理人能够在既定的规则下从事工作,避免不信任和契约风险。

（2）企业内部文化建设

良好的企业文化能够弥补规章制度的缺陷,能够促使家族成员与职业经理人形成统一的价值观和奋斗愿景,从而可以增进双方的信任,确保企业的可持续发展。研究中发现,当职业经理人群体中选择"努力"工作的初始人群比例增加时,系统演进至理想状态的概率增加;同理,当家族人员群体中选择"支持"策略的初始人群比例增加时,系统收敛到理想模式的概率也相应增加,这就说明了和谐健康的企业文化能够减少高管团队之间的冲突,起到良好的效果。

(3)加强沟通,增进互信和凝聚力

信任是共同治理的基础,要坚持"互信共赢"的原则,求同存异、真诚包容,避免发生双方互不信任的危机局面,让努力工作的职业经理人充分发挥其经营管理才能,使其在推进企业发展的过程中实现自身价值,避免形成"外人"、"打工者"的意识。从仿真图分析中可以看出,t_1值的增加能够引导系统演化至理想状态,t_2值的增加可能导致系统锁定于不良状态,直观展示了沟通信任、增强内聚力的重要性。

(4)需增强适应力,提高职业素质

民营企业外聘管理人员是为了企业更好的发展,因此,作为职业经理人应该尽快融入企业、适应环境,尽早胜任工作,以行动和绩效来证明自己的能力。同时,职业经理人须有坚忍不拔的品质,对可能存在的矛盾要做好充分的准备,用沟通融合来化解矛盾,增进互信。而且,作为职业经理人须加强自我约束,提高自身的职业素质,要忠于其所服务的企业。缺乏职业道德的职业经理人对于企业及自身的发展都具有严重的消极影响。

本章构建的博弈模型收敛于两种不同的模式,分别为理想模式与不良模式,这两种模式均为演化稳定策略,一旦初始状态和参数取值落入其中任何一种状态,另外一种状态的行为参与者将在系统演化的过程中消失。因此,要通过调节有效参数,避免系统锁定于不良模式,引导民营企业高管团队中家族成员与职业经理人的和谐共存。当然,本书中各设定参数在现实中的实际影响作用尚需科学量表的实证研究,同时民营企业高管团队中的冲突形式多样,冲突原因复杂,对于该问题,我们将在后续研究中通过多Agent计算机建模进行深入探讨和分析。

与此同时,本书通过博弈分析发现,现有的实证研究大多关注团队成员之间的冲突,较少从新员工社会化及团队适应的视角进行研究。赵斌、李新建(2007)对组织新聘员工与原有员工冲突动因及其消减的实证研究进行了有益的尝试,但是团队新成员特有的冲突及其对于团队的激活效应等还有待进一步研究。研究团队新成员冲突的激活效应,可以加深对于团队内冲突的全面认识及管理,对人才流动的理性反思提供更有说服力的证据。

第6章 民营企业高管团队效能及其影响机理研究

　　随着我国经济不断向纵深发展,以及民营企业在我国国民经济中呈现越来越重要的地位和作用,民营企业高管团队工作任务、技术、核心战略等方面呈现出越来越复杂的特性,使得民营企业高管团队内部的冲突加剧。随着民营企业组织结构日益复杂化、网络化,有效化解冲突的难度也随之大大增加,从而使得高管团队效能进一步提升的难度越来越大。在这种情况下,由于知识经济时代对共享心智、管理冲突、提高效能的进一步需求,民营企业高管团队正在从传统的组织结构层级体系向多元化的延展性网络结构演变,以任务网络、人际关系网络等为核心的高管团队系统将成为提升其效能的未来发展趋势。有鉴于此,如何对越来越呈现网络化结构特征的民营企业高管团队进行效能及其优化分析,就成为亟待解决的重要问题之一。

　　传统组织行为模式下的民营企业高管团队,其成员任务及需求相对平稳,一般的冲突处理(管理)机制和相关保障资源能够满足高层管理团队的日常运作。主要相关研究内容如下:Dekker(2006)概括归纳了高管团队优化问题,分析了高管团队目标和冲突管理策略;Wang(2007)对高管团队冲突进行了详细分类,并比较了不同的团队策略;Jardine(2002)从预测角度对冲突进行诊断,并对高管团队有效性进行了相关分析,他同时认为,由于资源相互影响并相互制约,高管团队冲突中不同节点之间的信息共享对高管团队有重要影响;Wu & Thomas(2002)、刘志硕和郝国英(2012)等研究了高管团队冲突中各个节点的信息共享对整个团队效能的影响;Dodds 等(2003)研究了组织网络的信息交换、鲁棒性和协同演化;司书宾等(2006)认为传统分析方法不完全适用网络结构下的高管团队效能机制;朱涛(2002)和卜先锦等(2009)对军事组织的信息资源共享进行了研究;Kwon 等(2007)从 Agent 和案例推理的角度对供应与需求不确定环境下的效能协同机理进行了研究;王小念等(2007)分析了网络环境下的信息效率及其测量方法;Lin 等(2010)从网络化组织结构角度分析了网络熵和互信息灵敏度。但综合来看,从民营企业高管团队的复杂性视角研究团队效能的并不多见。本书是针对民营企业高管团队的有效性和协调特点,引入复杂性理念构建民营企业高管团队效能系统,探讨系统固有的拓扑结构特性与动态演化特性对高管团队系统效能的影响。同时,基于双层立体加权网络建立了高管团队效能的动态演化模型,以协同效能最大为目标,设计了效能最大的高管团队网络,并研究影响民营企业团队效能的相关因素。

6.1　民营企业高管团队效能特性及状态分析

6.1.1　民营企业高管团队效能的特性

正如彼得德鲁克在《巨变时代的管理》中所提到的,团队已成为组织工作的"基本单元"。面对日趋复杂的外部环境和竞争压力,民营企业的有效运作和快速发展也越来越依赖于高管团队的表现,作为组织核心单元的高管团队,承担着实现企业目标的重任,其效能高低将直接影响民营企业的生死存亡。民营企业高管团队作为一种具有可持续发展特征的组织,在企业发展的不同阶段,不可避免表现出差异化特征、不同运作过程及其挑战。因此,探讨民营企业高管团队效能的构成特征及其影响,是研究高管团队效能的基础工作。

如前章理论基础研究部分所述,高管团队效能可分为团队绩效、团队承诺和团队成员合作满意度三大维度。团队绩效反映的是质量、生产率等任务绩效有效子维度；团队承诺和团队成员合作满意度则由工作满意度、信仰等子维度反映，并总结如下：

（1）复杂性

民营企业本身是一个开放系统，其存在依靠与外界交往的物质、能量和信息流。民营企业的人、财、技术等方面维持一种非线性关系，在这样的非平衡、非线性结构中，其熵变并非唯一，其成长动因，就是以民营企业高管团队为混沌吸引子，不断吸引负熵，使其效能提升并不断永续经营下去。由此，民营企业高管团队是一个复杂的耗散结构，影响其生命周期衰败的是系统正熵。实践证实，民营企业高管团队效能的复杂性可分析如下：① 微观性；② 动态演化性。由微观性可以分析了解民营企业高管团队特征，如了解足够的民营企业高管团队效能的相关属性和特征，就可以通过统计分析获得高效能民营企业高管团队的基本属性及特征，这就为有效界定并分析民营企业高管团队效能提供坚实支撑，同时也为低效能团队向高效能团队的转化提供了现实依据。由动态演化性可以分析民营企业高管团队核心成员之间的关系，并为整合整个团队、提高团队的整体效能提供了现实基础。

（2）内隐性

从前章分析可以看出，民营企业高管团队效能特性研究范围已扩展到团队运作全过程，更强调的是高管团队成员之间的互动合作关系。由于民营企业高管团队成员组成上的多重身份性和复杂性，在外显化的团队绩效之外，更注重的是内隐性的高管团队成员的个人发展、成员之间的合作满意度、团队的承诺以及整个团队的成长。并且，由于高管团队作为民营企业的核心战略决策群体，其成果是创造性的和独特的，因此高管团队的任务目标几乎不太可能在团队刚开始运行时就得到清晰明确、一成不变的界定和阐述，需要在运行中不断调整和修正，这也是内隐性特征的一种具体体现。

（3）滞后性

由于高管团队自身的生命周期特性，作为一种"同一项任务或一定条件下，参照标准有效或优秀绩效具有因果关系的团队成员个体潜在特性"的能力尽管必不可少,但如果这种"团队成员个体潜在特性"并不能够在高管团队生命周期内得以有效显现并产生有效产出,其对高管团队效能的作用将会大打折扣,亦即,无论是从相对客观的团队绩效的角度考量,还是更多地从主观性"人"的角度(合作满意度、团队承诺)考量,团队效能形成过程及各影响因素之间的耦合程度可能是会存在一定滞后性的。

6.1.2　民营企业高管团队效能的状态

系统理论提出系统存在负效应的一般性观点,由此可见,包括民营企业在内的所有类型企业中,其高管团队效能的非最优化是绝对的,最优化的出现则是相对的。如图 6.1 所示,现实的民营企业高管团队效能状态总是处于"理想最优化状态"与"绝对非最优化状态"之间的某一状态点 $x(x \in [0,1])$。其中,0 点代表绝对的非最优状态,当 x 向左移动到 0 点时,企业及其高管团队将不复存在;当向右移动时,说明高管团队在逐渐提高其"优化"程度并不断接近"最优化"的最终目标。然而,一般来说,x 不可能到达绝对最优化点,因为只要民营企业仍在不断发展,由于其组织结构、高管团队自身的结构复杂性,各种问题以及团队内外部变化就绝不会停止,而会不断衍生、发展、变化,x 的运动空间就会不断被延续和拓展,和谐整合的过程会很长并有可能出现不断反复的情况。

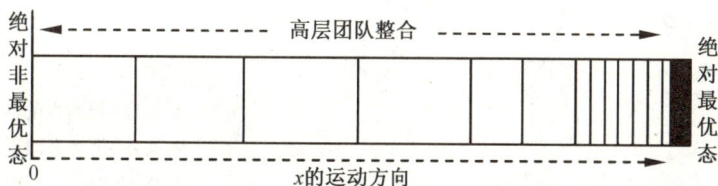

图 6.1　民营企业团队效能状态示意图

为了能够随时掌握高管团队整合的趋势,全面了解高管团队及其矛盾发展的规律和特点,分析和判断点所处的位置并推动其向右(优化状态)不断移动,最终接近高层效能最优化的理想状态,需要在企业内部建立正常的工作程序和分析系统,优化企业高层效能并进行跟踪分析和科学评价,从而使得高管团队能够有效了解自身效能,对非最优演化态进行预测,并为高管团队的效能最优化、完善运行和控制系统奠定有效基础。

6.2 民营企业高管团队效能的网络特性及其演化机制

6.2.1 民营企业高管团队效能机制的网络特性分析

（1）民营企业高管团队及其效能的网络结构

民营企业高管团队通过网络"桥接"和由这些联结所形成的网络结构,以方便获取知识和信息等资源,缩短共享心智的时间,促进高管团队成员之间知识的有效共享和整合,并最终提升团队效能。民营企业高管团队内、外部的网络结构图如图 6.2 所示,群体 D 可被视为一个典型的民营企业高管团队,在团队内部,由于信息沟通不善和存在冲突,任务执行者 1 与 2 之间缺乏有效联结,存在结构洞;而在高管团队外部,群体 A 与 B 或群体 A 与 C(企业内其他工作团队、企业外供应商、销售商等群体)之间同样缺乏一定联系,也存在结构洞。但任务执行者 1,2 与群体 A,任务执行者者 3 与群体 B,任务执行者者 4 与群体 C 存在一定的桥接联系和互动。

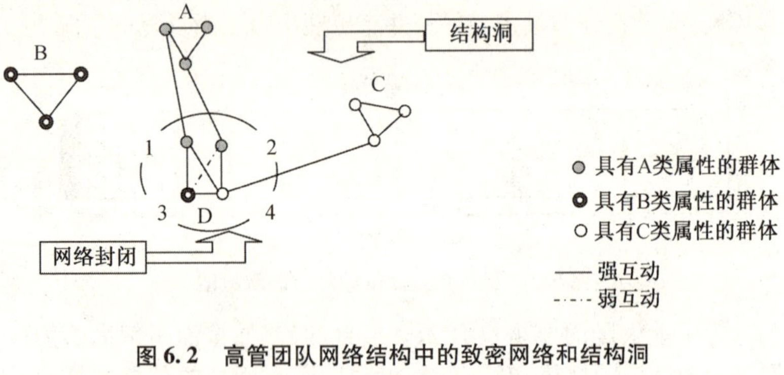

图 6.2 高管团队网络结构中的致密网络和结构洞

如上图所示,高管团队的网络结构根植于高管团队的社会网络之中,它是由一系列节点(参与者)以及节点之间的相互联结(参与者之间的关系)所组成的,行动主体从中可以获取信息、知识和资源。

网络密度和网络异质性,分别描述了高管团队内部网络联结是否有结构洞,以及高管团队的外部网络中是不是也有结构洞。民营企业高管团队效能是根据高管团队的实际需求,通过集中式或分布式控制信息,实现人力资源及社会资源的供应、运输、合作和分享,形成具有密切合作关系的高管团队网络体系。民营企业高管团队效能是以民营企业、高管团队、其下属基层团队以及外部利益相关者为有效节点,以连接这些节点的信息流、物流、指挥控制流为边形成一个网络。该网络包含一系列的子网络,如民营企业组织网络、高管团队网络、社会网络等。如果单纯从网络的连通性考虑,那么组织网络、高管团队网络、社会网络可以用无向无权网络模型来进行描述;如果充分考量到整个企业组织和高管团队间的隶属关系等,那么高管网络及其社会网络就是有向加权网络。随着现代通信、网络、信息处理等技术在民营企业高管团队效能研究领域的充分应用,以及高管团队效能机制本身的高度动态性,民营企业高管团队效能研究在网络化与协同性等方面一定会有所改善。

（2）基于复杂网络的高管团队效能协同分析

高管团队网络系统中复杂节点之间的相互作用,构成了一个复杂的网络结构。传统的高管团队网络注重单个节点的局部优化,而复杂网络环境下的高管团队网络系统对高管团队各成员(单元)之间的组织协同和信息共享能力有了更高要求,使得从高管团队团队网络视角来看,可以在适度增加成本的情况下提升团队效能。网络协同对高管团队效能的影响主要体现在以下 3 个不同层面:极少协同(冲突过高)、适度协同(冲突适中)、过度协同(冲突过低),如图 6.3 所示。

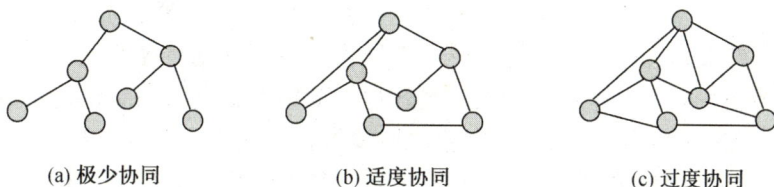

(a) 极少协同　　　　　(b) 适度协同　　　　　(c) 过度协同

图 6.3　高管团队网络协同效应

在图 6.3a 中,极少协同表明传统的链式高管团队网络体系结构中,高管团队成员之间较少协同,亦即每个成员节点之间只存在相互之间的基本沟通,与其他节点之间很少有信息共享和资源共享,缺乏沟通可能会导致不必要的误解、不信任甚至冲突。高管团队网络特点是成本低、收益小、效能低,与此相对应的网络特征是,特征路径长度与同步协同指数相对较大,同时网络成本相对较低。

在图 6.3b 中,适度协同表明基于传统的高管团队网络体系,构建信息、资源、高管团队执行力的适度共享协同关系,沟通交流比较适中。系统适度增加成本,获得最好收益,此时,效能也是最高的,与此相应的网络特征是,特征路径长度与同步协同指数相对适当,网络成本相对较低。

在图 6.3c 中,过度协同表明在适度协同的合作基础上,高管团队网络体系中的所有节点往往是完全连通的模式,所有高管团队成员之间都通过信息和资源实现相互作用,沟通过于频繁会导致彼此之间思维趋同。该高管团队网络的特点是过度协作造成高成本,但收入并没有相应提高,效能较低,与此相应的网络特征是,特征路径长度与同步协同指数最小,网络成本相应最大。

综合上述分析可知,民营企业高管团队网络的特征路径长度越小,高管团队行为中协同共享的代价越小,越有利于优化团队性能;高管团队经营中协同能力越强,民营企业高管团构建与维护的成本越大。因此,结构适当的高管团队体系,对改善和提高高管团队系统效能具有重要意义。

(3) 民营企业高管团队效能的网络演化模型

复杂性研究认为,系统应当在适度协同及信息共享中运营,找到影响系统效能的关键环节在于提升系统敏捷性,降低高管团队运营成本。为了设计最优的网络结构使系统达到适度协同,本书力图找到能引导系统趋向于最佳协同效能的演化策略。由此,根据 McGrath 的团队效能模型,本书试将将团队产出分成组织产出(绩效)和精神产出(满意度、态度等),从工作及人际关系两维度构建双层立体加权网络演化模型,分析和设计高管团队效能的网络演化策略,如图6.4所示。

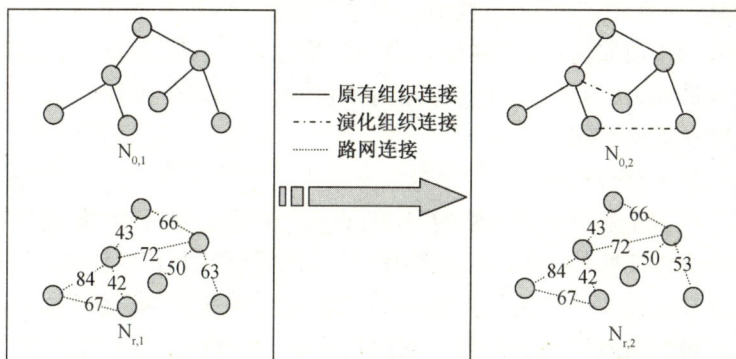

图 6.4　双层立体加权网络演化模型

图6.4中应用双层立体加权网络模型对民营企业高管团队效能的网络演化进行了描述,上层网络节点代表高管团队组织结构与工作效能系统,下层网络代表人际互动系统,为了描述与说明问题的方便,省略了与网络特征无关的细节信息。图6.4左框表示传统的高管团队效能网络,由组织工作网络 $N_{0,1}$ 和人际关系网络 $N_{r,1}$ 组成;图6.4右框表示经过演化的高管团队效能网络,由组织工作网络 $N_{0,2}$ 和人际关系网络 $N_{r,2}$ 组成。由此,可以实现在人际关系网络不变条件下,组织工作网络 $N_{0,2}$ 经由 $N_{0,1}$ 按某种策略演化,使得团队效能得以提升。

6.2.2　民营企业高管团队效能的演化机制

民营企业高管团队效能通过其演化机制体现出高管团队价值在整个高管团队治理中的核心作用。在民营高管团队中,主要存在动力、整合、控制、保障及进化5种效能演化机制。

（1）动力机制

动力机制（动力源、动力方向、动力强度）是民营企业高管团队效能提升的一个有效动力,其主要目的在于保持合理的高管团队运行速度。民营企业发展迅猛,团队效能在其中发挥着至关重要的作用,而动力机制则是团队效能得以发挥的重要演化基础。其中,动力源产生于基于战略的团队文化及和谐团队价值;动力方向则基于民营企业复杂的权力动力系统,进一步完善认知、关心、尊重人的价值取向;动力强度则遵循适度原则。民营企业高管团队效能的动力机制通过社会化和内化过程,将和谐价值体系融入高管团队人格系统。

（2）整合机制

民营企业以其先天性的"功能缺陷",在创立过程中,尤其需要保持高管团队的协调性和完整性,建立高管团队和谐人际关系,协整各功能模块的利益及价值,以形成稳定的系统结构,这对民营企业的可持续发展至关重要。在此过程中,高管团队效能的整合中心作为对高管团队个体或功能单元的吸附力量,意义重大。

（3）冲突管理机制

冲突管理机制意在实现分散的权力构成。与传统组织模式相比,民营企业高管团队效能模式打破了直线职能式的官僚组织体系,通过权力资源的分散分配,实现对组织的有效控制和冲突的有效管理。

（4）保障机制

民营企业高管团队相对特有的震荡性质取决于团队本身对于扰动项的需求与否。因此,效能演化的保障机制能够抵消扰动项的影响,以使高管团队保持相对稳定的构成要素、传导作用的过程与运动模式,使得高管团队效能处于较为稳定状态。

（5）进化机制

民营企业高管团队效能还肩负着不断自我发展的任务,由于受到内外两方面扰动因素的影响,高管团队需要在恰当时机对自身存在状态做出某种符合理性判断的调整。进化机制设计的目的在于促进高管团队的变革,塑造积极向上的高管团队发展轨迹。进化机制是保障机制的反机制。民营企业高管团队效能能否在不断变革中保持良性发展,主要取决于这两种机制之间的相互角力和博弈。

冲突管理机制、保障机制和整合机制是3种相对处于"基态"的效能演化机制;动力机制和进化机制则是处于"激发态"的效能演化机制,各种机制通过端口相互连接。由此,本书认为,民营企业高管团队效能应以和谐的高管团队价值观念为内核,动力、冲突管理、整合、保障以及进化等演化机制分别在这一核心周围集聚,并通过各种机制之间的耦合及其相互作用,共同推进整个高管团队效能提升。

6.3　民营企业高管团队效能的评价研究

民营企业高管团队和谐度越高,高管团队内聚力越强,其协作效率就越高,预防风险的能力就越强,高管团队效能就越优,竞争力也就越强;反之,高管团队涣散、意志力薄弱、无协作、高风险、低收益,民营企业就会面临极大风险。由此,复杂网络视角下的民营企业高管团队的效能,是指系统在指定条件下满足给定的定量特征以及服务要求的能力。它是系统可用性、可靠性和固有能力的综合反映。民营企业的高管团队效能的主要思路是:无论何时,一旦需要使用某种系统,它应处于正常准备工作状态(A),并要求系统在执行任务过程中具有可信度(D);除此而外,还必须具有完成预先设定任务的能力(C)。也即要求系统能达到"招之即来、来之能战、战之能胜"的优异性能。因此,从网络视角下定义民营企业高管团队效能评价模型:

$$E = A \cdot D \cdot C$$

A:可用性向量(高管团队成员合作满意度);

D:可信性矩阵(高管团队承诺);

C:品质因素向量(高管团队绩效)。

可用图 6.5 表示如下。

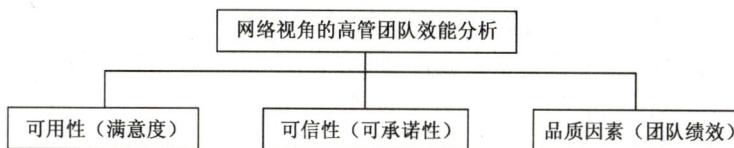

图 6.5　复杂网络视角下的高管团队效能分析

（1）可用性

可用性也称完好性,是效能研究的最重要目标之一,是衡量网络处于可工作状态的程度,该程度往往能决定高管团队网络的可靠性、可维修性和可保障性,也反映了特定网络下高管团队成员的满意度水平。网络的可用性问题是研究在一定的网络拓扑结构下,网络中各节点(或边)处于不同工作状态的概率,测度高管团队网络在开始执行任务时的系统状态和特性,反映高管团队成员对整个团队合作方面的满意度。

（2）可信性

可信性是研究高管团队网络效能问题的关键核心之一。可信性是指在人为或自然的破坏作用下,网络在规定条件、时间、空间中的生存能力,反映了团队的可承诺性。由网络的可信性定义中衍生的维度涵盖:抗毁性(Invulnerability)、生存性(Survivability)、有效性(Availability)、可承诺性(Commitment)。① 网络抗毁性。网络在人为破坏作用下的可靠性,它假定"破坏者具有关于网络结构的全部资料,并采用一种确定的破坏策略"。对于一个网络,网络的抗毁性是指至少需要破坏几个节点或几条链路才能中断部分节点之间的信息。抗毁性通过两个可靠性的确定测度——粘聚度(Cohesion)和连通度(Connectivity)来表示。对于一个连通网络,定义 CH_{ij} 为断开一对节点(i,j)之间所有通路所需去掉的最少链路数,则网络粘聚度为对应网络的最小链路割集;与此同时,定义 CN_{ij} 为断开一对节点(i,j)之间所有通路所需去掉的最少节点数,则网络连通度为对应着网络的最小节点割集。要使一个网络解体,至少需要去掉 CH 条链路或者 CN 个节点。② 网络生存性。生存性是网络运行过程中网络连通度的量度,包括节点连通度、节点粘聚度、业务性能等,上述测度指标可通过对具体网络运行破坏发生时统计或通过计算机仿真实验得以获取。③ 网络有效性。基于事故的角度(遭受破坏、产生意外事件等)研究网络的风险和危害防御问题。④ 网络可承诺性。研究网络在规定条件下和时间内维持正常工作的能力,反映团队成员的承诺、责任心和人际交往等。

（3）网络的品质因素（团队绩效）

网络的品质因素是表征网络在已知使用环境和网络状态下主要性能特征的度量。网络品质因素在执行任务的过程中，随着网络的使用环境和所处的不同"任务剖面"的变化而变化，反映团队目标的达成状况、完成任务的能力和熟练程度等。

在上述分析基础上，本书分别定义基于复杂性和协同性的网络收益函数 $B(T)$、基于复杂性和协同性的网络成本函数 $C(T)$ 与基于复杂性和协同性的网络效能函数 $BC(T)$。

$$B(T) = \lambda \times APL \tag{6.1}$$
$$BC(T) = B(T) \times C(T) \tag{6.2}$$

其中，T 表示民营企业高管团队效能系统的网络模型，网络效能函数 $BC(T)$ 越小，说明高管团队网络的协同效能越好。

下面对高管团队的协同成本函数 $C(T)$ 进行分析，考虑其成本结构为 $C(T) = f(C_0, C_L, C_K)$。其中，构建民营企业高管团队网络的成本包括 C_0 和 C_L。

C_0：每条高管团队网络链路的基础成本，该值为常数，对于整个高管团队效能网络而言，网络建设固定成本 mC_0 与网络连接数目呈线性关系，其中 m 为网络中连接的数目。

C_L：高管团队网络链路的可变成本，该值与其对应的链路长度成正比：$C_L = \alpha \sum_{i=1}^{m} L_i, i = 1, 2, \cdots, m$（$\alpha$ 代表线性比例系数，L_i 代表第 i 条链路长度）。

C_K：高管团队复杂性成本，与高管团队网络的复杂性正相关。民营企业高管团队网络的复杂性 $k(H)$ 是高管团队网络中各个实体相互协同关系数量的函数，即

$$k(H) = \frac{e^{a+bH}}{1 + e^{a+bH}} \tag{6.3}$$

式（6.3）中，H 为民营企业高管团队各成员单元之间平均相互协同共享关系的数量，也即高管团队网络中节点的平均度数。参数 a 和 b 是可变系数，确定了最小影响的区域和迅速增加影响的区

域。$k(H)$ 与 H 正相关,随着 H 的增加而增加。考虑上述各类成本之间为线性关系,高管团队网络的成本函数为

$$C(T) = mC_0 + \alpha \sum_{i=1}^{m} L_i + \beta k(H) \qquad (6.4)$$

从上述分析可以看出,由于高管团队网络中的节点性质与功能的差异性,当由传统的高管团队体系向网络化的高管团队体系演变时,优先建立那些能够用较小的代价获取较大收益的网络连接,也就是说,高管团队成员之间通过加强沟通、增进互信、提升内聚力,可以使得整个团队的任务绩效、合作满意度、团队承诺均得到不同程度的提升,并使得高管团队网络更易于协同与共享,最终获得更高的高管团队效能。

6.4 民营企业高管团队效能的影响机理分析

相关研究证实,影响团队效能的诸因素并不是按严格的线性作用的,现有文献主要从团队特征、团队流程及团队任务特点等方面来开展研究。高管团队特征主要包括高管团队多元化、标准规范、文化价值观和其他变量,团队过程主要包括冲突管理及信任,任务特征包含相互依存的任务、任务类型等。研究表明,上述因素影响了高管团队效能。其中,高管团队内聚力被认为是最重要的因素之一(王重鸣,2010;陈晓红,2011;何轩,2011)。本书试分析如下:

(1)高管团队多元化特征

团队多元化也称多样性,亦即团队成员间的异质性程度。高管团队成员所存在的不同属性,有助于他们彼此之间交换信息、提高互信、共享心智,寻求任务相关信息的精准阐析,并寻求更富有创见性和前瞻性的战略决策,因此对团队绩效有正面影响。相关实证研究显示,如果在一个高管团队中,团队成员存在多样化人口统计学特征,若对其进行批判性评价,可能会导致高管团队决策及其产出越来越优化;而在教育背景、文化程度和价值观等维度多元

化的高管团队力里,因为任务冲突更有利于促进高管团队成员的创造性差异,信息多元化的表现乃至所引发的冲突影响会大大增强。通过人口统计学特征形成的团队成员断层(Fault Line)某种程度上会增加冲突的负面影响,阻碍任务冲突的积极影响。

(2)高管团队规范

高管团队规范是由其成员共同提出并认可的相对稳定的一种行为模式,规范可能会影响到高管团队成员之间及团队与外部环境之间的沟通和互动,进而对冲突影响高管团队绩效和成员态度的程度产生影响(Yang & Mossholder,2004)。有些任务冲突接受相对规范的高管团队会鼓励其成员表达疑虑以及不确定性观点,可能会增加任务冲突对于高管团队绩效及其创造性的积极影响。相关实证研究证实,具有冲突可接受规范的高管团队,会极大程度创造并激发与任务冲突有关的建设性氛围;而当某些团队规范鼓励相互一致性,或是表现为从心理上不接受甚至排斥冲突时,高管团队成员会感受到一定压力,高管团队也由此可能会忽视更好的替代方案。同时,因为高管成员专注于团队意见或是观点的一致性而并非激发并产生创造性观点,鼓励一致性的团队规范也可能遏制有效完成非常规任务所需的创造性。

(3)高管团队管理风格

追求个体目标抑或追求团队目标是高管团队成员必须正视的两难困境,由此产生了合作、竞争、妥协、回避与折中等完全不同的冲突处理风格。合作式冲突处理强调追求团队共享目标,有利于促进相异观点和视角之间的交流,进而有利于促进团队效能的提升。合作风格的积极影响在国内外都得到了证实。研究表明,合作式冲突处理风格是任务冲突积极地影响团队创新的必备前提,团队成员合作地参与任务冲突相关的建设性讨论和争论时,可比竞争性处理冲突获得更高生产性产出,合作式冲突处理风格促进任务冲突对于生产力和满意度产生积极影响,优化高管团队的效能与组织创新,提升高管团队绩效。而回避风格可能是处理冲突最常用方法,然而实证研究表明,回避风格通常收效甚微,相关研究表明,高管团队回避冲突,结果却严重削弱了团队关系以及绩效,回避方式对于解决任何冲突都是不利的(刘军等,2008)。

(4) 高管团队内聚力

内聚力和冲突总是密切地交织在一起。如果团队成员互相信任,充满凝聚力,则其必然更有可能具备更高的、向着团队的目标努力的动机(郎淳刚 & 席酉民,2007),在面临意见分歧时更容易就事论事,而不至于将表面的冲突归因为个人攻击或别有用心,从而促进了冲突的积极影响。我国相关研究表明,团队内聚力对团队决策绩效具有正向影响(郎淳刚等,2007),还会增加任务冲突对于团队心智模式形成的正向影响,防止任务冲突转化为消极的关系(情感)冲突(张涛等,2008),减缓关系冲突负面影响。

前述研究显示,高管团队内聚力作为一个动态发展概念,在团队运行过程中确实存在,且有研究证明,内聚力对于高管团队效能(绩效、态度、行为)的提高有着良好的解释作用。众所周知,当前,对于团队效能模型的研究大多数采用 McGrath 建立的经典模型及其改良,即"输入(Input)—过程(Process)—产出(Output)"模型,简称 IPO 模型。但本书同时发现,这一模型由于其自身局限性受到部分学者的质疑。Moreland 的研究就认为,IPO 模型并不能很好地描述那些动态发展的、极具柔性的、适应性较强的团队。也有一些学者指出,在团队过程因素中,并未更多考虑到中介因素,而这些因素在团队发展中通常被称为"浮现状态",越来越彰显其重要性,包括内聚力、心理安全感、互信以及集体影响等。在前述研究的基础上,ILgen 等提出了"输入(Input)—中介(Mediator)—输出(Output)—输入(Input)"模型,简称 IMOI 模型。在 IMOI 模型中,ILgen 等将团队的过程变量有效转变为中介变量,且创造性认为,前一阶段的团队输出对后一阶段的团队变量有着较强的预测作用。

如前所述,现有研究成果显示,高管团队内聚力对团队效能(绩效、团队承诺和成员合作满意度)有着重要影响。Shea 等(1987)相关研究表明,团队效能与团队有效性有着积极直接的联系。此研究也证明了高管团队内聚力对团队绩效的积极作用。
Campion 等(1993)以大型金融服务公司的高管团队为研究对象,考
察了高管团队 19 个特征(包括高管团队内聚力)对团队有效性的
影响,其结果显示:在这些特征中,高管团队内聚力对团队效能(团
队的生产力、成员的工作满意度以及管理者评价等)具有最为重要
的作用。Lee 等(2002)的研究显示,在全新的复杂性任务环境下,
高管团队内聚力有助于任务绩效的提高。在高管团队的动态发展
进程中,高管团队内聚力影响团队层面的工作满意度,并且能提高
团队成员的努力程度,最终对团队绩效起着促进作用。Silver 和
Bufanio(1996)则探讨了高管团队内聚力、团队目标和团队绩效之
间的关系。其研究显示,高管团队内聚力对完成团队目标有着相
对突出的积极影响,并且影响团队后续的绩效水平。

第7章 高管团队冲突及效能实证研究：
内聚力的中介作用

7.1 研究模型之构建

在第二章相关理论基础及文献回顾部分,从理论层面对冲突与内聚力、内聚力与效能之间的作用关系进行了定性分析;在第三章、第四章、第五章相关分析中,在对冲突案例研究及高管团队冲突行为进行演化分析的基础上,分析了冲突之于内聚力的影响;在第六章高管团队效能相关分析中,研究了内聚力之于高管团队效能的影响机理,由此初步勾勒出"冲突—内聚力—效能"的理论研究框架。与此同时,当前相关规范及实证研究大都认为,在冲突影响绩效的过程中,存在一些中介影响变量,如果群体能够事先建立起高度信任的群体规范,并采取措施增加高管团队的凝聚力就能够更好地发挥任务冲突的正面效用,并减少关系冲突的负面影响(王重鸣、刘学方,2007)。

图 7.1 是本书对 Campion(1993)、Alper(2000)、Rahim(2002)、Lee(2002)、Kankanhalli(2009)等提出的高管团队冲突与绩效关系研究的一种归纳。中介变量 $\alpha = \{$群体规范,管理风格,高管团队内聚力$\}$,包括内部因素和外部因素两部分,内部因素主要是高管团队内聚力,外部因素主要包括群体规范和冲突管理。高管团队内聚力表现为成员的认知感、归属感,群体规范通过使高管团队成员的活动协调一致,提供了一种维持、巩固群体的决策机制。Alper

(2000)等人认为高管团队成员通过合作能够达到双赢,有助于提升高管团队决策绩效;Rahim(1983;2002)认为采取哪种冲突管理行为应该取决于特定的情境;Kankanhalli(2009)则基于面向过程的观点,将高管团队内聚力作为中介变量,研究不同管理方式下的冲突和绩效的关系。通过群内反思或者及时解决高管团队 群内成员的矛盾都会对未来的决策产生明显的反馈作用。上次决策的绩效对以后的决策来说是一个重要的影响因素。有鉴于此,本书借鉴上述观点,试提出"高管团队冲突—内聚力—团队效能"研究架构图,如图7.2所示。

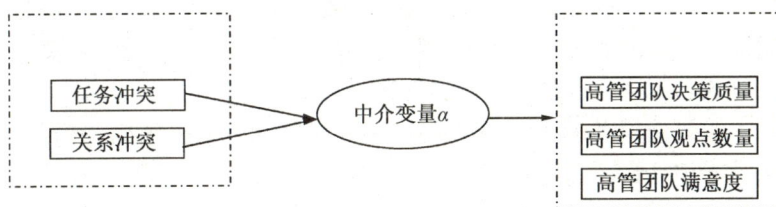

图7.1 高管团队冲突与绩效关系图

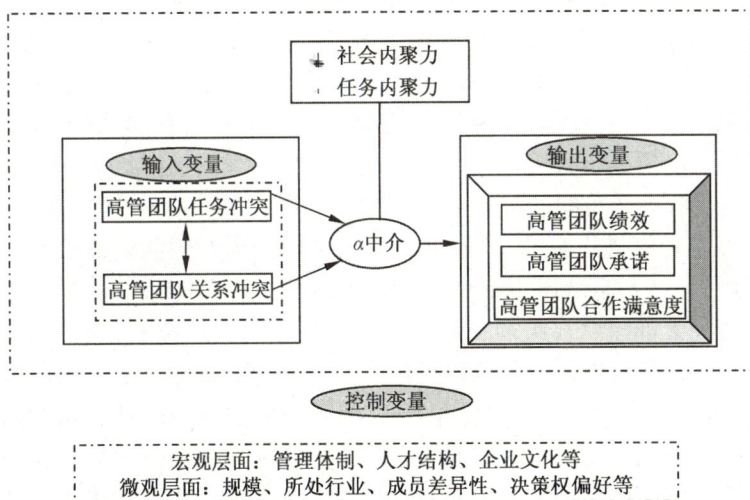

图7.2 "高管团队冲突—内聚力—团队效能"研究架构

该模型采用"输入—处理—输出"结构：

$$\eta \to \alpha \to Y$$

$$Y = f(\eta, \alpha) \qquad (7.1)$$

$\alpha = \{$社会内聚力, 任务内聚力$\}$

$\eta = \{$高管团队任务冲突, 高管团队关系冲突$\}$

$Y = \{$高管团队绩效, 高管团队承诺, 高管团队成员合作满意度$\}$

输入变量 η：高管团队冲突包括任务冲突和关系冲突两类, 它们之间往往具有关联性。高管团队冲突通过 α 对绩效产生影响。高管团队凝聚力作为中介变量, 会加强、抑制、改善或是恶化冲突同绩效和满意度之间的关系。特定的冲突水平通过不同的冲突管理方式和凝聚力会产生不同的高管团队绩效。

输出变量 Y：高管团队效能。主要包括高管团队绩效、高管团队承诺和高管团队合作满意度。它是冲突的因变量, 受到 α 的中介作用。同时通过高管团队绩效的反馈作用来影响下一次高管团队决策, 保持了一定的决策连贯性：好的绩效对下次的决策有积极的反馈作用, 差的绩效对下次高管团队决策产生不好的影响。

控制变量 α：高管团队冲突的诱因。可分为微观层面和宏观层面两部分。微观层面主要是高管团队成员差异性和民营企业家决策偏好方面的变量。高管团队成员差异性包括高管团队规模、年龄、任期、所处行业背景等。宏观层面主要有人才结构、"空降兵"和企业文化等变量。

尤为值得注意的是, 不但高管团队内聚力对团队效能存在着作用；另一方面, 高管团队效能对团队内聚力同样存在反作用。此类研究大都建立在跨期追踪研究的前提基础上。起初, 学者们仅从理论阐析角度研究团队效能对团队内聚力的影响。随着时间推移, 学者们开始运用实证研究方法验证前述理论推演, 认为从时间序列角度来看, 高管团队之前的绩效会对后续的高管团队内聚力起到一定影响作用。Pearce 等（2002）的时间序列追踪研究也证实, 高管团队在时间节点 t_1 的绩效水平对在时间节点 t_2 上的高管团队内聚力有着积极影响作用。Jung 和 Sosik(2003)同样发现,高管团队成员进行绩效反馈后,对其后续的高管团队内聚力有着深远影响力。

综上,从上述分析可以推演出,高管团队内聚力在团队效能模型中居于极其重要的核心地位,其既可以直接对高管团队效能产生作用,同时,也能够作为中介变量影响高管团队的绩效、团队承诺及其团队成员的合作满意度。

7.2　变量操作性定义和概念测量

7.2.1　高管团队冲突的操作性定义和相关测量

在研究设计中,不仅要全面考虑到各变量及其相互关系,还必须说明用什么样的方法来测量变量,即变量的操作性定义。一个变量可能不止一个操作性定义,操作性定义能够使研究者确认同样问题的不同研究之间的相似处和差异性。以下通过对文献的回顾,对本书所涉及的变量测量方法和操作性定义进行说明。

1. 高管团队冲突的操作性定义和测量

从管理心理学的角度来说,冲突可以看成是两种目标的互不相容或互相排斥。正因为冲突总是表现为某种斗争,一直以来,人们对冲突的认识相对消极,大多认为冲突是导致企业陷入困境甚至遭遇失败的主要原因;但也有学者(Tjosyold,1991;Kellermanns 等,2007)认为,其实冲突并非一无是处,每种冲突都会以不同频率和强度发生,且不同冲突之间会相互作用、转化,换句话说,任务冲突未必都具建设性,关系冲突亦未必都具破坏性。由此可见,随着冲突研究的深入,研究者们越来越倾向于辩证地看待冲突。学界逐渐认识到冲突功能性的一面,由此促进了冲突理论的成熟。同时,人们对冲突的态度也经历了"冲突是不好的"、"接纳冲突"、"管理冲突"等循序渐进、认识不断深化的这样一个过程。

对于民营企业而言,由于家族因素的介入,随着高管团队整体而非仅家族内部个人对企业战略发展起着越来越重要的关键领导和决策作用,高管团队要面临涵盖经济制度、文化、价值观和规范等范畴的 15 种复杂的角色定位。如何克服"和为贵"式回避冲突的传统处理风格和心理障碍,冷静应对越来越多的冲突和矛盾,打造"快鱼",对团队成功乃至民营企业成功至关重要。

艾默森(Amason)和杰恩(Jehn)则从对冲突不同角度的内涵分析对冲突进行了区分。艾默森(Amason)把高管团队的冲突分为任务冲突和关系冲突;杰恩(Jehn)认为冲突包含任务型冲突(Task Conflict)和关系型冲突(Relationship Conflict)。任务冲突是指团队成员对工作内容或构想有不同意见,进而导致激烈的辩论;关系冲突则是指人际矛盾,包括互相不喜欢对方、人身攻击等,且伴随着挫折、愤怒、烦恼等情绪。研究表明,两种冲突之间的相关度很高,但二者在概念上并非不可清晰区分。郎淳刚、王国锋等(2007)验证了这一分类同样适用于中国文化背景。本书采用艾默森(Amazon)的分类方式,研究任务冲突和关系冲突。

2. 高管团队冲突的测量

本书研究重点是高管团队冲突问题,为了确保测量工具的效度和信度,尽量借鉴国内外现有文献已使用过的量表,并根据高管团队成员的特点加以修改。问卷采用 Likert 5 级量表,要求问卷填写者根据问题陈述与企业实际情况相符合程度进行正向评分,测试题项主要根据 Thomas-Kimann(1974)开发的"管理差异测量(Management of Differences Exercise Mode)"、Rahim(1983)开发的组织冲突目录(Organizational Conflict Inventory, ROCI)、Jehn(1995)提出的团队内冲突量表、Jehn(2010)提出的修正性建议等,冲突量表主要选自 Jehn 的群体内冲突量表(ICS),该量表在国内得到多次验证。该量表采用 Likert 5 级计分,1 表示"完全不同意",5 表示"完全同意"。另外,结合我国民营企业高管团队实际修改而成,分别从任务冲突、关系冲突两大维度共设计了 8 个题项。

本书由于涉及组织层面的变量与团队层面的变量,为减少同源方差的影响,增加结果的客观性,将问卷分为组织层次与团队层次 2 个部分:组织层次的问卷命名为问卷 1,包括团队基本情况以及组织的基本情况,如成立年限、组织规模、员工构成等,调查的对象限于组织中层以上领导,如董事长、总经理、分管工作副经理、财务经理等,我们给每家企业至少发放一份企业家问卷。团队层面的问卷为问卷2,针对高管团队冲突、内聚力及民营企业高管团队效能测量量表,由每个企业熟悉经营的3位高层管理人员每人填写一份。因此,整套问卷由问卷1、问卷2两部份组成。

7.2.2 高管团队内聚力的操作性定义及其相关测量

1. 高管团队内聚力的操作性定义

依据 Forrester 和 Tashchian(2006)的观点,本书将团队内聚力的操作性定义界定为:在追求工具性目标的实现和成员情感需求的满足过程中,群体团结在一起并且愿意继续留在团队中的意向和趋势。该定义认为,内聚力涵盖的是人际关系吸引和对任务的共同承诺这两个方面,即内聚力包括任务内聚力和社会内聚力两大维度。任务内聚力指的是实现群体目标的动机程度;社会内聚力则表示发展和维持群体内社会关系和社会网络的动机程度(Carron,Brawley & Widmeyer,1998;Chang & Bordia 等,2001)。

2. 高管团队内聚力的测量

Carless 和 DePaola(2000)通过验证性因子分析考察了内聚力的3个模型;Schachter(1951)提出的单维模型;Bettenhausen(1991)和 Cota,Evans,Dion,Kilik,Longman(1995)提出的二维(任务内聚力和社会内聚力)模型;Wildmeyer 及其同事(1995)提出的四维(群体整合—任务、群体整合—社会、个体对群体吸引力—任务与个体对群体吸引力—社会)模型。结果表明,与社会内聚力和个体对群体的吸引力相比,群体任务内聚力在所有考察的变量中与工作满意度、成员评价的高管团队效能、高管团队管理者评价的高管团队绩效具有最强的关联性,并因此对群体环境调查表进行了修订。

本书参考借鉴了 Carless & DePaola(2000)修订的关于高管团队内聚力的测量量表。在 Carless & DePaola 有关高管团队内聚力的测量量表中,任务内聚力和社会内聚力各包含4个题项,一共涵盖8个题项,其中6个题项(第2,3,4,6,7和8题)为反向题项。与此同时,一些实证研究证明了该量表在概念和测量上的作用,Forrester 和 Taashchian(2006)在探讨高管团队内聚力与团队努力、团队效能和团队工作满意度的关系研究中,任务内聚力量表的 Cronbach's α 系数为 0.76,社会内聚力量表的 Cronbach's α 系数为 0.80。Bishop & Scott(2000)的研究采用了与之类似的量表,但增加了两个题项,共 10 道题,其中 2 道题为反向题。整体量表的 Cronbach's α 系数为 0.689 3。中国台湾学者邱淑妙(2006)在其研究中验证了该量表在中国台湾地区测量的可行性。

本书则在上述研究基础上,采用 Likert 5 级量表,选取 8 个题项,其中,"1"表示完全不同意,"2"表示不太同意,"3"表示不同意不反对,"4"表示同意,"5"表示完全同意。被询问者根据自身对问题描述的感知与实际状况相符合的程度,分别给每个问题评出 1,2,3,4,5 分,分数越高,则表明高管团队成员内聚力越强;后续分析以高管团队成员的平均分数代表其团队内聚力。

7.2.3 高管团队效能的操作性定义及其相关测量

本书将高管团队效能的操作性定义界定为高管团队绩效、团队承诺和合作满意度。

1. 高管团队绩效的操作性定义及其测量

(1) 高管团队绩效的操作性定义

高管团队绩效测量高管团队实现其目标的程度。高管团队绩效的操作性定义为团队目标的达成状况、计划进度、决策质量及整体效能等。

(2) 高管团队绩效的测量

本书试通过两种方式来测量高管团队绩效,第一种方式是以利益相关者的主观评价来表示其绩效结果;另一种是以被调查高管团队成员对团队的主观评价代表团队绩效结果。

研究者认为,测量绩效的客观指标并不能真实反映团队目标的实现程度,例如,每人每月的标准产量等指标难以获得,是否准确也存在疑问,且在任何情况下,这些指标都被认为可能受到操纵(Henderson & Lee,1992)。有学者认为,相对于传统的生产性团队,研发、新产品开发、质量管理、解决问题或其他专项团队中知识工作者的绩效往往是复杂多维度的,高管团队作为企业最高决策中心,共绩效复杂性尤为凸显。因此,很难给予恰当评价(Ancona & Caldwell,1992a;Faraj & Sproull,2000)),譬如,与外部利益相关者相比,高管团队所在的组织成员可能采用不同的绩效标准对高管团队绩效进行评价。由于团队成员对本团队工作最为熟悉,因此,本书着重采用高管团队成员的评价。

本书引用中国台湾学者张翊祥(2004)、王建忠(2001)、王美玲(2002)等人参考修订自 Tjosvold(1988)的团队绩效量表,包括 8 个题项。其中 5 个问题聚焦于高管团队完成任务的好坏程度,即目标达成、计划进度、工作成果、问题解决和资源运用成效等。在张翊祥(2004)的相关研究中,该量表测量了团队效能中的任务绩效,调查了每位高管团队成员的主观感受,以代表高管团队主观任务绩效结果;另 3 个反映了团队中的关系绩效。与之相符的是,本研究也主要聚焦于高管团队任务或目标的完成,因此,本研究保持了原量表的基本语句、题项数量以及尺度。在王建忠(2001)、王美玲(2002)等的相关研究中,该量表的 Cronbach's α 系数均大于 0.91。在本研究中,主因子分析表明这 8 个题项集中在同一个维度上,验证了利益相关者和高管团队成员的整体绩效。

本研究的量表采用 Likert 5 级量表来进行评价,被询问者根据自身对问题描述的感知与实际状况相符合的程度,分别给每个问题评出 1,2,3,4,5 分,分数越高,则表明高管团队的利益相关者及高管团队成员认为团队绩效越好;后续分析以高管团队成员的平均分数代表其团队任务绩效。

2. 高管团队承诺的操作性定义及其测量

中国台湾学者邱淑妙(2006)依据 Meyer & Allen(1991)、O'Reilly & Chatman(1996)、Becker(1992)等对于组织承诺的定义,以个体所属高管团队为承诺对象,并采纳被广泛引用的 Meyer & Allen(1991)的情感性承诺、持续性承诺、规范性承诺的分类方法,将高管团队承诺定义为高管团队成员与团队之间联系的一种心理状态,因成员对高管团队的情感依附与投入,使得成员本身愿意为达到团队目标,持续留在团队内,并认为付出额外的努力是一种义务。本书采用这一操作性定义。

本书的量表采用 Likert 5 级量表来进行评价,其中,"1"表示完全不同意,"2"表示不太同意,"3"表示不同意不反对,"4"表示同意,"5"表示完全同意。被询问者根据自身对问题描述的感知与实际状况相符合的程度,分别给每个问题评出 1,2,3,4,5 分,分数越高,则表明高管团队成员的团队承诺越高;后续分析以高管团队成员的平均分数代表其团队承诺水平。团队承诺的测量主要是参考、翻译和修订自 Bishop & Scott(2000)的团队承诺量表,共 8 题。此量表的内部一致性 Cronbach's α 系数为 0.937 1。

3. 高管团队成员合作满意度的操作性定义及其测量

团队成员之间合作满意度的操作化定义为团队成员对于目前彼此互动的感受,以及对于未来合作成功是否乐观的程度。本书引用中国台湾学者黄敏萍(2000)修订自 Tjosvold(1988)的高管团队合作满意度的测量量表,该量表涵盖 3 个题项,在黄敏萍(2000)针对跨功能团队的相关研究中,该量表的 Cronbach's α 系数为 0.91。在测评方式上,本研究采用 Likert 5 级量表来进行评价,其中,"1"表示完全不同意,"2"表示不太同意,"3"表示不同意不反对,"4"表示同意,"5"表示完全同意。被询问者根据自身对问题描述的感知与实际状况相符合的程度,分别给每个问题评出 1,2,3,4,5 分,后续分析以高管团队内成员的平均分数来代表团队成员之间的合作满意度。

7.2.4 概念模型

如前文所述,本书架构的概念模型是指团队层的变量,但研究数据则采自团队成员和企业组织两个层面,表 7.1 给出了所有变量的测量项目的来源和测量水平。由此,本书需要将个体数据聚合到团队层面。

表7.1 测量项目来源及测量水平

变量名称	项目	测量尺度来源	测量水平
任务冲突	4	Thomas-Kimann(1974);Jehn(1994;2010)	个体
关系冲突	4	Thomas-Kimann(1974);Jehn(1994;2010)	个体
任务内聚力	4	Carless & DePaola(2000);Forrester & Tashchian(2006);邱淑妙(2006)	个体
社会内聚力	4	Carless & DePaola(2000);Forrester & Tashchian(2006);邱淑妙(2006)	个体
团队绩效	8	Tjosvold(1988);张翙祥(2004);王建忠(2001);王美玲(2002)	个体
团队承诺	8	Bishop & Scott(2000);邱淑妙(2006)	个体
合作满意度	3	Tjosvold(1988);黄敏萍(2000)	个体

　　以往相关团队问题研究中,对团队层面的概念测量往往采用以下3种方法:第一种方法,测量团队成员的个体特性,将其评分综合累加,平均后再作为团队层面特性的评价值,此方法在20世纪90年代中期前应用普遍,但往往更多反映的是个体层面而非团体层面的认知,很有可能抓不住团队层面的独有特征,而使得测量不够准确(Gist & Mitchell,1992);第二种方法,测量个体成员对团队某一特征的看法,然后将每个团队成员的评价进行累加得到团队特性的相关评价值。该方法测量了团队层面上的特点,同时针对团队特性的评价题项会增加团队内部的一致性和高管团队的变化特征,但不足之处在于,它仍是通过个体测量得到团队层面的评价值;第三种方法,团队整体对问卷的每个项目进行讨论,从而形成团队对问题的看法。相较而言,第三种方法更能反映团队整体特征,但很难进行实际操作。以往研究者(Ancona & Caldwell,1992a;Faraj & Yan,2009;王重鸣,2007)多采用第二种方法,并认为团队水平的累加方法更适用于任务导向并相互依赖的团队(LePine等,1997)。James在1982年提出可以通过累加方法获得组间一致性(ICC)指标评价值来代表高管团队层特性的程度,即聚合可靠性(James,Demaree & Wolf,1993);用

不同评分者之间的一致性(R_{wg})指标评价成员之间对问卷填答的收敛性,即聚合的合理性(James,Demaree & Wolf,1984)。因与上述研究情形类似,因而,本书也拟采用第二种方法来取得团队数据,并用ICC_s和R_{wg}来评价聚合的合理性和可靠性。

为使个体被问者的数据更聚合到团队层面,本书采用了以下5个步骤:① 为确保从测量个体感知获取的数据匹配理论层次,所有调查题项的措辞尽量与团队活动和团队环境相关联(James,Demaree & Wolf,1984);② 为证明聚合的合理性,本研究用R_{wg}程序计算了不同评分者之间的一致性(Interrater Agreement)统计值,以评价高管团队成员之间对问卷填答的收敛性。一般而言,R_{wg}的中值高于0.7被认为是可以接受的水平,表明不同评分者之间的强烈一致性(Bliese,2000;Castro,2002);③ 本研究报告了组内相关系数(ICC_s),以测算数据是否能够足够可靠地被聚合到团队层面(Bliese,2000;Chen,Mathieu & Bliese,2004)。Jame提出可以采用$ICC(1)$和$ICC(2)$两个指标来分析将个体层面上的数据聚合为团队或是群体层面指标的契合性。$ICC(1)$表示同一团队成员意见的一致性,$ICC(2)$则表示团队是否在研究的这些指标上得以有效区分,或是意指小组均数的可靠性。James的相关研究发现,大量研究报告的$ICC(1)$值介于0.00~0.50,而$ICC(2)$则期望超过0.7;④ 本书对每个变量进行单因素方差分析(one-way ANOVA),以评价是否组间方差(Interteam Variance)大于组内方差(Intrateam Variance);⑤ 为确保测量的内在一致性,本书对所有个体层和高管团队层变量计算了Cronbach's α值。

7.3 问卷设计与样本描述

7.3.1 问卷设计

本书试通过以下环节和步骤进行研究问卷的设计,即通过研究变量的操作性定义、搜索我国特定文化情境下的高管团队相关量表、量表的翻译与修订、听取专家和现场工作团队的意见、小样本预测试、问卷修改与量表质量评估等主要步骤,进行调查工具的确定以及问卷设计,然后正式发放问卷进行调查,问卷设计的基本流程如图 7.3 所示。

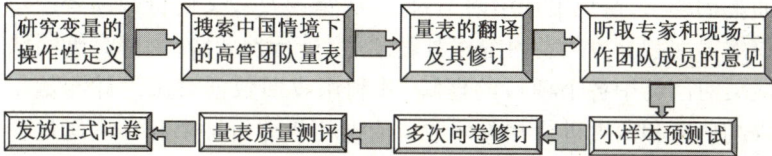

图 7.3　问卷调查流程

　　首先,在对国内外文献回顾的基础上,聚焦于结构变量的各种操作化定义和测量维度。根据本书的研究意图,选择适合在我国特定文化情境下高管团队适用的操作性定义及其测量量表。本书采用已研究开发并由实际检验证明信度、效度较好的成熟测量问卷(见附录)作为研究工具。调查问卷分为 3 个部分,每一部分的问卷涉及项目数量不一,均采用 5 分制。各部分测量项目的理论来源见表 7.2。

　　其次,严格遵循量表翻译的过程要求,请本专业 4 名专家和英语专业人员"双盲"(Double-Blind Trials)翻译英文原始量表,然后整理出问卷翻译的初稿。主要变量(高管团队冲突)的测量项目,是从英文原文翻译而来的,在平行翻译过程中,考虑到国内外文献差异,并结合本研究设计的实际情况,进行了必要修正而形成。其他变量则是借鉴西方学者使用过的成熟量表,对比我国学者研究中实际使用情境并结合民营企业高管团队特征,进行必要修正而形成的,如高管团队内聚力和团队效能问卷。有研究者认为,问卷开头若能安排简单易答的问题,会使得问卷答题者的填答过程比较容易进行,但由于本书测量工具包含的项目不到 40 个,且所选取研究对象的环境因素、任务特性、成员及团队特性等因素在某些方面较为接近,因而,本书尝试将较难回答的问题放在问卷的前面。

　　第三,依据原始量表的翻译草稿,本书对问卷中各题项的结构和措辞进行探讨和修正,并通过与高管团队利益相关者、高管团队成员的案例研究,结合高管团队成员的理解程度和对问卷编制的技术性问题进行进一步修正研究,去除问卷中可能引起误解或是曲解的题项,避免出现用语不当、语法错误及歧义使得阅读者产生误解等问题。待问卷内容相对确定后,进行预调研,了解高管团队成员对问卷中各个项目的理解,并利用收回数据对所设计测量量表的信度和效度进行相关评估。依据初步分析结果和预调研过程中存在的问题,结合民营企业高管团队的特点对量表进行了进一步修正。如对民营企业高管团队内聚力量表的信度、效度的分析发现,量表中的反向题项聚合为一个因子,但理论上它们应该是两个因子。由此,本书试将内聚力量表中的反向题项设计修改为正向语句,以避免出现问卷编制的技术性问题。

最后,发放正式的调查问卷,并依据回收的数据评估量表质量。量表评估将根据获得的数据进行分析,结果将在对数据的分析处理部分体现。

7.3.2 样本描述

1. 背景简介及问卷设计

本统计分析旨在基于问卷调查对特定样本的民营企业高管团队冲突的特征、效果、处理方式及其相关性进行统计验证和归纳。本部分的研究数据采用问卷调查的方法,由 62 家民营企业(涵盖各代表性行业)的高管团队成员作为受访者的调查问卷整理并最终修正而成,调研对象集中在长三角地区(上海、杭州、温州、江阴、常州、镇江、无锡等地),调查对象涉及制造业、批发零售业、住宿餐饮业、社会服务业、金融业等行业。问卷由 3 部分组成,具体见有关问卷(见附录)。第一部分为背景变量,被测试者及其所在企业的基本情况共计有 13 个项目;第二部分(问卷 1)主要测量民营企业团队和企业组织基本情况;第三部分(问卷 2)主要测量高管团队冲突、内聚力效能。其中有关高管团队冲突特点的项目有 8 个,有关内聚力的项目 8 项,有关高管团队效能项目 19 项,均采用 Likert 5 级特量表形式。问卷发放和回收的时间是 2012 年 5 月到 2013

年2月,共发放纸质调查问卷120份,网络问卷150份,共计回收问卷235份。根据设计技巧对回收的问卷进行了判别,剔除了那些回答过于随意和马虎的问卷14份,剔除掉那些数据缺失较为严重的问卷33份,得到有效问卷(空白及错误填写率小于1%且严格隶属于高管团队)188份,有效回收率为80%。

本次问卷设定了人口统计学特征及工作背景两类变量。其中,人口统计学特征变量包括年龄、学历、职务以及任职时间等;工作背景变量包括企业类型、企业规模、所在行业以及团队规模等,如表7.2所示。各类别具体数据如表7.3所示。

表7.2 基础数据变量

变量	个体特征	工作背景
	年龄	所在行业
	学历	企业规模
内容	职务	企业资产
	性别	所处发展阶段
	任职年限	团队规模

表7.3 有效样本基本概况介绍

	分类	频次	有效百分比(%)		分类	频次	有效百分比(%)
	董事长	48	25.53		制造业	73	38.83
	总经理	43	22.87		房地产业	15	7.98
受访人职务	副总经理	46	24.47	企业类型	餐饮住宿业	21	11.17
	其他高管	51	27.13		金融业	21	11.17
	总有效样本	188	100.00		社会服务业	27	14.36
	样本缺失	47			其他行业	31	16.49
	1年及以下	56	29.79		1亿~10亿	5	2.66
	2~5年	62	32.98		5000万~1亿	23	12.23
受访人任职年限	6~9年	30	15.96	受访企业总资产	1000万~5000万	45	23.94
	10年以上	40	21.27		500万-1000万	58	30.85
	总有效样本	188	100.00		500万以下	57	30.32
	样本缺失	35			总有效样本	188	100.00

续表7.3

分类		频次	有效百分比(%)	分类		频次	有效百分比(%)
受访人学历结构	硕士及以上	53	28.19	受访企业所处发展阶段	创业阶段	39	20.74
	大学本科	69	36.71		发展阶段	115	61.17
	高中、大中专	57	30.32		成熟阶段	34	18.09
	初中及以下	9	4.78		衰退阶段	0	0.00
	总有效样本	188	100.00		总有效样本	188	100.00
受访人年龄	29岁以下	8	4.26	受访团队规模	16人以上	16	8.51
	30~39岁	128	68.09		11~15人	21	11.17
	40~49岁	41	21.80		6~10人	131	69.68
	50岁以上	11	5.85		1~5人	20	10.64
受访人性别	男性	169	89.89	企业规模	1000人以上	17	9.04
	女性	19	10.11		500~1000人	18	9.58
	总有效样本	188	100.00		100~500人	53	28.19
	样本缺失	47			50~100人	54	28.72
	样本总数	235			50人以下	46	24.47

人口统计学特征变量方面,样本年龄在40岁以下共计136人,占总人数的72.34%,年龄结构相对年轻化;学历均在本科及本科以上,其中研究生及以上占28.19%,学历结构相对较高;任期在5年及5年以下隶属于中短期范畴有118人,占总体的62.76%,任期结构短期化。

2. 基础数据描述性统计分析

(1) 高管团队职位变动动因调查

优秀的高管团队是企业最珍贵的人力资源,保持一个稳定高效的高管团队是企业获取持续竞争优势的核心要素。在治理机制不够完善、经理人市场与接管市场尚未形成的情况下,我国民营企业高管离职率理应较低,但现实中其离职率却高于西方国家的平均水平(白让让,2002),应深究高管离职原因。

高管离职历来是公司治理研究关注的焦点问题之一,因为更换高管是董事会治理的核心职能,同时亦是衡量民营企业内部治理机制效率的最重要指标之一。但从公司治理的角度出发研究高管离职,当前的研究可能存在两方面的主要缺陷:首先,研究对象大多只关注 CEO,并未更多考虑与其他高管团队成员之间的关联性;其次,研究范围仅局限于 CEO 离职与企业绩效的敏感程度分析,对组织行为学领域的团队理论吸纳不够。Briekley(2003)在回顾西方近 20 年来有关 CEO 离职与企业绩效敏感性的实证研究文献之后认为,企业绩效与 CEO 离职的敏感性在统计上显著,但效果并不明显。当前,有关 CEO 离职与绩效敏感性的实证研究已经达到了报酬递减点,应有更多研究领域被开拓出来,以便为解释 CEO 离职行为提供更具有说服力的证据。组织行为学家则从整个高管团队出发,认为高管离职将会受到高管人口特征的影响。根据 Schneider(1987)提出的 ASA 模型,高管团队的形成遵循"相似相吸"原则,成员的加入与退出具有选择性特征,加入者往往选择与自己在某些特征上有一定相似性的团队,退出者则往往在某些特征上与团队其他成员存在较大差异。因此,高管离职的原因来自于与其他成员不相似而产生的孤独感。此外,高管团队的人口特征差距将会影响团队成员的社会化过程,并最终影响团队稳定与团队绩效。这些人口特征变量包括团队成员年龄、在组织中的任职时间、教育水平、种族、性别等。如果团队在这些人口特征变量上异质程度高,团队中的交流频率、交流质量,甚至交流方式等都会受到影响,团队中的摩擦和冲突将增加,并最终导致团队不稳定和团队绩效降低。一些实证研究支持了上述两种理论(Wiersema & Bird,1993;Wagner 等,1984)。

在国内,目前只有魏立群、王智慧(2002)分析了 114 家企业高管的人口特征与业绩之间的关系,而人口特征与高管离职之间的关系研究到目前为止尚未见到公开发表的论文。以往有关团队人口特征对高管离职的研究均在西方文化背景下进行的,而实际上社会文化将影响个体对人口特征差异的感知与利用(张必武、石金涛,2005)。中国传统社会中人际关系的"差序格局"决定了中国人在处理人际关系时有通过标签各种非正式的关系(远房亲戚、同宗、拟似血缘关系——认干亲、同乡、同学、老上级、老同事、熟人等)拉近与他人的距离从而增加自身的安全感,并为谋取个人或自己所属的群体的利益,争取各种资源创造条件这样一种倾向(费孝通,1985)。

问卷以复合式及深具启发性的设问来调查高管团队成员的离职原因。在回收的有效样本中,近年来民营企业出现高管团队成员主动提出离职或是调动工作的有 75 人,占总体有效样本的39.89%。按离职原因的选择频率由高到低依次排序为:观念出现分歧(33%)、人际关系不和(29%)、家庭因素(17%)、责权利不清(12%)、利益分配不均(6%)以及发展空间较小(3%),如图 7.4所示。由此可见,观念出现分歧和人际关系出现问题是造成高管团队成员离职的最主要原因,而责权利不清及利益分配不均则是较次要因素。尤为值得注意的是,现代社会,家庭和睦越来越为高素质专业人士所重视,笔者调查发现,家庭因素对民营企业高管团队精英去留影响已跃居第 3 位,不可小觑。

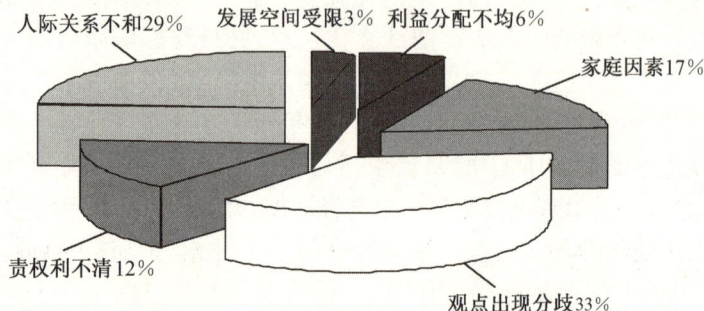

图 7.4　高管团队成员离职原因

(2) 高管团队核心领导力分析

相较于其他企业组织形式而言,民营企业高管团队领导所必须具备的核心能力更应多样化。本书设计问卷从领导力理论出发,在研究并分析多个 MBA 案例之后,归结出 10 种主要领导核心能力供受访者选择,依次分别是协调力(Coordination Ability)、沟通力(Communication)、激励力(Excitation Force)、洞察力(Insight)、学

习力(Learning Ability)、风险承受能力(Risk Tolerance Ability)、创
新能力(Innovation Ability)、判断能力(Judgement Ability)、决策能
力(Decision-making Ability)以及规划能力(Planning Ability)。其选
择结果如表 7.4 所示。排在前 3 位的是历来探讨及强调最多的决
策、协调、沟通能力,说明即便是处于公司最高决策层的领导力,都
首先必须扮演好一个领导者的核心角色;而创新力、风险承受力、
激励力和学习力分列为 4 ~ 7 位,说明相比其他层级的领导干部,
高管团队成员应更具备持续前瞻的思维能力、过硬的心理素质、到
位的工作推动力和自我提升能力,其构成了高管团队在管理层面
的核心竞争力;而洞察力、判断力及规划力对高管团队成员的要求
较低,其累计选择比例不足 15% 。

表 7.4　高管团队核心领导力排序

核心领导力涵盖内容	比例(%)	排序
决策力	18. 12	1
协调力	14. 01	2
沟通力	10. 28	3
创新力	9. 85	4
风险承受力	9. 66	5
学习力	9. 49	6
激励力	9. 11	7
洞察力	7. 24	8
判断力	6. 75	9
规划力	5. 49	10

在问卷调查中,本书首先考量的是家族因素对民营企业高管
团队运作的影响,所设计的调查问卷让民营企业主回答有哪些家
族关系式成员处于企业的高层管理职位上,结果如下(见图 7.5):
正如贝克尔(Baker)、吉本斯(Gibbons)和默菲(Murphy)所指出的,

关系契约(Relational Contracts)贯穿于企业内和企业之间。在企业内的主要关系契约出现在管理层,它主要由代理人的工作性质决定。如果代理人的工作性质难以程序化、不可测量,则无法用明文规定代理人的所有工作,于是委托人和代理人之间存在关系契约。而在我国的民营企业中,更存在"家族缔约(Family Contracting)"与"关系契约"相交织的情况。家族缔约是指委托人和代理人之间存在亲属关系。由图7.5可以看出,绝大多数民营企业都有亲属或朋友在企业的高层管理岗位上工作,其中,父母/子女(直系亲属)在企业高层甚至领导者的岗位上比例最高,占37%;其次,为夫妻(18%),其他亲属占15%;除此而外,另外还有大约6%的企业将朋友、同学、老乡或其他值得信赖的人请到了高层管理岗位上。张华(2001)研究得出了类似结论:1994年评选出的1 000家最大华人企业中,董事长与总经理之间有亲属关系的占82%。在台湾地区的81家大型华人企业集团中,企业核心职位由同一家族成员担任者有56个,占近70%;属于两个家族共担者有18个,占22%。

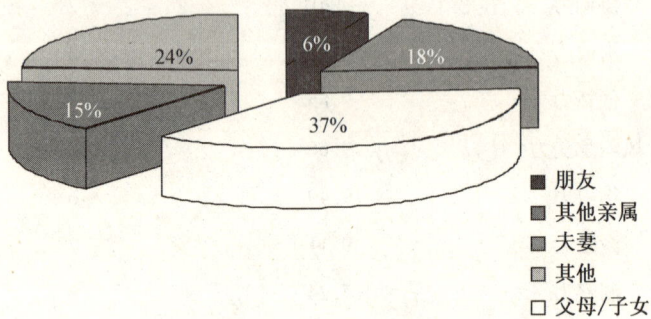

图7.5 家族成员在民营企业高层职位上的调查情况

其二,民营企业规模相对较小。在本书中,分别从企业职工人数和企业资产两个角度考察了企业的规模(见图7.6和图7.7),结果表明,产值在5 000万元以下的企业占到85.11%,职工人数500人以下的企业占81.38%,这表明民营企业总体来说规模不大,资产不多。

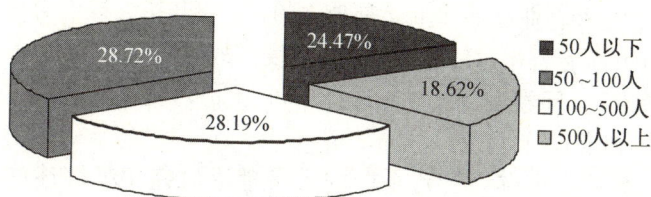

图7.6 民营企业的职工人数

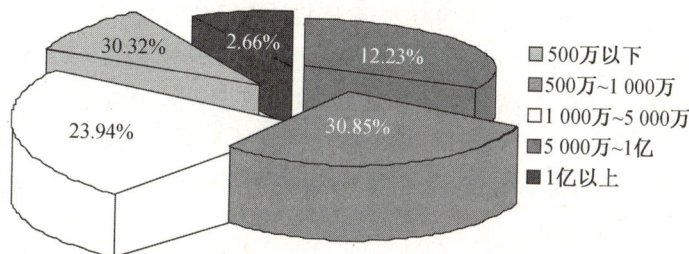

图7.7 民营企业资产

综上所述,民营企业具有所有权和决策权集中、规模小、注重关系治理的特点。以上调查结果与台湾学者黄光国(1998)对华人企业的研究结论相一致,他从4个方面描述了华人企业组织结构的特征:一是家族所有;二是规模相对偏小;三是结构简单;四是任人唯亲。而且,英国学者雷丁(Reeding,1993)的实证研究支持了黄光国的观点①。雷丁采用访谈的方法系统研究香港、台湾和东南亚华人企业的组织结构和管理作风后发现,海外华人组织具有家长式管理、经营灵活、注重关系网络的特征,具体来说有以下9个"标准特征":① 规模小,组织架构相对简单;② 通常集中于一种产品或一个市场;③ 集权化决策;④ 所有权、控制权和家庭三者密切重叠;⑤ 家长制的组织气氛;⑥ 通过人情关系与外界环境相连;⑦ 通常与从事零件供应和营销等业务的企业有着密切的却是非正式的

---

① 雷丁 SB:《海外华人企业家的管理思想》,上海三联书店,1993 年,第 162 - 258 页。

联系,而这些企业在法律上又是独立的;⑧ 在开拓大规模市场和开创名牌方面能力相对较弱;⑨ 具有高度的战略适应性。

7.3.3 问卷设计及样本选择

1. 问卷设计

在如前所述有关民营企业的大量理论研究文献综述的基础上,参照胡军、钟永平(2003)等的问卷设计而成①。问卷由 3 个部分组成,具体见有关问卷(附录 B)。第一部分为背景变量,被测试及调查者与其所在企业的基本情况共计有 13 个项目。第二部分(问卷 1)主要测量民营企业团队和企业组织基本情况。第三部分(问卷 2)主要测量高管团队冲突、内聚力效能。其中有关高管团队冲突特点的项目有 8 个,有关内聚力的项目 8 项,有关高管团队效能项目 19 项,均采用 Likert 5 级量表形式②。

2. 样本选择

因为一个组织文化的特点及其管理方式,主要取决于企业的主要领导者,所以为了使问卷调查更具有针对性,我们的研究对象主要针对掌握权力或仍在其位的民营企业高管团队成员。

3. 问卷发放

问卷发放是在江苏省发改委、长三角地区有关工商部门、江苏大学 MBA 部分学员以及研究团队有关朋友和学生的协助下完成的。从受访者的个人背景来看,主要以民营企业高管团队成员为调查对象,统计分析旨在基于问卷调查对特定样本的民营企业高管团队冲突的特征、效果、处理方式以及相关性进行统计验证和归纳。本部分的研究数据采用问卷调查的方法。

---

① 胡军,钟永平:《华人家族企业网络:性质、特征与文化基础》,《学术研究》,2003年2期。
② 李新春,陈灿:《家族企业的关系治理:一个探索性研究》,《中山大学学报》,2005年第6期。

7.4　研究假设

7.4.1　任务冲突与关系冲突的关系研究

冲突分为两种，即任务冲突和关系冲突。任务冲突指由于工作、任务安排不同而引起的矛盾，具有客观性；而关系冲突则是基于个人情感因素上的矛盾，具有主观敌意性。任务冲突与关系冲突往往存在一种微妙的内在联系：一方面，高管团队成员之间缺乏信任，常因为意见上的分歧而导致任务冲突向关系冲突转化，也会因为成员之间敌对行为和派别不同而讨论发现他人观点上的错误，导致关系冲突向任务冲突转化。通常任务冲突是有利的，而关系冲突相对不利。我国民营企业可以分为以下两种，即家族性民营企业和非家族性民营企业。通过对长三角地区民营上市公司的调查研究发现，家族企业占绝大多数，因此，可以推断民营企业中相当多数是家族企业，这也是中国民营企业的特点。而家族性民营企业又可以分为"双亲型"民营企业（即父母和子女作为高管团队）和"非双亲型"民营企业（包含亲戚的家族成员构成高管团队）。由于与生俱来的性质，这 3 种民营企业高管团队情绪资本（Emotional Capital）依次是双亲性家族资本＞非双亲性家族资本＞非家族性资本。一般情况下这也就意味着，双亲性家族、非双亲性家族、非家族高管团队从任务冲突转为关系冲突的难易程度分别为困难、较难、一般。而关系冲突向任务冲突转化则不好比较。故不同类型的高管团队转化条件也不尽相同。

冲突是有关各方在具有差异、不一致的目的或难以协调的意念方面表现出的一种意识。根据以往的研究，本书认为，工作团队中的冲突可以分为关系冲突和任务冲突两种类型。关系冲突是一种对人际关系不相容的意识，包括情绪紧张、争执之类的情感因素。关系冲突包含团队成员间反感之类的个人问题，以及烦恼、挫折、愤怒之类的情绪。这个定义符合以往区分关系冲突与任务冲突的冲突分类。任务冲突是对与团队工作任务有关的观点和看法存在差异的意识表现。任务冲突是有关工作方面观点和分歧的冲突。任务冲突可能符合热烈的讨论和个人刺激因素，但从定义来看，它不具备通常与人际冲突联系在一起的强烈的人际方面的负面情绪。许多学者的研究也证实了团队任务冲突与关系冲突的关系。穆尼等（1998）的实证研究发现，任务冲突可以调节团队特征对关系冲突的影响和作用。这一结果表明，任务冲突是关系冲突的前因，对关系冲突产生直接影响。有学者对近期的冲突研究进行元分析（Meta-Analysis）发现，任务冲突与关系冲突间的平均相关系数为正且数值较高；穆伊（Moye，2008）的解释也是基于一个假设，即任务冲突是通过负面归因过程导致关系冲突的。冲突之间并不是隔离的，一种冲突会孕育另一种冲突。在讨论问题的过程中，成员间争论过于激烈，势必会引起各自情感上所感觉到的紧张和摩擦，从而使得任务冲突成为关系冲突的导火线。

与此同时，有研究指出，任务冲突和关系冲突之间可能会相互影响。Pelled 等（1995）提出，任务冲突与关系冲突倾向一起发生，任务冲突如果被团队成员认为是针对个人，会引发关系冲突；而关系冲突会使团队成员去批评挑剔对方的意见，引发任务冲突。Tjosvold（2009）认为，当团队成员的想法受到批评时，会觉得是他们的能力受到质疑。有可能刚开始仅是任务冲突或完成任务过程中对于责任的归属、资源的分配引起的冲突，但因为没有适当的冲突管理，演变到人际关系之间的冲突。相反，情感性的冲突有时也会导致任务冲突的发生，当一部分成员和其他成员间的关系遭到挫败或产生恼怒时，更容易挑剔别人的想法或缺点，从而产生争执导致任务冲突。Yang & Mossholder（2010）认为，成员之间意见的不合并不总是只针对事，也会涉及每个成员对事情应该如何做才对的观点，当任务冲突影响到个人的自尊心时，交换信息会变成人际谈判，从而引发负面情绪，变成未来团队内沟通的阻碍。Jehn & Mannix（2010）的实证研究则显示，在工作场所最先发生任务冲突，如果任务冲突不能获得完全解决，团队成员可能开始合并所有因任务冲突所产生的负面意见，进而变成组织化的关系冲突。正是由于团队成员对冲突错误的归因结果使得两种冲突之间的关系产生混淆并且相互联结,团队中任务冲突与关系冲突的发生程度之间有很高的相关存在。Simons & Peterson(2000) 通过 11 个研究,发现任务冲突和关系冲突的平均相关系数为 0.47。而在不同但重叠的研究组中,De Dreu 和 Weingart 发现其相关系数从 0.23 到 0.78 不等,均值为 0.54。

综上,本书试提出如下假设:

H1:任务冲突与关系冲突存在关联性。

7.4.2   任务冲突与高管团队内聚力的关系研究

本书认为,矛盾是一把双刃剑,它既是仇恨与憎恶的来源,更是创造力与理解的催化剂(Ensley 等,2002)。融合天才与能力的努力的核心就是对矛盾的巧妙应用。开诚布公的交流、对不同方案的客观评估、对不同观点严格的审视可以产生矛盾,这属于矛盾的认知维度(Amason,1996),它可以导致创造性的观念和解决方案;与此同时,这种互动也可能产生愤怒和疏远,从而导致不满和分离,这属于矛盾的情感维度(Jehn,1994,1995),会损害人们的满意度和对问题的解决。

一直以来,企业组织中存在冲突并不新鲜。一些企业因为矛盾重重、人际关系复杂、勾心斗角、尔虞我诈,从而陷入管理困境也十分常见。但是,成熟的企业组织并不把冲突视为"瘟疫",而是把冲突看作加强组织凝聚力的机会。与此同时,在群体理论研究中,内聚力是个重要的概念,吸引了众多西方学者进行深入探讨并取得了丰硕成果。一些研究表明,团队成员的传记性特征、个性特征和团队过程变量与团队内聚力密切相关。然而,由于中西方文化的差异,在西方文化环境下所建立的构想概念在中国的适用性值得研究。同样,由这些构想概念而形成的假设,以及由假设组成的理论也可能会因为文化的差异而不再成立。截至目前,国内学者将内聚力应用于企业高管团队尤其是民营企业高管团队的研究几乎没有。

与此同时,大多数研究者一致认为:当任务冲突没有导致关系冲突时,任务冲突与团队内聚力正相关。因为冲突能够导致对所讨论的问题有更深入的认知理解,因此,团队内的任务冲突对于内聚力和创造性的形成是有利的,经历任务冲突的团队往往能做出更好的决策。实证研究也证实,任务冲突导致成员对于团队决策接受度和整个团队满意度的提高,增加了团队内聚力,更多的创新与更好的决策产生于高水平的分歧而不是低水平的分歧中。国内研究还发现,任务冲突对团队学习、公司内聚力和团队心智模式的形成均具有积极的影响(宝贡敏,汪洁,2008;陈忠卫,雷红生,2008;张涛,刘延平,赖斌慧,2008)。

然而,另一些研究也发现了任务冲突的负面影响。研究表明,随着任务冲突的增加,团队成员能够更加批评性地评价与工作相关的信息,然而,他们被相互矛盾的大量信息淹没了,忽略了主要的或最初的目标,于是高水平的冲突干扰了团队内聚力(Jehn,1995)。任务冲突还与个体满意度、对团队内其他人的喜欢和继续留在团队中的意愿负相关。De Dreu 等(2003)的元分析也证实任务冲突对团队内聚力和满意度均具有消极的影响;此外,也有研究并未发现任务冲突与团队内聚力直接相关,对中国高管团队的研究也未发现任务冲突的正向效应(刘军、刘松博,2008),与在美国情景下的研究结论完全不同,可能任务冲突通过影响一些过程变量才能影响团队内聚力。综合相关研究,总体上而言,当任务冲突相对控制在一定合理水平,且并未导致较高关系冲突时(即任务冲突具有建设性时),学者大都认为,任务冲突会对团队内聚力产生正向影响。综上,本研究试推出如下假设:

H2:任务冲突与团队内聚力正相关。

H2a:高管团队任务冲突与团队任务内聚力正相关。

H2b:高管团队任务冲突与团队社会内聚力正相关。

7.4.3　关系冲突与高管团队内聚力的关系研究

本书认为,认知矛盾和情感矛盾与内聚力的关系是有差异的。高内聚力团队成员更倾向于把自己的需求与团队目标结合起来(Katz & Kahn,1978),更倾向于共享与工作相关的价值观,从而有

利于相互之间的协调与沟通(Jehn,1994;Smith,Smith,Sims,
O'Bannon,& Scully,1994),这将会最小化由于认知矛盾导致情感矛
盾的可能性(Ensley 等,2002)。Pace(1990)与 Ensley 等(2002)对
新创企业高管团队的研究都发现,高管团队内聚力与情感矛盾有
负向的相关关系,与认知矛盾有正向的相关关系,与高管团队绩效
有正向的相关关系。

　　众所周知,与任务冲突不同的是,关系冲突起因于团队内个体
间的怀疑或不信任,由此可见,关系冲突是指无关的情绪性刺激对
当前认知任务的干扰。虽然从理论上讲还存在另一种关系冲突,
即强烈的相反情绪(Opposite Emotion)的存在所导致的情绪之间直
接冲突(如"悲喜交加"),但这种类型的关系冲突到目前为止研究
者关注较少;而与此同时,作为社会心理学和群体行为研究中非常
重要的因素,内聚力被视为团队行为的强预测因素而备受关注,在
体育训练、军事以及公司绩效等领域都得到广泛研究。团队内聚
力是团队执行力的基础,内聚力表明团队成员之间为实现团队的
共同目标而相互团结协作的程度。内聚力的具体表现即团队成员
的个体动机行为对团队目标任务所具有的信赖性、依从性以及服
从性。具有内聚力,才能够形成团队;成员共同渴望为实现共同愿
景去努力,团队才能有执行力。有许多变量会影响团队内聚力,但
关键影响因素来自于团队内部的关系冲突,也即通过对团队成员
的诱发、劝导、团结,可以有效抵消关系冲突,激发每个团队成员的
积极性,使团队成员的个人目标和团队目标相一致。团队对成员
诱导的具体内涵,是每个成员参与团队的成本与收益。如果成员
的成本与收益对比是合算的,则决定加入,这就意味着团队成员具
有内聚力;否则,就意味着团队存在离心力,存在诸多冲突。

　　对于关系冲突与内聚力之间的关系研究,早期的冲突和团队
理论家都认为,因为关系冲突产生了紧张、对抗,使团队成员在执
行任务过程中分心,所以会干扰团队内聚力和满意度。实证研究
也支持此观点。但是有研究发现,没有冲突的时候,团队可能不会
认识到效率低下的问题,而冲突能将问题暴露出来,并引起团队成

员的注意,迫使团队寻求新的解决办法。于是,在冲突情境中,人们学会采用不同的视角和创造性的需要来分析问题,因此低水平的冲突促进了团队内聚力。但是,当冲突尤其是关系冲突变得更加紧张时,这种积极的影响被迅速打破,冲突最初的效益随着它的加剧而降低。信息处理视角(Information Processing Perspective)给出了解释:当关系冲突加强时,信息处理遇到障碍,干扰了认知的弹性和创造性思维,于是影响了团队内聚力。国内也有研究支持信息处理的观点(王国锋,李懋,井润田,2007)。

本书综合各方面研究认为,冲突历来是人类活动的重要组成部分,在个体、群体、组织等不同层面上均受到关注和研究。由于关系冲突不仅会削弱决策质量和成员间的理解,而且会降低成员的满意感,伤害成员间的感情,导致团队绩效低下,对于团队内聚力具有消极的影响。由此可见,为了使团队更为有效,应该营造一种鼓励任务冲突、抵制关系冲突的团队氛围。由此,推论出如下假设:

H3:高管团队关系冲突与团队内聚力负相关。

H3a:高管团队关系冲突与团队任务内聚力负相关。

H3b:高管团队关系冲突与团队社会内聚力负相关。

7.4.4 任务内聚力与高管团队效能的关系研究

Martens & Peterson(1971)针对内聚力、能力和满足感之间的相关研究发现,团队内聚力越高,越能提高团队成员之间有效的沟通能力,并促使团队获得成功。Keller(1986)通过对 32 个大集团的项目研发团队进行研究发现,根据团队内聚力可以估计出团队当时及一年后的效能,这些效能包括技术含量、对公司的贡献、公司规划和预算效能;Palan(2000)证明群体内聚力和学习之间、内聚力和满意度之间正相关。因为具有高内聚力的群体中的成员会有更高的工作承诺,更愿意与群体一起努力工作,因而会产生高效能;Man & Lam(2003)对美国和我国香港银行业的一项研究也表明,内聚力会增强群体成员的团队精神和工作效率,从而促进群体绩效的改善。团队成功又能产生团队成员的满意度,进而能促进团队的合作满意度。大量研究证实,内聚力与效能是正相关的。

　　与此同时,Evans & Dion(1991)、Mullen & Copper(1994)以及 Beal 等(2003)的元分析阐明了群体中内聚力和效能的正相关关系;Evans & Dion(1991)将群体内聚力作为单维概念,对已经发表的 27 项研究(最终只有 16 项包括在其最后的分析中)进行的元分析表明,内聚力和效能的确正相关;Mullen & Copper(1994)将内聚力视为多维概念,对内聚力和效能之间的关系进行了涵盖产业、体育、军事和社会领域的 49 项研究的更全面分析;Mullen 和 Copper 的研究表明,内聚力的不同维度与效能有不同的相关程度;Beal 等 (2003)的元分析包括 64 篇文献的 71 项独立测量。他们发现,当效能被界定为行为(与以往研究中的传统定义相反)时,内聚力和效能强正相关;与之相反,Beal 等(2003)认为,内聚力的 3 个主要成分(如人际吸引力、任务承诺和群体自豪感)分别与不同的效能领域相关;Beal 等认为,与效能结果相比,效能行为与内聚力的形成过程有着更紧密的关联性,它可能是由那些与群体努力不相关的因素确定的;Zaccaro & McCoy(1988)对两种类型的内聚力的考察结果表明高任务内聚力能够提升效能,而社会内聚力对效能没有显著的影响。

　　此外,任务内聚力可以被界定为群体成员对群体工作的任务环境的吸引力和承诺(Bernthal & Insko,1993;Mason & Small,2003; Zaccaro,1991)。研究者认为,团队定义明确强调了任务导向(Salas Bowers & Gannon-Bowers,1995),一个具有高度任务内聚力的团队在面对环境障碍和压力时将坚持完成任务(Zaccaro, Gualtieri & Minionis,1995),表现出对团队的高度承诺和积极合作的精神。 Williams & Duray(2006)考察了团队导向和群体内聚力对学习的影响,结果表明团队导向和群体内聚力都预测了学习结果,但群体内聚力调节了团队导向和学习的关系,二者显然都是团队学习重要的预测因子。他们认为,首先,群体可以培养成员的多样性,并从中获益。例如,获得更广泛的反馈信息和客户的理解、更多样解决问题的方法和广泛的协同,同时不会遭受群体同一性带来的社会问题。其次,任务导向价值观提高了群体成员对目标的认同和承诺,表现出积极的团队精神,群体成员为了共同的目标主动贡献出自己的知识、技能和力量。合作能力的提高、对目标的认同使成员在共同工作的过程中产生高水平的团队承诺和合作满意度。总之,通过坚持"关注任务",群体可能会强调工作的完成,而不仅仅是作为一个社会实体来运行。综上,任务内聚力与效能的正相关关系得到了大多数研究学者的认可。依据上述分析,本书试提出以下假设:

H4:任务内聚力与高管团队效能正相关。

H4a:任务内聚力与高管团队绩效正相关。

H4b:任务内聚力与高管团队承诺正相关。

H4c:任务内聚力与高管团队成员合作满意度正相关。

7.4.5 社会内聚力与高管团队效能的关系研究

社会内聚力对高管团队效能的影响相对复杂。Janis(1982)发现,高内聚力团队会出现"群体思维",但亦有学者指出,当任务导向的内聚力超过社会情感方面的内聚力时,"群体思维"的症状出现在团队中的可能性最低;而当社会情感方面的内聚力很高的时候,"群体思维"的症状出现在团队中的可能性最高(Bernthal & Insko,1993)。高社会内聚力与团队内部系统活力之间存在强相关关系,从而有助于提高成员在团队中的工作满意度,但要关注以目标为导向避免出现"群体思维"。

Mullen和Copper(1994)的研究指出,人际吸引力和团队荣誉感与绩效的关系并不显著,即当内聚力被操作化定义为人际吸引力(类似于社会内聚力)或群体自豪时,内聚力与绩效没有呈现正相关关系;Zaccaro和McCoy(1988)认为,社会内聚力对绩效没有显著的影响,但增强社会内聚力的确会导致更高的任务承诺和群体成员之间更频繁的互动,因而有助于团队承诺和合作满意度的提高。

李海和张勉(2008)认为,Mullen和Copper(1994)采用的绩效实际上是任务绩效,而人际吸引力、团队荣誉感和情境绩效有显著的相关关系；Beal 等（2003）的研究结果证实了内聚力和情境绩效的正相关关系。情境绩效一般包括"有利于组织的技术核心有效运转的社会和心理环境的行为"。富有内聚力的群体更有可能体现出更高水平的情境绩效，其涵盖更有益于群体及群体成员的行动。因为社会内聚力与群体动力密切相关，它可以降低团队成员的流动性（Campion 等，2001）。

Reagans & McEvily（2003）对网络结构中知识传递的研究表明，社会内聚力与知识传递、知识共享正相关，且它能进一步影响知识团队的效能。学者们普遍认为，围绕关系的社会内聚力影响了个体的意愿和动机，使其投入时间、经验和努力与其他人共享知识。依据上述分析，本书试提出以下假设：

H5：社会内聚力与高管团队效能正相关。

H5a：社会内聚力与高管团队绩效正相关。

H5b：社会内聚力与高管团队承诺正相关。

H5c：社会内聚力与高管团队成员合作满意度正相关。

7.4.6　内聚力在高管团队冲突与效能之间的中介效应研究

高管团队冲突对团队效能的影响经常通过提高团队决策能力、增强团队的创新能力、提高成员的满意度、增强团队凝聚力等方式对团队效能产生影响。决策能力是企业高管团队的一项重要能力，决策质量的好坏直接关系到企业命运，因此，决策能力强的高管团队其组织效能必定高。本书尤其认为，在其中，任务冲突对高管团队的创新能力有着极强刺激因素，一个具备高创新能力的团队也必定能创造出优异业绩，关系冲突则会使得团队中的个体成员对工作的满意程度提出挑战，当满意度不理想时，可能会有成员退出该团队；反之，一个满意度较高的团队对成员们的吸引力（内聚力）也大。较高的内聚力有助于激发任务冲突，减少关系冲突，提高团队效能；而过高的内聚力容易掩盖任务冲突，造成小团体意识，降低团队效能。

高管团队内聚力是组织行为研究中常见的前置变量，但它在研究组织规范中也可称为中介变量（Dobbins 和 Zaccaro，1986）。苟子曰,"分何以能行？曰:义。故义以分则和,和则一,一则多力,多力则强,强则胜物。"荀子提出的"义"——"一"——"强"理论说明了"义"是通过内聚力影响高管团队效能的,即内聚力在高管团队冲突和团队效能之间起着中介作用。而在冲突视角高管团队效能模型中,内聚力被视为中介变量。模型中的内部过程与群体心理特性被区别为两个因素,除了团队过程以外,其他中介机制包括效能感、心理安全、内聚力和集体情感等突发状态。

LePine,Piccolo,Jackson,Mathieu & Saul(2008)在对 138 个研究的元分析证明,所有的过程变量,包括过渡过程(Transition)、执行过程(Action)和人际过程(Interpersonal)都与高管团队绩效、成员满意度相关,且与团队内聚力和效能感(Potency)高度相关(LePine等,2008);与此同时,内聚力与效能的关系已经得到了多数研究学者们的证实:内聚力在高管团队冲突与团队效能之间的关系中起中介作用。

Bass,Avolio,Jung & Berson(2003)的发现证明,内聚力在变革性领导和绩效之间的关系中有中介作用;Raver & Gelfand(2005)的发现证明,内聚力在团队层面的性别敌视气氛对团队财务绩效负向关系中起到中介作用。

Barrick 等(1998)对 41 个团队的研究表明,一般心智能力(General Mental Ability,GMA)、认真负责(Conscientiousness)、随和性(Agreeableness)、外向性(Extraversion)和情感稳定性与高管团队绩效高度相关,并证明凝聚力对这些关系起部分中介作用。

Pelz & Andrews(1962)对研发团队的研究发现,首先,内聚力与团队内和团队之间的沟通频率正相关;其次,研发团队内部的内聚力和创新性绩效水平正相关,即内聚力对团队之间的沟通水平与高管团队创新绩效之间的关系起中介作用。

有关人际网络的研究证明,高管团队冲突影响内聚力和网络中的知识传递(Hansen,1999),社会内聚力影响网络中知识传递的效果(Reagans & McEvily,2003),这些学者的研究证明了内聚力对高管团队冲突和知识传递之间的关系起部分中介作用。Gonzalez,

Burke,Santuzzi 等(2003)发现,任务内聚力对集体效能感(Collective Efficacy)与群体效能之间的关系有中介作用;与此同时,内聚力可能在群体规范(Fesitinger 等,1950;O'Reily & Caldwell,1985;Langfred & Shanley,1997)、信任(Webber,2008)和群体文化(Johns 等,1982)与高管团队效能之间的关系中起中介效应。团队内聚力强调其成员对规范的服从、合作与互助。具有较强团队内聚力的群体,对其成员服从群体规范的影响能力较强(Fesitinger 等,1950),能够限制其成员的个人行为与意见的分歧(Langfred,2000)。在通常情况下,内聚力对组织绩效具有积极影响(Goodman 等,1987),但在极端情况下,过强的内聚力(Over-cohensive)造成的反工作规范(Anti-work Norm)或消极的群体思维会降低高管团队绩效(Goodman 等,1988;Langfred,1998)。Sheila Simmarian Webber (2008)的研究表明,在服务提供商和客户形成的混合项目型团队中,团队项目经理和客户之间的高度信任会形成高度团队信任、强团队内聚力和高团队绩效。Langfred & Shanley(1997)证明,在不同的官僚组织背景下,内聚力和团队规范会影响高管团队效能。

Jehn & Chatman(2010)发现,高管团队内任务冲突与关系冲突的关系与协调任务冲突与关系冲突的相对程度会影响工作绩效,当任务冲突高于关系冲突时,团队绩效会比较好;当关系冲突高于任务冲突时,工作绩效会比较差。而且,高管团队内任务冲突的程度太低时会不利于高管团队的工作绩效,这是因为高管团队内的任务冲突程度太低时,虽然高管团队凝聚力和工作满意度都会提高,但是缺乏工作意见的交流会使"群体迷思"倍增,而减少工作创新,并使得工作绩效降低。

上述文献回顾表明,内聚力在团队过程、高管团队冲突和团队内外部沟通等因素和高管团队效能之间的关系中起中介作用。也就是说,内聚力在高管团队冲突和高管团队效能之间可能起中介作用。例如,团队过渡过程中的目标制定、行动过程和人际过程中的沟通、与团队利益相关者的协调沟通和解决冲突等因素,变革性领导为高管团队成员描绘的愿景、树立的价值观,团队之间的沟通等因素是高管团队冲突管理的基本手段,通过这些手段进行冲突管理,进而影响高管团队效能,或者通过内聚力影响高管团队效能。

此外,本书已经阐明了高管团队冲突管理对内聚力和效能有积极影响,并且内聚力也会积极影响高管团队效能。因此,本书认为,内聚力对冲突与高管团队效能之间的关系存在部分中介作用。

因此,依据上述冲突对效能的直接效应、冲突管理对内聚力的影响,以及内聚力对高管团队效能的影响分析,本书认为内聚力对高管团队冲突与团队效能之间的关系存在部分中介作用,并提出如下假设(如图7.8所示):

H6:高管团队内聚力对冲突与团队效能之间关系有中介作用。

H6a:高管团队任务内聚力对任务冲突与团队效能之间关系有中介作用。

H6b:高管团队任务内聚力对关系冲突与团队效能之间关系有中介作用。

H6c:高管团队社会内聚力对任务冲突与团队效能之间关系有中介作用。

H6d:高管团队社会内聚力对关系冲突与团队效能之间关系有中介作用。

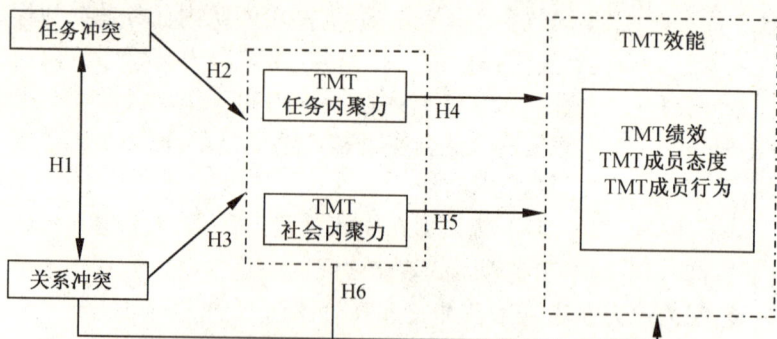

图7.8 实证研究假设图

7.5　研究问卷的预试与修改

本书认为,民营企业高管团队依据其功能、结构、与外部利益相关者的关系不同而表现出独特的团队冲突方式。与此同时,为了验证相关问题,就需要在不同背景下运转的民营企业高管团队的实证数据。

为有效检验本书提出的概念模型的普适性,在正式研究阶段采用随机抽样的方法进行问卷调查,以扩大样本的数量和抽样范围。调查问卷的发放与回收采取以下 3 种方式:① 由研究人员到工作现场进行发放,统一在休息时间填写完毕并当场回收;② 对有要求并已实现无纸化办公的高管团队采取电子邮件的方式进行发放及回收,主要是考虑到这一方式具有成本低、保密性强、发放便利、回收快捷等优势;③ 对不方便采用以上两种方式的高管团队,研究者委托被调查单位相关管理人员对选定的高管团队成员进行问卷发放、调查与回收,并按照要求对团队样本进行编号。

7.5.1　研究问卷的预试

预测试和正式测试的问卷发放和回收于 2012 年 5 月至 2013 年 2 月完成。测试数据通过对高管团队成员进行调查获得。

通过访谈对问卷进行修改和完善可以增强调查量表的内容效度和效标效度。效度(Validity)即有效性,它是指测量工具或手段能够准确测出所需测量的事物的程度。测量结果与要考察的内容之间越吻合,则效度越高,反之则越低。效度可以分为 3 种:内容效度(Content Validity)、效标关联效度(Criterion-related Validity)和建构效度。效度分析有多种方法,其测量结果反映效度的不同方面,当前,常用于调查问卷效度分析的方法包括以下 3 种:

1. 单项与总和相关效度分析(Face Validity)

该方法应用于测量量表的内容效度。内容效度又称表面效度或是逻辑效度,指的是所设计题项能否代表所要测量的内容或主题。对内容效度常采用逻辑分析与统计分析相结合的方法进行评价。须注意的是,若是量表中有反意题项,应将其逆向处理后再计算总分。

2. 准则效度分析(Criterion Validity)

准则效度又称为效标效度或预测效度。根据已经得到确定的某种理论,选择一种指标或测量工具作为准则(效标),分析问卷题项与准则的联系,若二者相关显著,或者问卷题项对准则的不同取值、特性表现出显著差异,则为有效的题项。评价准则效度的方法是相关分析或差异显著性检验。在调查问卷的效度分析中,选择一个合适的准则往往十分困难,一定程度上限制了该方法的应用①。

3. 结构效度分析(Construct Validity)

结构效度是指测量结果体现出来的某种结构与测值之间的对应程度。结构效度分析所采用的方法是因子分析。有的学者认为,效度分析最理想的测量方法是利用因子分析来测量量表或整个问卷的结构效度。因子分析的主要功能是从量表全部变量(题项)中提取一些公因子,这些公因子代表了量表的基本结构,且分别与某一群特定变量高度关联。凭借因子分析,可以考察问卷能否测量出研究者设计问卷时假设的某种结构。在因子分析结果阐析中,用于评价结构效度的主要指标有累积贡献率、共同度以及因子负荷。在其中,累积贡献率反映公因子对量表或问卷的累积有效程度,共同度反映出公因子解释原变量的有效程度,因子负荷则反映出原变量与某个公因子的相关程度②。

本书认为,应该把效度验证看成一个评价过程。它涉及确定测量指标、选择效标、测验理论构思和实际测试等重要环节,包括了实际工作需要分析、职务分析、作业要求分析、理论构建、预测指标与效标选择、数据采集、假设检验和效度系数评定等一系列

---

① 李灿,辛玲:《调查问卷的信度与效度的评价方法研究》,《中国卫生统计》,2008年第5期。

② 张文彤:《SPSS统计分析基础教程和高级教程》,高等教育出版社,2004年,第69-98页。

步骤。

访谈可以提高调查量表的内容效度和效标效度,但在最终确定正式的调查问卷之前仍须对问卷进行预调研。预调研目的主要有两个,一则通过小样本测试来过滤问卷的测量题项,并检验调查问卷的信度;二则通过被问者的回答进一步修改问卷,包括用词、语气与文化适用性等等。基于上述原因,本书对问卷进行了预调研。

7.5.2 调查数据中缺失值的处理

本书关注的焦点是高管团队,缺失值的处理对测试数据样本规模较小时有较大影响。如果有缺失值的个体数值被简单剔除,将很可能影响该个体所在团队整体数据的结果,甚至由于删除数据使得该高管团队有效成员问卷数低于要求的最小规模,而使得该高管团队所有成员的数据都不得不被舍弃。因此,在进行数据统计之前,对所获取数据进行检查与筛选是十分必要的,缺失值的处理是进行其他数据处理之前必须要进行的工作。

缺失数据的处理方法有很多种,针对数据缺失的性质不同,对缺失值的处理方法通常包括 listwise deletion 方法(将样本完全删除)、添补法(imputation)(通常可以添加上平均值或是回归预测值)等,但显然这两种方法对最终数据结果影响比较大。为解决这个问题,SPSS16.0 提供的 EM(Expectation and Maximization)添补法是当前较为精确的缺失值添补的方法(张文彤,2004),因此,本书使用 EM 添补法处理数据缺失值。

7.5.3 预试的信度检验

信度(Reliability)可以被定义为真实分数(True Score)的方差和观测值(Observed Score)的方差比例(吴明隆,2003)。信度可以被解释为某一特定被测试群体测验分数的特性,测试分数会因为受试者的不同而有所差异。由此可见,在研究过程中,即便使用前任编制或是修订过的量表,还应经过预测试工作,重新检验其信度。

内部一致性系数指的是测验量表内部所有题项之间的一致性程度,即指实证研究中的 Cronbach's 系数值。结果显示,各变量测试的 Cronbach's 系数值均较为理想,均大于 0.70,显示各指标具有较好的信度;与此同时,董事长的 TMT 绩效问卷预试的 Cronbach's 值为 0.907,表明其信度良好。基于这些分析结果,个体数据被聚合到团队层并在团队层被分析。Cronbach's 值如表 7.5 所示。

表 7.5 问卷预试的信度分析结果(个体层面,$n = 188$)

变　量	项　目	个体层面 α 值	团队层面 α 值	参考值	测试结果
任务冲突	4	0.756	0.838	0.70	信度良好
关系冲突	4	0.802	0.840	0.70	信度良好
高管团队冲突	8	0.845	0.876	0.70	信度良好
任务内聚力	4	0.705	0.876	0.70	信度良好
关系内聚力	4	0.718	0.721	0.70	信度良好
高管团队内聚力	8	0.786	0.798	0.70	信度良好
高管团队绩效	8	0.906	0.844	0.70	信度良好
高管团队承诺	8	0.876	0.939	0.70	信度良好
高管团队合作满意度	3	0.876	0.942	0.70	信度良好
高管团队效能	19	0.942	0.977	0.70	信度良好

7.5.4 预试的效度检验

本书选择并采用已研究开发并由实际检验证明信度、效度良好的成熟测量问卷作为有效研究工具(见附录),由此,效度检验尤为必要。

本书测量问卷各分量表的 KMO 和 Bartlett 球体检验值如表 7.6 所示。

表 7.6 问卷小样本 KMO 值测度和 Bartlett 球体检验结果

量表项目	KMO 值	近似卡方值	Df	显著性概率
高管团队冲突	0.780	162.699	28	0.000 0
高管团队内聚力	0.833	209.978	28	0.000 0
高管团队效能	0.823	715.868	171	0.000 0

吴明隆(2003)认为,KMO 值小于 0.5 则不适合进行因子分析;KMO 值越大,则变量间的共同因素越多,越合适进行因子分析。

表 7.6 的检验结果显示,KMO 值均大于 0.7,Bartlett 统计值显著 ($sig.$ =0.000 0),表明合适进行因子分析。

分析问卷设计的每一个步骤和调查过程,可能存在以下 3 种影响问卷质量和调研数据真实性的因素:第一,样本容量较小;第二,问卷设计存在技术问题;第三,题项措辞可能存在一些模糊或是容易引起歧义之处。

针对上述分析中指出的可能存在的问题,问卷将通过下列措施进一步得到修正:首先,在正式调查中增加样本量,以提高研究精度。其次,将高管团队内聚力分量表中的反向题项全部改为正向题型设计,避免被调查者可能无视问题的提问方式而随意勾选所造成的对题项回答质量较差的可能性,进一步提高研究的实用性。第三,修改问卷的排版格式,将高管团队效能量表分割成高管团队绩效、团队承诺和团队合作满意度 3 个分量表。此举措有助于激励被调查者调整思路,认真填答问卷,最后,进一步修正题项的遣词造句,尽可能简明、扼要,切中问题要害。

综上,通过案例研究和预测试修正预试问卷中可能存在的问卷内容、形式(包括问卷措辞、文化适用性等)与问卷编制的技术性问题,从而形成正式测试问卷,并在正式测试中进行较大样本检验。

7.6   研究数据分析与结果

调查数据的整理与基本情况通过描述性统计分析呈现,并通过量表信度与效度分析评价问卷的质量。描述性统计分析包括样本团队的基本信息和样本团队人口统计学数据,并对数据进行平均值、均方差(或标准差)分析。量表的信度和效度通过以下两种方法进行分析:首先,通过 Cronbach's α 系数和因子分析检验量表的信度与效度;其次,通过验证性因子分析检验量表的信度与效度。在问卷评价的基础上,拟采用 SPSS16.0 和 AMOS1 7.0软件包对调查数据进行相关分析、回归分析和路径分析,以验证研究假设。

7.6.1 样本概况

1. 样本团队统计描述

在调查获得的 188 份有效问卷中,有 3 个填答者的团队 12 个,有 4 个填答者的团队 9 个,有 5 个填答者的团队 10 个,有 6 个或更多填答者的团队 11 个,见表 7.7。

表 7.7　团队问卷填答人数情况统计

团队成员答卷人数	频数	百分比(%)	累计百分比(%)
3	12	19.15	19.15
4	9	19.15	38.30
5	10	26.60	64.90
6 及以上	11	35.10	100.00
总数	188	100.00	

188 份有效问卷反映的团队成员基本情况如表 7.8 所示。由表 7.8 可以看出,在被调查的个体样本中,男性占 89.89%,女性占 10.11%,男女比例为 8.9∶1;在被试样本中,72.35% 的高管团队成员在 40 岁以下,表明高管团队成员的年龄相对较小;在被试样本中,拥有大学本科以上学历的高管团队成员占 64.9%,初中及以下仅占 4.78%,表明整体学历结构较高;在被试样本中,70.21% 的高管团队成员工作年限达一年以上,表明其工作相对稳定。

表 7.8　被试高管团队成员基本情况

团队特征	特征维度	频数	百分比(%)	累计百分比(%)
性别	男	169	89.89	89.89
	女	19	10.11	100
	汇总	188	100	
年龄	29 岁以下	8	4.26	4.26
	30~39 岁	128	68.09	72.35
	40~49 岁	41	21.80	94.15
	50 岁以上	11	5.85	100
	汇总	188	100	

团队特征	特征维度	频 数	百分比(%)	累计百分比(%)
学历	硕士及以上	53	28.19	28.19
	大学本科	69	36.71	64.90
	高中、大中专	57	30.32	95.22
	初中及以下	9	4.78	100
	汇总	188	100	
成员在团队工作时间	1年及以下	56	29.79	29.79
	2~5年	62	32.98	62.77
	6~9年	30	15.96	78.73
	10年以上	40	21.27	100
	汇总	188	100	
成员在团队中的职责	董事长	48	25.53	25.53
	总经理	43	22.87	48.4
	副总经理	46	24.47	72.87
	其他高管	51	27.13	100
	汇总	188	100	

通过对样本基本资料的分析,可以认为被调查样本所包含团队特征和团队成员人口统计特征符合研究要求,由此可以对样本获得的数据进行进一步的研究及分析,使获得的结论更具合理性和实践价值。

2. 描述性统计分析

本书理论模型涉及的各主要研究变量测量项目的调查数据描述性统计主要包括各测量问项的平均值、标准差、偏态和峰值等统计量,具体参见表7.9。总体来看,正式调研样本数据的偏态绝对值均小于1.1,低于临界值3,峰度绝对值均小于2.6,低于临界值10,表明测量问项的数据总体服从正态分布(吴明隆,2003),满足了进行后续数据处理分析的基本条件。

表7.9　高管团队成员各相关变量数据的描述性统计

测量项目	样本量统计	最小值统计	最大值统计	平均值统计	标准差统计	偏态统计	偏态标准差	峰度统计	峰度标准差
CF1	188	1	5	3.71	0.837	-0.351	0.095	-0.189	0.191
CF2	188	1	5	3.70	0.866	-0.200	0.095	-0.293	0.191
CF3	188	1	5	3.72	0.905	-0.285	0.095	-0.005	0.191
CF4	188	1	5	3.35	0.846	-0.285	0.095	-0.202	0.191
CF5	188	1	5	3.45	0.947	-0.193	0.095	-0.125	0.191
CF6	188	1	5	3.24	0.833	-0.168	0.095	-0.184	0.191
CF7	188	1	5	3.57	0.913	-0.205	0.095	-0.357	0.191
CF8	188	1	5	3.48	0.938	-0.193	0.095	-0.069	0.191
CO1	188	1	5	3.05	1.002	-0.194	0.095	-0.287	0.191
CO2	188	1	5	3.28	0.917	-0.243	0.095	-0.244	0.191
CO3	188	1	5	3.45	0.901	-0.068	0.095	-0.363	0.191
CO4	188	1	5	3.20	0.903	-0.072	0.095	0.038	0.191
CO5	188	1	5	3.09	0.858	-0.093	0.095	1.547	0.191
CO6	188	1	5	3.44	1.018	-0.445	0.095	0.173	0.191
CO7	188	1	5	3.33	0.936	-0.688	0.095	0.636	0.191
CO8	188	1	5	3.08	0.911	-0.335	0.095	0.361	0.191
E1	188	1	5	4.36	0.779	-1.024	0.095	-0.437	0.191
E2	188	1	5	4.08	0.789	-1.002	0.095	0.383	0.191
E3	188	1	5	4.26	0.766	-0.571	0.095	-0.601	0.191
E4	188	1	5	3.99	0.893	-0.689	0.095	0.258	0.191
E5	188	1	5	3.87	0.805	-0.701	0.095	0.821	0.191
E6	188	1	5	3.94	0.886	-0.723	0.095	0.843	0.191
E7	188	1	5	3.59	1.005	-0.343	0.095	0.244	0.191
E8	188	1	5	3.96	0.896	-0.699	0.095	0.202	0.191
E9	188	1	5	3.98	0.897	-0.698	0.095	0.058	0.191
E10	188	1	5	3.89	0.802	-0.623	0.095	0.037	0.191
E11	188	1	5	3.85	0.801	-0.627	0.095	-0.177	0.191
E12	188	1	5	3.91	0.887	-0.647	0.095	0.078	0.191
E13	188	1	5	3.95	0.891	-0.723	0.095	0.338	0.191
E14	188	1	5	3.98	0.903	-0.679	0.095	0.195	0.191
E15	188	1	5	3.92	0.894	-0.781	0.095	0.107	0.191
E16	188	1	5	3.82	0.870	-0.616	0.095	1.183	0.191
E17	188	1	5	4.23	0.733	-0.519	0.095	-0.197	0.191
E18	188	1	5	4.19	0.781	-0.598	0.095	0.448	0.191
E19	188	1	5	4.06	0.769	-0.575	0.095	0.521	0.191

3. 测评者之间的一致性

依据前述多水平研究的通用方法，在将高管团队成员评估数据有效聚合之前，须先考察 R_{wg} 值，以检验每个团队的成员数据是否可以加总到团队水平。R_{wg} 用于评价同一组评估者评估同一对象属性的一致性程度。被评估对象属性可以是单一指标，也可以是在相同理论基础上构建的项目组指标。在数理统计与测量学上，群体评估内部一致性可被定义为系统方差（Systematic Variance）在总方差（Total Variance）中的比例。因此，James 等（1984）在综合前人研究的基础上，发展出新的群体评估内部一致性检验指标 R_{wg}。根据相关观点，如果 R_{wg} 的计算统计值超过 0.70，则可以将个体水平数据转换成群体水平的数据进行分析。由于 SPSS 软件没有提供现成的函数计算 R_{wg} 值，本书拟采用朱星宇、陈勇强（2011）编写的 SPSS 程序计算各个团队的 R_{wg} 值。因篇幅所限，本书着重报告各研究变量 R_{wg} 值的中位数和 R_{wg} 值在 0.70 以下的团队成员数所占总样本数的百分比，具体结果如表7.10所示。

表 7.10　研究变量的 R_{wg}

研究变量	研究变量子维度	R_{wg} 中位数	R_{wg} 范围	$R_{wg} < 0.7$ 的团队所占百分比（%）
高管团队冲突	任务冲突	0.923 3	0.61 ~ 0.99	0.91
	关系冲突	0.914 5	0.69 ~ 0.98	0.91
内聚力	任务内聚力	0.937 1	0.72 ~ 0.99	0.00
	社会内聚力	0.905 2	0.70 ~ 0.98	0.00
团队效能	团队绩效	0.907 9	0.71 ~ 0.99	0.00
	团队成员合作	0.940 0	0.60 ~ 0.99	0.91
	团队承诺	0.951 8	0.75 ~ 0.99	0.00

从表7.10中可以看出，R_{wg} 中位数大都在 0.90 以上，范围大都在 0.7 ~ 1 之间，表明高管团队层面的分析是合适的（Zhang, Hempel, Han 和 Tjosvold, 2007）。R_{wg} 值的分析表明，同一团队的测量表现具有较高的一致性。因而，以取平均数的方法将个体数据聚合

至高管团队层面数据进行分析是适宜的。

4. 信度与效度分析(探索性因子分析)

在对正式调查数据进行探索性因子分析之前,对本书测量问卷的各分量表进行 KMO 和巴特利球体检验,具体统计值见表 7.11。

表 7.11 问卷预试的信度分析结果

研究变量	研究项目	α 值	参考值	研究结果
任务冲突	4	0.859	0.7	信度良好
关系冲突	4	0.811	0.7	信度良好
高管团队冲突	8	0.912	0.7	信度良好
任务内聚力	4	0.877	0.7	信度良好
社会内聚力	4	0.891	0.7	信度良好
高管团队内聚力	8	0.902	0.7	信度良好
团队绩效	8	0.932	0.7	信度良好
团队承诺	8	0.917	0.7	信度良好
团队成员合作	3	0.899	0.7	信度良好
高管团队效能	19	0.940	0.7	信度良好

表 7.12 所示的检验结果表明,KMO 值均大于 0.70,巴特利统计值显著($sig.=0.0000$),适合进行因子分析。

表 7.12 问卷小样本 KMO 测度和巴特利球体检验结果

研究量表	KMO 值	近似卡方值	df	显著性概率
高管团队冲突	0.912	2 527.64	68	0.000 0
高管团队内聚力	0.887	3 081.42	72	0.000 0
高管团队效能	0.936	5 291.77	116	0.000 0

本书对高管团队成员各分量表的问卷数据采用 Vairmax 旋转法进行主成分因子分析后,得到如表 7.13,7.14 和 7.15 的结果。表 7.13 至 7.15 显示的因子分析结果表明结构变量的实际测量效度与以往研究文献所证明的结构变量内涵界定相吻合。

表 7.13　高管团队冲突量表因子载荷表

因素	问卷题项	因子载荷	
		$F1$	$F2$
$F1$	CF1	0.728	0.223
	CF2	0.694	0.199
	CF3	0.801	0.151
	CF4	0.675	0.242
$F2$	CF5	0.107	0.742
	CF6	0.259	0.679
	CF7	0.285	0.791
	CF8	0.213	0.778

从表 7.13 中可以看到,题项 CF1,CF2,CF3,CF4 被一同归于任务冲突因子,题项 CF5,CF6,CF7,CF8 被一同归于关系冲突因子。

表 7.14　高管团队内聚力量表因子载荷表

因素	问卷题项	因子载荷	
		$F1$	$F2$
$F1$	CO1	0.797	0.206
	CO2	0.772	0.133
	CO3	0.754	0.181
	CO4	0.639	0.342
$F2$	CO5	0.143	0.898
	CO6	0.331	0.680
	CO7	0.189	0.881
	CO8	0.270	0.693

从表 7.14 看来,题项 CO1,CO2,CO3,CO4 被一同归于任务内聚力因子,题项 CO5,CO6,CO7,CO8 被一同归于社会内聚力因子。

从表 7.15 中可以看到,题项 E1,E2,E3,E4,E5,E6,E7,E8 被一同归于团队绩效因子,E9,E10,E11,E12,E13,E14,E15,E16 被一同归于团队承诺因子,E17,E18,E19 被一同归于团队合作因子。

探索性因子分析(Exploratory Factor Analysis,EFA)中研究者并

未对数据的因素结构有任何预期和立场,而借由统计数据分析因素的结构,此项分析策略带有相对浓厚的尝试错误的意味。

表 7.15　高管团队效能量表因子载荷表

因素	问卷题项	因子载荷		
		$F1$	$F2$	$F3$
	E1	0.797	0.206	0.180
	E2	0.772	0.133	0.177
	E3	0.754	0.181	0.227
$F1$	E4	0.639	0.342	0.251
	E5	0.721	0.241	0.262
	E6	0.807	0.305	0.279
	E7	0.776	0.198	0.194
	E8	0.682	0.243	0.305
	E9	0.143	0.898	0.414
	E10	0.331	0.680	0.275
	E11	0.189	0.881	0.118
$F2$	E12	0.270	0.693	−0.104
	E13	0.224	0.663	0.177
	E14	0.306	0.715	0.178
	E15	0.307	0.697	0.205
	E16	0.175	0.724	0.338
	E17	0.182	0.177	0.809
$F3$	E18	0.027	0.233	0.816
	E19	0.306	0.240	0.791

5. 验证性因子分析

验证性因子分析(Confirmatory Factor Analysis,CFA)具有理论检验和确认的功能(邱皓正和林碧芳,2009),因此,本书除进行内部一致性和探索性因子分析以外,还要使用结构方程模型进行验证性因子分析以检验量表的信度与效度。验证性因子分析以及对理论假设关系的拟合检验,需要多个指标综合评判结构方程建模来进行有效拟合(吴明隆,2009)。卡方值(χ^2)、卡方自由度比(χ^2/df)、拟合优度(GFI)、规范拟合指数(NFI)、修正拟合指数(IFI)、比较拟合指数(CFI)和近似误差的均方根($RMSEA$)是研究者常常采用的评价指标(Wang,Law,Hackett,Wang & Chen,2005)。

一般认为,χ^2值对样本数敏感,即当样本量越大时,χ^2值越容易达到显著。为减少规模影响,多有学者建议采用χ^2/df指标值。一般认为,如果χ^2/df数值介于 3 ~ 5 之间,则表示模型适配度不佳;如果其值介于 1 ~ 3 之间,表示模型适配度良好;而较严格的适配度准则是χ^2/df值介于 1 ~ 2。也有学者认为χ^2/df值介于 2. 0 ~ 5. 0 亦可接受(侯杰泰、温忠麟和成子娟,2004)。

$RMSEA$ 属于绝对指数中的近似误差指数,$RMSEA$ 低于 0. 1 表示较好拟合,亦有学者对 $RMSEA$ 推荐采用0. 08 的传统临界值。黄方铭(2005)指出,当 $RMSEA$ 值小于 0. 05 时,表示理论模型可以接受,是"良好适配";0. 05 ~ 0. 08 被认为是"较好适配";0. 08 ~ 0. 10 被认为是"中度适配";大于 0. 10 则表示为"不良适配"。本书对应这项指标选取较为宽泛的最高限值,认为以 0. 10 较为适宜。

GFI 的理论取值范围通常介于 0 ~ 1 之间,学者们通常认为,GFI 超过 0. 90,假设模型就可以接受,表示拟合良好,也有学者建议可采用0. 85 作为可以接受的临界值。

NFI、IFI 和 CFI 这 3 类指数均是从设定模型的拟合与独立模型的拟合之间的比较中求得的,属于相对指数。一般来说,NFI、IFI 和 CFI 值介于 0 ~ 1 之间,数值越大则表示模型适配性越好,这些指标用于判断模型路径与实际数据是否适配的指标均为 0. 90 以上(吴明隆,2009)。综上,本书采用极大似然法,通过 AMOS17. 0 结构方程建模(Structural Equation Modeling)软件,对民营企业高管团队效能的结构模型进行拟合指数分析,具体分析指标如表 7. 16 所示,验证性分析结果和拟合指数如表 7. 17 所示。

表 7.16　Hu 和 Bentler 建议适用的 7 个指数

指数名称及定义	LISRE 缩写	分　类
$TLI = (CHI_N/df_N - CHI_T/df_T)/$ $(CHI_N/df_N - 1)$	NNFI	相对,校正
$BL89 = (CHI_N/CHI_T)/(CHI_N - df_T)$	IFI	相对,校正
$CFI - 1/\max(CHI_T - df_T, 0)/$ $\max(CHI_T - df_T - CHI_N - df_N, 0)$	CFI	相对
$CRMMR\ HAL = p/[2(CHI_T - df_T)/$ $(N-1) + p]$	无此指数	绝对,基于离中参数
$Mc = \exp\{-1/2[(CHI_T - df_T)/(N - 1)]\}$	无此指数	绝对,基于离中参数
$SRMR = \text{sqn}\{2\sum_i\sum_j (s_{ij} - \sigma_{ij})^2/[p(p + 1)]\}$	SRMR	绝对,近似误差
$RMSEA = \text{sqnt}\{\max[(CHI_T - df_T)/$ $(N-1), 0]/df_T\}$	RMSEA	绝对,近似误差,校正

其中,N 是样本容量;p 是观测变量个数;$CHI = \chi^2$,它等于拟合函数的极小值的 $(N-1)$ 倍,$f(CHI)$ 是 CHI 的函数,$f(CHI_N)$ 和 $f(CHI_T)$ 分别是拟合模型和理论模型得到的 $f(CHI)$;df(degree of freedom)代表自由度;max 是最大值函数;exp 是指数函数;sqrt 是平方根函数;$NNFI$(Non-Normed Fit Index)为非范拟合指数亦称为 TLI(Tucker-Lewis Index);BL89 是 Bollen 在 1989 年定义的指数,亦称 IFI(incremental Fit Index),指增值拟合指数;RNI(Normal Fit Index)为标准拟合指数;CFI(Comparative Fit Index)为比较拟合指数,是 RNI(Relative Non-centrality Index)相对离中指数的规范形式(大于 1 时取为 1,小于 0 时取为 0);Mc(Measure of centrality)和 Gamma Hat 都不是 LISREL 的指数,但 Mc 是 EQS 的指数;SRMR(Standardized Root Mean-square Residual)是标准化残根均方差;RMSEA(Root Mean Square Error of Approximation)是近似误差均方根。

表 7.17 民营企业高管团队效能的结构模型拟合指数

测量模型	χ^2	df	RFI	NFI	CFI	IFI	TLI	RMSEA
独立模型	872.33	69	0	0	0	0		0.081
验证模型	212.08	48	0.838	0.911	0.917	0.960	0.938	0.090

从表 7.17 所得到结果可以看出，NFI,CFI,IFI,TLI 值均在 0.9
以上，且 RMSEA 值为 0.090，因此，假设的理论结构模型得到了实
证数据的良好拟合，H2 成立。

7.6.2 基于问卷的高管团队绩效模糊综合评价

高管团队是民营企业的核心与灵魂，高管团队的能力和岗位
绩效决定着企业的生死存亡。在 2008 年开始席卷全球的金融风
暴中，许多民营企业暴露出的管理问题已经从实证角度开始对传
统的高管团队绩效评价方法提出了质疑和挑战。以美国金融业、
证券业及汽车业等受创甚剧的企业为例，危机发生后美国政府官
方组织的一系列深入调查发现，其高管团队在危机发生前就已经
普遍隐伏着大量的管理失误和负面绩效。但在危机爆发前，这些
岗位胜任力极为低下的高管团队仍普遍被研究团体和考评机构推
崇为是"强力高效"、"精明强干"和"值得学习"的。造成这种矛盾
现象的根本原因，在于以往高管团队绩效的评定研究长期停留在
对众多种类各异的统计数据的被动跟踪和繁复归纳，易于产生失
真和呈现假象。

由于高管团队的工作无法程序化，所以对其绩效衡量的标准
大都完全沿袭企业绩效的内容，在遵循目标原则、客观原则、可比
原则、可控原则、前瞻性原则及可操作性等原则的共识下，现行的
评价方法基本都是从企业与高管团队成员个体两个层面分别借鉴
和筛选了若干参考变量，加以分类排比，构成如表 7.18 所示的评
价体系。此种体系的企业层面指标十分依赖样本提供的表面数
据，使评价者丧失了主动性；而其中关于高管团队成员层面的内容
又大都是高管团队成员能力的具体描述而非绩效表现，又使得评
价者难以掌握高管团队整体的表现水平。同时，在面对烦琐的指

标体系能否体现高管团队的整体绩效及企业绩效能否替代高管团队绩效等质疑面前,传统的评价体系也难以做出有力的解释和抗辩。

表 7.18　民营企业传统高管团队绩效评价指标体系

一级指标值	二级指标值	三级指标值
财务方面	获利能力	净资产收益率、净利润收益率、投资报酬率等
	资产运作	总资产周转率、流动资产周转率等
	偿债能力	资产负债率、流动比率等
顾客、员工及市场方面	顾客	顾客满意度、顾客排名等
	市场	市场份额、销售增长率等
	员工	员工满意度、员工培训次数等
内部业务方面	产品质量	优等品率、废次品率等
	安全水平	事故率
	成本升降	相较于前一年的成本升降率
	工作效率	效率的提高程度
创新及学习方面	技术创新	企业技术领先地位、研发费用等
	学习角度	员工培训频率、员工素质
能力方面	概念技能	理解能力、判断能力等
	人际能力	表达能力、谈判能力等
	业务技能	计划能力、组织能力等
素质方面	知识素质	教育背景
	身体素质	健康状况
	工作素质	奉献精神、敬业精神等

1. 高管团队绩效的系统分析

作为企业的战略制定者和最高管理者,高管团队的绩效是其对企业运作的掌握能力和对企业运营的管理能力的综合表征,因此,其绩效在空间上具有宏观的整体性而在时间上具有动态的连续性——以往常用的绩效指标体系过于拘泥于大量静态的数据、标准和人口特征之中,既忽视了对高管团队系统整体的动态运行状况的体现和把握,同时又陷入团队成员个体微观的表象层面难以自拔,而且还易于被企业经过加工的报表资料所误导和欺骗。民营企业是一个由人、财、物组成的特定非线性复杂系统,在其运行中无时无刻不和外部环境进行着物质和信息的交换。作为民营企业系统中的高端子系统,高管团队全息集成了企业的特性。作为企业系统内的核心组织,高管团队必然与构成企业系统的三大子系统(人员、资本和物质)密切相关。这三大子系统作为企业系统的基本要素,在企业系统生存、发展和进化的 3 个运行阶段中相互联系、彼此作用,综合表征着企业的生存状况,同时也全面涵盖了高管团队的所有能力表现。将高管团队绩效指标体系的构建确立在人员、资本和物质 3 个要素与企业生存、发展、进化 3 个阶段的基础上,既有利于体现高管团队绩效的过程特质,也有利于最大限度地覆盖各类非财务的关键绩效指标(KPI)。参照企业的价值创造过程,可将高管团队能力表现归纳为团队、员工、科技、资金、产品和市场 6 个方面相应力度的动态变量。在这 6 个动态变量中,团队创新力主导着企业的生存与发展,与高管团队的自身特性最为契合。创新作为保证企业生存并推动企业发展的巨大动力,最终凸显为强大的产品竞争力与灵活的市场适应力。换言之,正是高管团队人力资本通过不断的创新活动,从而提高了技术与资本的使用效率,最终生产出富有竞争力的产品,完成了一系列价值的创造过程。这 6 个动态变量反映着高管团队整体的能力水平、特征品质和运行状态,构成一个六维力度空间。如图 7.9 所示。

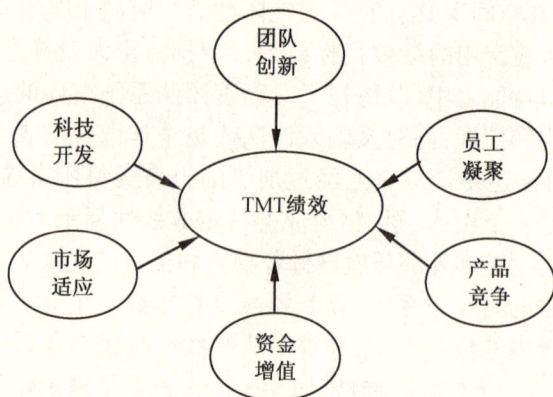

图7.9 高管团队绩效六维空间结构

由于处在复杂多变的企业系统环境下,表征高管团队绩效的6个动态变量自身具有很强的模糊性。为了对采集到的具有统计意义的原始信息进行定量分析并最终开展评定,必须有效地将分析过程与人工判断予以量化,因此,引入模糊数学等相关理论工具来建立高管团队绩效的六维力度数学模型。现将六维力度作为因素论域 $U = \{u_1, u_2, \cdots, u_6\}$,其对应的权向量为 $A = (a_1, a_2, \cdots, a_6)$,按群体心理认同原则分为5个等级的评定标准作为评语论域 $V = \{v_1, v_2, \cdots, v_6\}$,其对应的评价向量集为 $R = (r_{i1}, r_{i2}, \cdots, r_{i5})$,$i = 1, 2, \cdots, 6$,规定5个等级从好到差的等级名称依次为优秀、良好、中等、及格与低劣。对应的数量化取值区间如表7.19所示。

表7.19 等级取值表

等级	一	二	三	四	五
名称	低劣	及格	中等	良好	优秀
区间	(1.0,1.5)	(1.5,2.5)	(2.5,3.5)	(3.5,4.5)	(4.5,5.0)

7.7 假设检验与结果

7.7.1 高管团队任务冲突与关系冲突关系的假设检验

在分析民营企业高管团队冲突对团队效能的直接效应之前,本书先进行任务冲突和关系冲突的关系分析。在研究的理论模型中,任务冲突和关系冲突的关联机制是理论模型的重要内容。相关分析结果也表明,任务冲突和关系冲突之间存在显著的相关性,由此,本书认为,某种程度上来说,任务冲突活动为关系冲突活动奠定了一定基础,为团队有效活动创造了条件。为证实这一假设,我们先来检验一下高管团队冲突二维度(任务冲突、关系冲突)之间的关系。

层级回归的步骤如下:第一步,将高管团队规模、高管团队成立时间、高管团队属性以及团队所在企业所属产业作为自变量,关系冲突作为因变量来构建模型1;第二步,将高管团队规模、高管团队成立时间、高管团队属性以及团队所在企业所属产业作为控制变量,任务冲突作为解释变量,关系冲突作为因变量来构建模型2。为进一步验证本书设定的假设,决定变量重要性的层次,本书采用强制输入法(Enter)进行分析(吴明隆,2003),具体分析结果如表7.20所示。

表7.20 高管团队内冲突量表因子分析结果

题　项	子量表及信度	方差解释
1. 团队成员间经常出现想法、意见上的相左		
2. 团队成员对如何完成工作任务有很多不同的观点	关系冲突 0.911	48.91%
3. 其他团队成员对本人所负责的工作常有不同观点		
4. 团队成员间经常从不同角度对与任务相关问题进行讨论		

续表7.20

题　项	子量表及信度	方差解释
5. 团队成员间会因意见不同而产生不愉快的感觉		
6. 团队成员间会有很多争吵而伤害团队和谐	任务冲突 0.793	30.17%
7. 团队成员间会有很多激动愤怒的情绪发生		
8. 团队成员间相互猜忌与竞争		

与此同时，为确保测量工具的效度和信度，本书尽量采用国内外现有文献使用过的量表，邀请了两位一年级的硕士研究生进行量表的中英文互译工作。问卷全部采用李克特(Likert)五阶量表。采用了耶恩(Jehn)的量表来测量任务冲突和关系冲突，其中任务冲突与关系冲突各有4个条目，如表7.21所示。另外，我们采用团队规模作为控制变量。

表7.21　高管团队冲突活动各因子间关系的模型检验结果

因子	路径系数 (Estimate)	标准差 (S. E.)	T 值 (C. R.)	显著性 (Sig.)
任务冲突与关系冲突	0.186	0.075	3.181	* *
拟合优度指标值：$RMR=0.069$, $GFI=0.933$, $NFI=0.986$, $RFI=0.950$, $RMSEA=0.039$				

注：* * $p<0.01$.

通过 AMOS 软件分析任务冲突对关系冲突的影响，表7.21和图7.10显示模型的拟合优度比较理想。绝对拟合指数 $RMSEA=0.039$，小于拟合指数建议水平0.1。相对拟合指数 $GFI=0.933$，$NFI=0.986$，$RFI=0.950$，都超过了接近建议值0.9，说明该模型是有效的。表7.21和图7.10显示，在0.01的显著性水平下，任务冲突对关系冲突存在显著关联性，相关系数大小为0.186。这表明，随着高管团队任务冲突的升高，团队的关系冲突也会随之增加，每当任务冲突升高一个单位，关系冲突将增加0.186个单位，即假设H1成立。

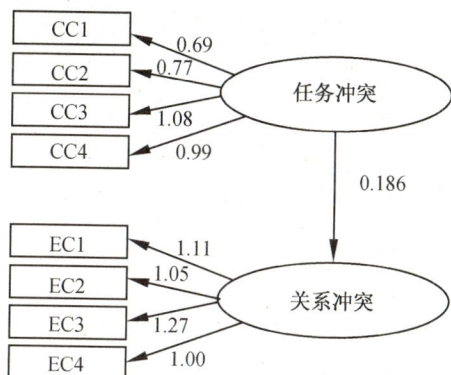

图 7.10 任务冲突对关系冲突的模型结果

7.7.2 高管团队冲突与内聚力之间关系的假设检验

高层管理团队的内聚力可以用 Bollen 和 Hoyle(1990)开发的感知到的内聚力量表进行有效测量。能感知到的团队凝聚力(Perceived Cohesion)包含了对特定群体归属感和群体成员之间所感知的士气感。该量表包含 8 个项目,4 个项目用于测量任务凝聚力(Task Cohesion),4 个项目用于测量社会凝聚力(Social Cohesion)。采用 Likert 5 级量表法进行测量,部分实证研究发现,该量表在概念和测量上得到了支持。在这项研究中,探索性因素分析得到两大类因子,解释程度显示有 4 个题项负载于一个因子上,一致性系数 Cronbach α 为 0.76,分别是"为了达成绩效目标,团队成员团结在一起"、"我认为团队成员对任务的投入程度较高"、"团队成员更愿意像一个团队一样而不是单独行动"和"团队对改进个人绩效很有帮助",该因子主要表明了个体对所属高管团队的任务导向的凝聚力和向心力,将其命名为任务内聚力;4 个题项负载于另一因子上,一致性系数 Cronbach α 为 0.775,题项分别是"对我而言,这个团队是我所属的最重要的社会团体之一"、"团队成员经常一起聚会"、"我一些最好的朋友在这个团队中"和"团队成员在工作时间外也会抽时间聚在一起",该因子说明了个体作为团队成员的精神士气,可将其命名为社会内聚力。两因子共同解释的方差为

74.80%。另一个题项"我觉得有一种属于我们团队的意识"在两个因子上均有较大负载,因此舍去。有关变量的相关系数如表7.22所示。

表 7.22 相关系数

研究变量	平均值	标准值	任务冲突	关系冲突	社会内聚力	任务内聚力
任务冲突	3.70	0.815	1			
关系冲突	3.42	0.739	0.550***	1		
社会内聚力	3.430	0.613	0.018	-0.167*	1	
任务内聚力	3.262	0.725	0.156	-0.113	0.424***	1

注:* 表示 $p < 0.10$;** 表示 $p < 0.05$;*** 表示 $p < 0.01$;$N = 188$。

与此同时,本书通过层级回归分析和检验自变量高管团队冲突活动对中介变量团队内聚力的影响。因此,在这一步骤中,将高管团队规模、属性以及所在企业所属产业作为控制变量,高管团队冲突作为解释变量,高管团队内聚力作为因变量来构建模型,且报告每个回归模型的非标准化回归系数(B)和标准化回归系数(β),在分析统一模型中不同变量的影响程度时,可以比较标准化回归系数,在对不同模型进行比较时,应使用非标准化回归系数(美国心理协会,2008),如下表 7.23 所示。

表 7.23 高管团队冲突与团队内聚力关系的层次分析结果

变量	中介变量:任务内聚力				中介变量:社会内聚力			
	模型 1		模型 2		模型 1		模型 2	
	B	β	B	β	B	β	B	β
				控制变量				
(Constant)	0.181		0.500		0.168		0.486	
Industry1	-0.404	-0.443	-0.101	-0.092	-0.324	-0.201	-0.194	-0.181
Industry2	-0.301	-0.191	-0.440	-0.339	-0.149	-0.186	-0.232	-0.159
Industry3	-0.467	-0.262	-0.205	-0.104	-0.382	-0.233	-0.297	-0.144
Tsizes	0.002	0.048	-0.007	-0.102	0.013	0.179	0.002	0.041
				解释变量				
任务冲突			0.532***	0.515***			0.526***	0.421***
关系冲突			-0.136*	-0.131*			-0.113	-0.101

续表 7.23

变量	中介变量:任务内聚力				中介变量:社会内聚力			
	模型 1		模型 2		模型 1		模型 2	
	B	β	B	β	B	β	B	β
R^2	0.096		0.519		0.123		0.446	
R^2 调整值	0.260		0.477		0.038		0.318	
ΔR^2	0.096		0.447		0.123		0.316	
F 值	1.442		10.066***		1.484		5.880***	

注:Industry1 指高管团队所在企业属于传统制造业;Industry2 指高管团队所在企业属于服务业;Industry3 指高管团队所在企业属于其他行业;Tsizes 指 TMT 规模,下同;$^+$ 表示 $p < 0.10$;* 表示 $p < 0.05$;** 表示 $p < 0.01$;*** 表示 $p < 0.001$;$N = 188$,下同。

从表 7.23 中可以看出,模型 1 的 F 检验值不显著,表明回归模型的总体效果并不太理想,所有变量的 t 检验均不显著,高管团队规模、高管团队成立时间长度、高管团队属性以及高管团队所在企业所属产业等变量对任务内聚力的解释力只有 9.6% (Δ = 0.096),对社会内聚力的解释力为 12.3% (ΔR^2 = 0.123),均不具有显著的影响力。

模型 2 的 F 检验值的显著性水平表明,在将解释变量——高管团队冲突引入回归模型之后,模型的总体预测效果较模型 1 更为理想。在将高管团队冲突各维度(任务冲突、关系冲突)引入模型之后,模型 2 对高管团队内聚力的解释力得以大幅度提升,ΔR^2 分别为 0.447 和 0.316。模型的 F 检验值在 $p < 0.01$ 的水平上显著,表明回归方程与实际状况拟合良好,高管团队冲突对高管团队内聚力具有显著的解释力。

首先,在对高管团队任务内聚力的回归模型中,高管团队任务冲突和关系冲突对任务内聚力的影响均显著。高管团队任务冲突与任务内聚力($B = 0.532$, $\beta = 0.515$, $p < 0.01$)之间的回归系数显著,高管团队关系冲突与任务内聚力($B = -0.136$, $\beta = -0.131$, $p < 0.1$)之间的回归系数显著,使得模型 2 比模型 1 的解释力增加了 44.7% ($\Delta R = 0.447$)。其次,在对高管团队社会内聚力的回归模型中,任务冲突对社会内聚力影响显著。高管团队任务冲突与社会内聚力($B = 0.526$, $\beta = 0.421$, $p < 0.01$)之间的回归系数显著,

使得模型 2 比模型 1 的解释力增加了 31.6%（$\Delta R = 0.316$）。而关系冲突与社会内聚力之间的负相关关系并不显著,部分支持假设 3。据此可以推断,假设 2（H2a,H2b）均得以支持,假设 3 同样成立,H3a 得以支持,H3b 得以部分支持。

通过以上回归分析可知,正如何晏在《论语集解》中所言:"君子心和,然其所见各异,故曰不同,小人所嗜好则同,然各争利,安得而和?"[①]本研究则认为,"不同"可以理解为个体对其他群体成员价值观、个体特征的相异追求,认知上的"不同"和情感上的"不同"对高管团队内聚力的影响是存在差异的。高管团队任务冲突主要目的是以其"不同"激发任务有序性,从而与高管团队内聚力之间存在直接的正相关关系;高管团队关系冲突则以其"不同"可能愤怒和疏远、不满和分离,会损害人们的满意度和对问题的理性解决,从而与高管团队内聚力之间存在直接的负相关关系。

7.7.3　高管团队内聚力中介效应的假设检验

1. 高管团队任务内聚力中介效应的假设检验

为检验高管团队内聚力对高管团队冲突与团队效能关系的中介作用,本书拟进行层次回归分析,遵循以下 3 个步骤:第一步,自变量影响因变量。第二步,自变量影响中介变量。第三步,控制中介变量之后,自变量对因变量的作用消失或明显减小(罗胜强和姜嬿,2008),亦即,如果高管团队冲突(自变量)与团队效能(因变量)及团队内聚力(中介变量)之间均显著相关,当高管团队冲突与内聚力同时进入回归模型时,团队内聚力和团队效能之间显著相关,但当高管团队冲突与团队效能之间的关系变得不显著或明显较小时,则表明高管团队内聚力的中介效应;与此同时,高管团队冲突的回归系数变得不显著,表明内聚力起完全中介作用;而如果高管团队冲突的回归系数仍然显著,但比直接效应的回归系数低,则表明内聚力起到部分中介作用。

---

① 蔡振丰:《何晏〈论语集解〉的思想特色及其定位》,第七次"东亚近世儒学中的经典诠释传统"研讨会(广州),2006 年。

一些学者研究发现,在大多数的内聚力测量报道中,任务内聚力体现出与高管团队效能之间正相关的测量关系,在对高管团队社会内聚力的研究中,大多数报道社会内聚力与高管团队效能之间负面的相关性或不相关性;而两者都测量的研究报告则发现了高管团队任务内聚力与绩效正相关,而社会内聚力与高管团队绩效负相关或不相关(Fraser & Spink,2002,Mullen & Copper,1994;马红宇、王二平,2002)。本书试将高管团队任务内聚力的假设检验数据汇聚为表7.24。

首先,高管团队任务冲突与关系冲突对高管团队绩效的影响显著。团队绩效与高管团队任务冲突($B = 0.428, \beta = 0.439, p < 0.001$)、高管团队关系冲突($B = -0.362, \beta = -0.378, p < 0.001$)之间的回归系数显著,使得模型2比模型1的解释力增加了47.8%($\beta = 0.478$)。在模型3中,控制内聚力作为中介变量进入模型,使得任务内聚力($B = 0.479, \beta = 0.548, p < 0.001$)对高管团队绩效影响显著,H4a得到支持。但高管团队任务冲突($B = 0.197, \beta = 0.162, p < 0.1$)以及高管团队关系冲突($B = -0.296, \beta = -0.254, p < 0.05$)对高管团队绩效的影响显著降低。显而易见,任务内聚力对高管团队冲突与团队绩效之间的关系具有显著的部分中介效应。从高管团队绩效维度来看,H6a,H6b得到部分支持。

表 7.24　任务内聚力在高管团队冲突与团队效能之间关系的中介检验

变量	高管团队绩效						高管团队承诺						高管团队成员合作满意度					
	模型1		模型2		模型3		模型1		模型2		模型3		模型1		模型2		模型3	
	B	β	B	β	B	β	B	β	B	β	B	β	B	β	B	β	B	β
控制变量																		
(Constant)	-0.385		-0.088		-0.318		-0.344		-0.096		-0.055		-0.229		0.068		-0.244	
Industry1	0.033	0.028	0.061	-0.048	0.240	0.265	0.215	0.256	-0.301	-0.220	0.182	0.166	-0.141	-0.156	-0.196	-0.218	0.031	0.035
Industry2	0.106	0.106	0.111	-0.267	0.254	0.238	0.472	0.227	-0.022	-0.241	0.401	0.243	-0.040	-0.039	-0.170	-0.166	0.000	0.000
Industry3	0.231	0.220	0.086	0.000	0.236	0.166	0.143	0.144	0.331	-0.221	0.010	0.012	-0.263	-0.174	-0.274	-0.181	-0.096	-0.063
Tsizes	0.008	0.136	0.000	-0.006	0.002	0.042	0.009	0.116	0.003	0.034	0.006	0.071	0.004	0.086	-0.003	-0.057	0.000	0.009
解释变量																		
任务冲突			0.428***	0.439***	0.197*	0.162*			0.511***	0.508***	0.108	0.133			0.598***	0.539***	0.148*	0.162*
关系冲突			-0.362***	-0.378***	-0.296**	-0.254*			-0.164*	-0.172*	-0.105	-0.116			-0.065	-0.078	-0.006	-0.007
中介变量																		
任务内聚力					0.479**	0.548***					0.458**	0.387***					0.583***	0.596***
R^2	0.142		0.512		0.657		0.121		0.445		0.600		0.193		0.433		0.611	
R^2调整值	0.071		0.455		0.606		0.192		0.364		0.135		0.126		0.369		0.550	
ΔR^2	0.142		0.189		0.510								0.192		0.240		0.178	
F 值	1.993*		9.218***		14.986***		2.946***		8.021***		14.984***		2.918**		6.755***		12.082***	

注：高管团队绩效指团队成员评价的绩效；+ 表示 $p < 0.10$；* 表示 $p < 0.05$；** 表示 $p < 0.01$；*** 表示 $p < 0.001$，下同；$N = 188$。

其次,高管团队任务冲突与高管团队关系冲突对团队承诺影响显著。任务冲突($B = -0.511, \beta = -0.508, p < 0.1$)与关系冲突($B = -0.164, \beta = -0.172, p < 0.1$)使得模型 2 比模型 1 的解释能力增加了 36.4%($\beta = 0.364$)。控制任务内聚力作为中介变量进入模型之后,使得任务内聚力($B = 0.458, \beta = 0.387, p < 0.001$)对高管团队承诺影响显著,H4b 得到支持。但任务冲突与关系冲突对高管团队承诺的影响变得不再显著。由此可见,任务内聚力对高管团队冲突与高管团队承诺之间的关系具有显著的完全中介作用。从高管团队承诺维度来看,H6a,H6b 得到支持。

再次,高管团队任务冲突对高管团队成员满意度的影响显著。高管团队任务冲突($B = 0.598, \beta = 0.539, p < 0.001$)使得模型 2 比模型 1 的解释能力增加了 36.9%($\beta = 0.369$)。任务内聚力进入模型之后,使得高管团队任务内聚力($B = 0.583, \beta = 0.596, p < 0.001$)显著影响高管团队成员合作满意度,H4c 得到支持。但任务内聚力($B = 0.148, \beta = 0.162, p < 0.001$)对高管团队成员满意度的影响显著降低。显然,任务内聚力对任务冲突与高管团队成员满意度之间的关系具有显著的部分中介作用。从高管团队成员满意度来看,H6a,H6b 得到部分支持。

从回归系数的显著性及其大小变化,本书认为:① 部分中介关系——任务内聚力在高管团队任务冲突及团队效能之间有部分中介作用;任务内聚力在高管团队任务冲突与团队成员合作满意度之间有部分中介作用;② 完全中介关系——任务内聚力在高管团队冲突与团队承诺之间有完全中介作用。由此,如前所述,H6a,H6b 得到部分支持。

综上所述,高层管理团队是负责和形成民营企业战略管理实施的高级团队,是对公司发展方向和公司业绩最重要、最具影响力的,贯彻民营企业战略意图的高层管理团队(Smith 等.,1994)。但企业的产出即处于企业顶端的高管团队成员特征与决策行动的客观反映(Finkelstein & Hambrick,1996;Hambrick & Mason,1984)。企业是一个紧密合作的整体,高层管理团队是企业的总指挥部。

高层管理团队必须保持沟通和互动,以保证整个企业的良好运行效率。民营企业高层管理团队的任务具有较高的复杂性和模糊性,需要面对来自方方面面的问题,并能够处理不同性质、具有更多不确定性的复杂矛盾。高层管理团队的成员可以集中精力、智力,齐心协力,解决企业面临的最关键问题;高层管理团队的每个成员可以在剧烈变革时期集中注意力在自己的工作任务上,保持较高的任务承诺,做好自己的分内工作,这决定了企业高层管理团队的绩效表现。如果大的任务承诺使新管理团队形成能够全神贯注,心无旁骛,为企业的发展共同努力奋斗的精神氛围,将提高企业员工和业主的家庭满意度。

2. 高管团队社会内聚力中介效应的假设检验

从表7.25可以看出社会内聚力对高管团队冲突与效能之间的中介作用假设的回归分析情况。模型1中高管团队特征变量的VIF值都介于1～10之间,只有高管团队所在企业所属产业变量的VIF值介于10～12之间;模型2中高管团队任务冲突及关系冲突的VIF值分别为3.092和2.373,均介于2～4之间,说明不存在多重共线性问题。

在模型2中,高管团队冲突对因变量的解释力显著,但随着高管团队社会内聚力作为中介变量的加入,使得高管团队冲突各维度与团队效能各维度之间的显著相关关系消失或明显减弱,表明社会内聚力对其相关关系起中介作用。对模型2和模型3的对比分析如表7.25所示。

首先,高管团队任务冲突与关系冲突对团队绩效影响显著。高管团队绩效与任务冲突($B = 0.436, \beta = 0.452, p < 0.001$)、团队绩效与关系冲突($B = -0.387, \beta = -0.391, p < 0.001$)之间的回归系数显著,使得模型2比模型1的解释力增加了48.7%($\beta = 0.487$)。控制高管团队社会内聚力作为中介变量进入模型之后,社会内聚力($B = 0.417, \beta = 0.426, p < 0.001$)对高管团队绩效影响显著,H5a得到支持;与此同时,高管团队任务冲突($B = 0.392, \beta = 0.368, p < 0.001$)与高管团队绩效的正相关关系、高管团队关系冲

突($B = -0.325, \beta = -0.309, p < 0.01$)与高管团队绩效的负相关关系显著降低(从 $p < 0.001$ 降低到 $p < 0.01$),据此可以分析得出,高管团队社会内聚力对高管团队冲突与团队绩效之间的关系具有部分中介作用,从团队绩效维度来看,H6c,H6d 得到部分支持。

其次,高管团队任务冲突与关系冲突对团队承诺的影响显著。高管团队任务冲突($B = 0.397, \beta = 0.449, p < 0.001$)与关系冲突($B = -0.197, \beta = -0.163, p < 0.1$)使得模型 2 比模型 1 的解释力增加了 36.9%($\beta = 0.369$);高管团队社会内聚力($B = 0.301, \beta = 0.422, p < 0.001$)作为中介变量进入模型之后,对高管团队承诺影响显著,H5b 得到支持。但高管团队任务冲突($B = 0.208, \beta = 0.233, p < 0.05$)与团队绩效之间的正相关关系显著降低(从 $p < 0.001$ 降低 $p < 0.05$),高管团队关系冲突($B = -0.143, \beta = -0.139, p > 0.1$)对高管团队承诺的影响变得不再显著。由此可见,社会内聚力对高管团队冲突与团队绩效之间的关系具有中介作用,从高管团队承诺维度来看,H6c,H6d 同样得到支持。

第三,高管团队冲突对团队成员满意度影响显著。高管团队任务冲突($B = 0.518, \beta = 0.501, p < 0.001$)使得模型 2 比模型 1 的解释力增加了 33.2%($\Delta R = 0.332$),社会内聚力($B = 0.183, \beta = 0.196, p < 0.05$)进入模型后,对高管团队成员合作满意度影响显著,H5c 得到支持。高管团队任务冲突($B = 0.408, \beta = 0.401, p < 0.01$)对高管团队成员满意度的影响明显降低(从 $p < 0.001$ 降低至 $p < 0.01$)。由此可见,高管团队社会内聚力对高管团队冲突与团队成员合作满意度之间的关系有部分中介作用,从高管团队成员满意度来看,H6c,H6d 得到部分支持。

表 7.25 社会内聚力在高管团队冲突与效能之间关系的中介检验

变量	高管团队绩效						高管团队承诺						高管团队成员合作满意度					
	模型 1		模型 2		模型 3		模型 1		模型 2		模型 3		模型 1		模型 2		模型 3	
	B	β	B	β	B	β	B	β	B	β	B	β	B	β	B	β	B	β
控制变量																		
(Constant)	-0.323		-0.139		-0.142		-0.344		-0.097		-0.241		-0.235		0.069		-0.257	
Industry1	0.008	0.009	0.061	0.065	0.087	0.093	-0.203	-0.250	-0.178	-0.220	-0.122	-0.150	-0.141	-0.156	-0.196	-0.218	-0.161	-0.179
Industry2	0.181	0.169	0.111	0.103	0.141	0.132	-0.163	-0.176	-0.224	-0.241	-0.156	-0.168	-0.040	-0.038	-0.170	-0.166	-0.128	-0.124
Industry3	-0.031	-0.020	0.086	0.055	0.125	0.080	-0.384	-0.282	-0.287	-0.211	-0.200	-0.147	-0.263	-0.174	-0.274	-0.181	-0.220	-0.145
Tsizes	0.007	0.135	0.000	-0.006	-0.001	-0.015	0.004	0.096	-0.003	-0.057	-0.005	-0.076	0.002	0.086	-0.051	-0.057	-0.004	-0.069
解释变量																		
任务冲突			0.436***	0.452***	0.392***	0.368***			0.397***	0.449***	0.208*	0.233*			0.518***	0.501***	0.408***	0.401***
关系冲突			-0.387**	-0.391**	-0.325**	-0.309***			-0.197*	-0.163*	-0.143	-0.139			-0.066	-0.064	-0.142	-0.147
中介变量																		
社会内聚力					0.417***	0.426***					0.301***	0.422***					0.183*	0.196*
R^2	0.088		0.540		0.554		0.141		0.510		0.608		0.188		0.421		0.483	
R^2 调整值	0.013		0.487		0.499		0.070		0.455		0.559		0.131		0.378		0.409	
ΔR^2	0.088		0.451		0.015		0.141		0.369		0.097		0.206		0.332		0.037	
F 值	1.172*		10.205***		11.986***		1.982*		9.029***		12.561***		2.939***		6.741***		7.021***	

注:同上。

7.8　研究结果分析与讨论

综合各项研究,本书试将假设检验结果总结如表 7.26 所示, 并将相关分析结论和讨论总结如下。

表 7.26　研究假设检验结果汇总

假设(H)	假设内容	检验结果
H1	任务冲突与关系冲突存在关联性	支持
H2	高管团队任务冲突与团队内聚力正相关	支持
H2a	高管团队任务冲突与团队任务内聚力正相关	支持
H2b	高管团队任务冲突与团队社会内聚力正相关	支持
H3	高管团队关系冲突与团队内聚力负相关	部分支持
H3a	高管团队关系冲突与团队任务内聚力负相关	支持
H3b	高管团队关系冲突与团队社会内聚力负相关	部分支持
H4	高管团队任务内聚力与团队效能正相关	支持
H4a	高管团队任务内聚力与团队绩效正相关	支持
H4b	高管团队任务内聚力与团队成员态度正相关	支持
H4c	高管团队任务内聚力与团队成员行为正相关	支持
H5	高管团队社会内聚力与团队效能正相关	支持
H5a	高管团队社会内聚力与团队绩效正相关	支持
H5b	高管团队社会内聚力与团队成员态度正相关	支持
H5c	高管团队社会内聚力与团队成员行为正相关	支持
H6	高管团队内聚力对冲突与团队效能之间关系有中介作用	部分支持
H6a	高管团队任务内聚力对任务冲突与团队效能之间关系有中介作用	部分支持

假设（H）	假设内容	检验结果
H6b	高管团队任务内聚力对关系冲突与团队效能 之间关系有中介作用	部分支持
H6c	高管团队社会内聚力对任务冲突与团队效能 之间关系有中介作用	部分支持
H6d	高管团队社会内聚力对关系冲突与团队效能 之间关系有中介作用	部分支持

（1）高管团队任务冲突与关系冲突之间存在关联性

假设检验结果表明，H1成立，表明高管团队任务冲突和关系冲突之间存在一定关联性和转化性，这个结果证实了以往研究者提出的理论观点：高管团队任务冲突和关系冲突之间是相互关联的（Yan，1999；Jehn，1999、2010）。众所周知，任务冲突大都是建设性的，关系冲突大都是破坏性的，但任务冲突并非全部有益而关系冲突也并非全部有害。也就意味着，建设性冲突与破坏性冲突往往是相伴而生的，在努力发挥建设性冲突的作用时，如何最大限度规避或是降低破坏性冲突的影响力，达到两者之间的一种动态均衡性，或是通过团队文化建设、信任扩展、共享心智等举措，逐步削减两者之间的关联性，在增强建设性任务冲突的同时，减少破坏性关系冲突，对高管团队发展至关重要。尤其在我国民营企业高管团队，因其特有的双重权力动力系统和冲突的"锁定效应"，高管团队成功不仅需要关注团队环境因素，而且必须发展有效的内部过程，通过团队冲突管理，团队可以有效获取资源与信息，从而可以应对组织内和更大环境中的其他单元。

（2）高管团队冲突与团队内聚力之间存在相关关系

假设检验结果表明，H2得以支持，H3得以部分支持，即高管团队任务冲突与团队内聚力正相关，高管团队关系冲突与团队内聚力负相关（其中，高管团队关系冲突与社会内聚力负相关得以部分支持）。高管团队任务冲突与团队任务内聚力、社会内聚力均呈正相关关系，缘于任务冲突这种认识上的多样性及冲突可以使高管团队成员充分获得相关知识信息并在此基础上对各种决策利弊并做出权衡,充分利用高管团队的多样性,并关注于组织或高管团队的目标。认知冲突有利于提升内聚力是因为来自不同观点的论争、协同、综合通常优于各自观点本身,有助于集思广益和协调一致。高层管理团队的任务总体上说是概念性的,而且很复杂,要求团队成员间相互依赖,而且还具有相当高的不确定性。因此,就更需要团队成员之间群策群力,形成高凝聚力;与此同时,也表明以任务为导向的冲突和以目标为导向的任务工作等过程会吸引并聚焦高管团队的能量和资源,创造清晰的同一性,从而使得高管团队形成任务凝聚力。此外,依据凝聚力的动态性特点,以任务为导向的凝聚力可能在团队成员之间逐步演化为社会凝聚力,从而使任务冲突对任务内聚力、社会内聚力均产生显著影响。高管团队关系冲突作为一种传统意义上的破坏性冲突,与任务内聚力负相关,但与社会内聚力的负相关性并不明显,究其原因,可能是因为社会内聚力作为一种相对内隐的凝聚状态,可能会造成难以渗透的团队边界,其受同样相对隐性化的关系冲突的影响程度会相应减弱,也就是说,相对隐性化的关系冲突在短时间内未必会对社会内聚力这样一种渗透在团队深层次内的凝聚力产生太大负面影响。这样的假设检验结论为高管团队冲突管理提供了一定的理论依据,亦即,应通过有效的冲突管理,有效化解关系冲突,将每个人紧密团结在一起,形成强大内聚力,使得高管团队表现出高昂的士气和团队精神。共享的价值观、明确而有难度的目标不仅能够有效整合团队资源,而且能够合理分配团队任务,使团队运转过程流畅,实现团队目标。

(3) 高管团队内聚力与团队效能之间存在相关关系

假设检验结果表明,H4,H5 得到支持,高管团队任务内聚力和团队效能正相关,高管团队社会内聚力和团队效能正相关。高管团队层面的凝聚力可以被认为是所有个人、社会以及情境作用力作用在高管团队上的一种结果,这些作用力将高管团队牢牢绑在一起,增强了团队成员留在团队里的吸引力。一直以来,不同研究文献均证实,内聚力的两个主要组成部分(人际吸引力、任务承诺)分别与不同的绩效领域相关。亦即,内聚力强的团队人际关系相对稳固、工作配合良好,可以节省额外的团队维护能量和资源,降低离职率,提升团队效能。高管团队内聚力越高,越能增进团队的工作绩效,提高团队成员之间有效的沟通能力,并促使团队获得成功。而团队的成功又能提高团队成员的满意度,进而促进团队的合作满意度。本书证实了以往相关理论研究的观点。

(4)高管团队内聚力在冲突与团队效能之间有部分中介效应

假设检验结果表明,H6 得到部分支持,即高管团队内聚力在冲突与团队效能之间关系中有中介效应的假设得到部分支持。究其原因,可能在于,内聚力本身存在双面性,内聚力与绩效的正相关关系主要受到任务内聚力的影响,而以往研究中对内聚力进行元分析(Muller 等,2004)业已证实,虽然传统组织心理学用大量证据证明了心理安全、内聚力等突发状态在冲突和效能之间可能产生的作用,但同时也有大量证据显示,内聚力这一情感过程可能需要同时伴随着清晰的内部过程(如沟通、信任等)以及具体的团队管理活动而起作用,并非可以单独割裂开来。并且,社会内聚力是通过任务内聚力对团队效能产生影响的,可能存在一定程度的滞后性。这一方面验证了内聚力的动态性,也就是说,社会内聚力与任务内聚力可以相互转化和整合,在一定情境下,两者形成良性循环,并与具体管理活动之间相互协同。综上,高管团队内聚力是一种重要的群体心理,是高管团队生存的要素。内聚力是高管团队精神的基础,精神则是内聚力的外显表现。高管团队冲突管理的一个重要结果就是提升团队内聚力。由此,研究结果表明,内聚力构建应该以任务导向的内聚力为核心,以吸引社会内聚力发挥优势,避免其劣势,通过任务和社会内聚力的良性互动,使得社会内聚力、任务内聚力相互协同,同时进一步提高团队成员对团队价值观、规范和目标的认同,加强团队管理和沟通,从而有利于团队效能。

7.9 基于冲突管理和内聚力提升的民营企业高管团队效能优化研究

通过前面的文献回顾和理论探索，不难发现内聚力在民营企业高管团队冲突和效能之间扮演者重要的角色。尽管在实证研究中，内聚力的中介作用得到了部分支持，或许对内聚力的界定需要不断细化和深入研究，也或许冲突对效能的影响可能会通过其他途径传播，但内聚力对冲突、效能的作用是无可置疑的。因此，加强民营企业高管团队冲突管理和内聚力建设，对提升高管团队效能有着重要的意义。

7.9.1 树立明确的团队目标

合理明确的团队目标是提升民营企业团队效能的关键和基础，对团队活动起到旗帜和方向性的作用，民营企业在确定团队目标时应重点注意以下3个方面问题。

1. 团队目标要避免功利性

民营企业因其资产的私有性，对利益的追求是其根本特性之一。在改革开放初期和民营企业创始阶段，依附于物质利益的内聚力似乎能起到一定的作用。但随着企业迈入快速、稳定发展阶段，根据马斯洛需求层次理论，当低层次需求被满足后，人们往往趋于追求归属、尊重和自我实现等高层次需求。因此，在团队目标制定时，不能仅仅考虑客观的物质产出绩效，而应更多关注主观绩效和一些发展性因素，譬如，团队的社会地位、团队士气和团队氛围等，从而满足情感层面的内聚力需求。

另外，团队目标不能仅考虑整体利益，忽视个体利益和需求。脱离了个人价值和个人目标的团队目标，无疑是"无源之水、无本之木"。只有将团队目标和成员目标融于一体，谋求团队目标和成员目标的一致性，才能使团队成员更加关心团队发展，更加维护团队的利益和荣誉。

2. 团队目标要避免随意性

民营企业的发展具有更多不确定因素,因此,在制定高管团队目标时要避免随意性和模糊性,目标是团队决策的前提,随意、模糊的团队目标会让团队成员无所适从或陷于投机和侥幸的困境,在制定团队目标时应遵循以下几个原则:

(1)具有实际意义和长远性

目标来自于对未来的期盼,缺乏长远目标的团队无法形成良好的凝聚力,不切实际的目标只能是"纸上谈兵"。民营企业高管团队目标应当与企业发展"愿景"相连接,形成合乎实际的长远目标,明确未来的发展蓝图,使其成为成员共同的事业追求,才能吸引成员留在团队,激励团队成员共同努力。

(2)目标的可分解性

团队目标的实现依赖于成员目标的完成效果,因此,团队目标的具体化、可测量化将直接影响每位成员的努力方向。只有实施有效的团队目标分解,才能明确每位成员的角色和工作要求。

(3)目标的纠偏和管理

民营企业在发展过程中其目标的实现与现实情境往往会存在一定的偏差,因此,必须形成高管团队目标运行纠正机制,根据需要及时监督、检查团队目标的实现情况,不断将团队引向"愿景"方向。

3. 团队目标要避免集权性

民营企业高管团队目标,不仅关系到每位成员的利益,同时,目标的实现过程也是成员间的互动、依赖过程,需要每位团队成员的共同努力和通力协作才能完成。因此,团队目标不应由企业主个人制定,而应当发挥所有高管成员的积极性,要集中全体成员的智慧,充分考虑成员需求,这样的目标才能使团队成员在心理、情绪和行为上融为一体,让团队目标内化为成员自觉努力的动力,从而有效进行冲突管理,形成强大的团队内聚力。

7.9.2 建立团队信任机制

在民营企业逐渐迈向现代企业制度的过程中,聘用职业经理人已成为企业发展的必然选择。因此,通过制度和环境建设,使企业主或出资人与职业经理人渡过信任危机和缓和观念冲突,已成为民营企业做大做强的关键,也是提升民营企业团队效能的根本保证。

1. 营造民主透明的信任环境

信任作为一种心理上的认同和依赖,是对环境或他人行为的一种主观愿望,也是团队赖以生存的基础。营造良好的信任环境,首先,是树立团队成员的信任理念,提倡正直、自律和民主的团队作风,用公开透明、开诚布公的气氛商讨团队创业过程中出现的分歧和冲突;其次,信任关系的建立是相互的,只有团队成员中居上位者相信居下位者,居下位者才会信任居上位者,这样才容易在成员之间建立起相互信任的关系。

2. 构建信任维持机制

民营企业的团队主要是通过声誉和关系产生信任,对失信行为缺少应有的约束力,因此,应当在制度化和法制化层面建立相应的信任关系。一方面,民营企业高管团队在成员分工时,要根据成员爱好、动机、兴趣、技能等合理安排成员角色,形成相互依赖、相互约束的团队结构,将团队活动置于一个有利于维系信任发展的过程中。另一方面,民营企业应当尽可能提高合约水平,使团队合约更趋于完备、合理。合约应对团队各方的权利和义务做出详尽、具体的约定,这种法制化约束不仅能够有效保证民营企业主的合法权益,也是现代企业管理和团队信任发展必然趋势。

7.9.3 完善团队规范体系

团队规范是全体成员共同认可并接受的规章和行为模式,内化的团队行为标准不仅有利于对冲突进行管理以及凝聚力的形成,更是提升民营企业团队效能的有效途径。

1. 形成定期沟通制度

高管团队成员因其身份的特殊性,往往忙于分管事务,缺乏足够的时间进行交流和互动,严重影响团队的效能,更遑论内聚力的提升,因此,加强沟通和交流已成为高效能团队的典型特征。建立定期沟通制,团队应当:① 提供充足的时间保障,可以让沟通、交流得以更加充分和深入,有效增进相互了解和信任;同时,对出现的新问题及时予以讨论解决,将冲突消除在萌芽状态。② 确保沟通渠道顺畅,顺畅的交流渠道有助于信息的快速传递和反馈。③ 营造良好的沟通氛围,沟通交流应以尊重为基础,遵循对事不对人的原则,这样才能形成集思广益、广开言路的沟通交流制度。

2. 建立共同学习机制

高管团队对冲突和环境变化的适应性取决于对信息、知识的获取和利用能力,因此,建立民营企业高管团队共同学习机制,既是迎接外界压力和外部挑战的需要,也是提高团队核心竞争力的重要途径。

由于民营企业的自组织性,高管团队成员组成普遍具有一定的知识互补性,通过团队共同学习能够有效实现自我超越、共同愿景和系统思考。自我超越是指团队成员个人愿景的认识升华和强烈的团队归属感;共同的愿景能够为团队成员提供源源不断的动力;系统思考是指理解系统的关键因素及其之间关系的能力。因此,较少得到外部支持的民营企业,唯有强调团队共同学习,才能不断优化高管团队成员知识结构和实现知识创新,并将成员共识转化为行动和内聚力,从而不断提升团队效能。

7.9.4 提高团队领导能力

民营企业的快速发展对企业管理提出了更高的要求,提高团队领导成员的能力已成为企业发展的迫切需求,也是提升民营企业团队效能的关键。

1. 明确角色定位

民营企业高管团队领导往往也就是企业主,经历了艰难的创业过程,往往充当过多种角色。相当多的企业主大事、小事一手抓,甚至绕过中层管理人员直接指挥一线员工。角色的混乱不仅干扰了其他团队成员的正常工作,也严重分散了企业家的战略思考。因此,明确角色定位显得尤为重要。作为团队核心,企业主的中心工作应当是确定资源的合理配置,引导成员实现团队目标,承担企业发展"舵手"的作用,其核心职责是扮演好团队的"管理者、促进者、训练者、协调者和外部联系者"5种角色。

2. 改变领导方式

民营企业主更多存在集权倾向,使得团队权力结构垂直、单向运作,缺乏平行联系的渠道,妨碍了团队成员之间的沟通和互动,也无法有效调动团队成员的积极性。因此,团队领导应合理运用分权和授权,鼓励和培养团队成员承担更多工作,满足团队成员成长需求。在管理行为上,团队领导必须做到任人唯贤,摒弃血缘、地缘、业缘的狭隘思想,避免内部争权夺利,降低凝聚力。此外,在管理风格上,团队领导更应该信守承诺、以身作则、按章办事。只有这样才能确立核心权威,带领团队实现既定目标。

第8章 民营企业高效能和谐高管团队建设对策研究

8.1 民营企业高效能和谐高管团队的特征

席酉民(2000)在著作《和谐管理理论研究》一书中提出了"和谐主题"的概念,并将其定义为"在特定情境下,通过外部环境和自身状态进行信息开发、过滤、判断、处理及选择,而提炼出的相关组织在某一特定时期的重要议题"[①],是组织在一定时期内开展工作的核心思想,是组织发展的本质。如果将管理看作是"随着环境的改变,在人与物互动依赖中获得组织绩效提升的人类实践",则"和谐主题"可以被看作是特定情境下组织中特定的人力和物质相互作用的和谐过程及其所产生的核心主题。围绕这一核心问题,和谐管理透过两大途径实现组织发展和绩效改进的目标。一条途径是,对"活跃而不确定"的"人的要素"通过构建"和则"系统加以应对;另一条途径是,对"相对确定"的"物要素"通过"谐则"进行优化设计,从而达到组织生存、完善乃至可持续发展的终极目标。

民营企业高管团队作为一种具有可持续发展特征的组织,在企业发展的不同阶段,不可避免表现出差异化特征、不同运作过程

---

① 席酉民,韩巍,葛京,等:《和谐管理理论研究》,西安交通大学出版社,2006年,第42－105页。

及其挑战。基于对现代"和谐理论"的理解,"和"更指和睦而非和气,但也可能存在一定冲突(主要是建设性冲突);"谐"则主要指团队内协同,主要涵盖共同愿景、角色互补、知识共享、群体进化等等。因此,民营企业和谐管理团队可以被界定为:有共同愿景、共同价值观,由不同互补角色高复合型人才组成的协同化高效管理团队。考虑到现代企业组织结构的扁平化趋势,本书尝试将民营企业高管团队视为一个整体进行探讨。

本书认为,民营企业高效能和谐高管团队的特征可从以下 3个层面进行描述:其一,个人特征层面,具体包括对企业发展方向、市场、技术的前瞻性;对企业外部环境变化及对内部问题现象察觉的敏锐性;对紧急情况、危机事件及其处理的果断性。对企业供给社会的产品或服务具备创意思维和创新动机。其二,团队特征层面,具体包括积极向上、民主友好、和谐氛围;完善、清晰的责权利界定及有效激励机制;日常工作交流过程中团队内沟通成本低且工作效率高;存在建设性冲突,并存在对潜在破坏性冲突的防御、制约及化解机制。其三,企业特征层面,具体涵盖马斯洛个人需求层次理论、团队绩效评价指标、企业目标等协同发展的共同愿景、和谐企业文化等,如表 8.1 所示。

表 8.1　民营企业高效能高管团队和谐特性

层次	特征
个人层面	前瞻性 敏锐性 果断性 创新性
团队层面	和谐团队氛围 必胜信念 清晰的责权利界定 有效的激励机制 "团队荣誉第一"原则 沟通成本低,且工作效率高 存在建设性冲突及对潜在破坏性冲突的防御机制、制约机制和化解机制

层次	特征
企业层面	共同愿景 和谐的企业文化 较强的忠诚度

8.2 民营企业高效能和谐高管团队的模型研究

从本质上来看,管理活动是一种不断解决管理过程中各种冲突的持续过程,从某种程度上来说,管理成功与否关键是看其解决冲突的程度和能力大小。冲突管理以及和谐管理本质上是同一个过程,都是不断寻找和谐的管理过程。

8.2.1 民营企业高效能和谐高管团队的基本模型介绍

如前所述,民营企业高管团队冲突可以促进高管团队的发展,提升整体效率,也可能会破坏高管团队的整体效能。因此,如何有效地管理高层管理团队的冲突,将破坏性冲突转化为建设性冲突,进而将冲突维持在能将高管团队效能稳定提升的基础上,是高管团队乃至民营企业提升公司核心竞争力最关键要点之一。已有研究文献大都聚焦于民营企业高管团队冲突的事后控制上,而系统的、前瞻性冲突分析框架相对罕见。和谐的高管团队有效地克服了前述研究局限性,并努力在纷繁复杂的环境变化中,以"和谐"为基本出发点,从而有效地实现团队或组织的目标。

"和谐管理"(Harmonious Management)的民营企业高管团队应有效涵盖以下方面:其一,高层管理团队应充分利用资源的整合、多元化,并有效地参与团队和组织建设;其二,资源要素应该和团队及组织发展需求相适应,资源之间投入应比例适当,并实现有效耦合;其三,和谐管理可以有效地减少内耗,实现信息流的传递,使组织内外和谐、一致;与此同时,在"资源投入—组织管理—内外协调—组织输出—协同发展—吸引新型投资"这一过程中不断加以完善,这是组织发展运行的基本方向和发展阶段;最后,组织体系应根据外部环境的变化,根据自组织能力和内外部环境之间的有效契合,吸纳组织内外部的新资源,以实现企业组织和成员劳动价值相互契合的和谐发展。

民营企业高管团队和谐管理,则是指高管团队为了提升团队效能,主动分析团队外部市场、金融、政治环境以及内部团队特征,深入探索高管团队冲突的内部动因、冲突互动过程以及冲突可能引发的后果,分离出引发冲突的"物"要素和"人"要素,针对"物"要素和"人"要素的不同特征,以优化工具库和不确定性削减工具库("和则"及"谐则"),通过这两种途径来有效管理民营企业高管团队冲突,以使冲突维持在使团队效能持续改进的适当水平上,并最终实现民营企业高管团队的和谐管理,如图 8.1 所示。

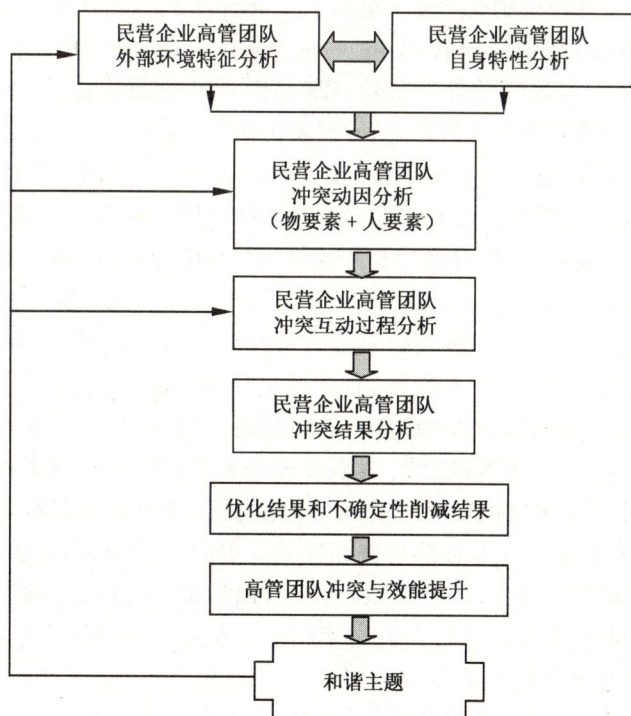

图 8.1　民营企业高效能和谐高管团队基本模型

基本模型将民营企业高管团队冲突作为一个复杂系统,运用系统论的思维方法研究民营企业高管团队冲突管理问题。这一复杂网络模型不仅是基于民营企业高管团队内部的闭环体系,且更将民营企业高管团队面临的整个外部大环境纳入系统中来分析,作为模型分析的外界变量。基本模型利用"优化设计"和"人的能动作用"双规则的互动耦合机制,选取民营企业高管团队冲突管理的优化工具和不确定性削减工具,从而为建立民营企业高管团队冲突管理预警机制奠定了基础。

8.2.2 民营企业高管团队冲突管理模型框架的构建

学者普遍认为,冲突管理涵盖个体、组织内和组织间3个层次(Leslie A,2001)。通过文献研究发现,研究人员对个人和团队水平的冲突管理机制概念框架进行了大量研究,综合分类如下:① 传统单向度囚徒困境模式(Prinsoners Dilemma Game,PDG),相对简化,缺乏内容效度及外在效度;② 多因子冲突解决模式(Follett,1940),较为偏重概念性描述,缺乏实证研究;③ 双向度冲突解决模式(Blake & Mouton,1964;Thomas & Schmidt,1976;Falbo & Peplau,1980;Rahin,2002),其中,以 Thomas(1976)提出的五因素模型(回避/强迫/迁就/合作/折中)以及 Rahim(2002)的五种冲突处理策略(认知/诊断/分析/处理/反馈)影响最为广泛,概念清晰且有实证研究支持;④ 三向度的冲突解决管理模式(Hersey & Blanchard,1988),较为复杂,似未成熟,较少研究采用。但尤为值得注意的是,上述观点均认为,冲突并不是一无是处的,冲突管理也并不是单纯意义上的"灾害控制",由于每种冲突都会以不同频率和强度发生,不同冲突之间会相互作用、转化,任务冲突不一定都是建设性的,关系冲突也未必都是破坏性的。因此,对不同企业而言,如何化解破坏性冲突,增强建设性冲突,以适度、达到一种动态均衡的冲突水平来推动家族企业高管团队成员参与度乃至团队绩效,是一个值得深入研究的方向。

与此同时,高管团队冲突管理机制测量方法的相关研究并不多见。Thomas-Kimann(1976)开发出的"管理差异测量(Management of Differences Exercise Mode)"、Rahim（1983）开发的组织冲突目录(Organizational Conflict Inventory , ROCI)、Jehn(1995)提出的团队冲突管理量表及 Jehn(2010)提出的修正建议等,后来为不少学者引用或者修订,但这些引用或修订并没有改变前述 Thomas 模式的主要思路和基本内涵。这几年来较有特色的理论及实证研究来自于 Somech(2008)、Jehn (2010;2012) ,他们提出了 ASA (Attraction-Selection-Attrition , ASA)测量模型,在理论上证明了高管团体冲突管理方式方法的重要性。Jehn(2010)更认为,破坏性(直面/回避/沟通/强迫,FACE)抑或建设性(培训/鼓励/调整/拖延,TEAP)冲突管理方法并非孤立或抵触,而应相辅相成,并与冲突管理过程有机结合。本书试整合民营企业高管团队冲突管理机制的概念框架及测量方法,如图 8.2 所示。

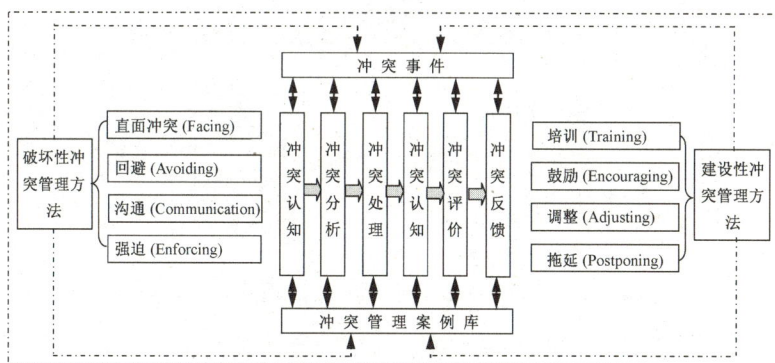

图 8.2　和谐高管团队冲突管理框架

8.2.3　民营企业和谐高管团队的二元七要素模型

民营企业高管团队和谐主题一旦形成之后,虽然具有一定程度上的稳定性,但亦非一成不变,有时为动态适应外部环境和自身特征变化,需要将原有主题转换为一个全新主题,这个过程称为民营企业高管团队整合和谐主题的漂移。漂移过程可能是突变也可能是渐变的过程。主题渐变是指原有主题基本实现之后自然过渡到新主题,如高管团队中 CEO 的聘期到期或自然退休;主题突变是指原有主题并未完全实现的情况下即被新主题所替代,它可能是由于环境、团队特征或团队过程中任何一个要素发生重大突变所产生的。譬如,高管团队中 CEO 的更换往往使得对企业发展核心问题的把握发生重大调整,这就是主题突变。

孔子云:"君子和而不同,小人同而不和"。基于对民营企业高管团队和谐整合特征的分析,结合团队理论、和谐理论、风险理论与协同论,可以构建民营企业和谐高管团队的二元七要素复杂系统,以最终提升团队效能。"二元"包括"和睦"的"和"元(氛围友好、团队稳定、风险化解等),以及"协同"的"协"元(角色互补、知识共享、群体进化、共同愿景等),如图 8.3 所示。

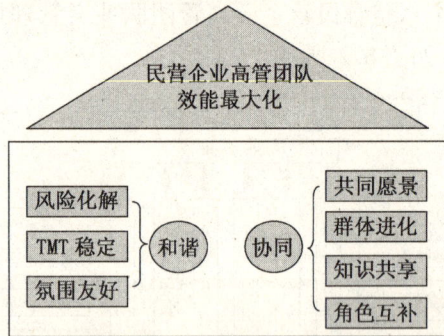

图 8.3　民营企业和谐高管团队的二元七要素模型

在上述二元七要素模型中,"和睦"是从民营企业高管团队的人际关系维度进行定义的。高管团队的氛围和团队内管理人员的认知基础和控制情绪的能力高度相关。认知能力越高,控制情绪的能力越强,其团队氛围越友好;反之,则越恶劣。公平、公开、公正的奖惩制度与稳定的人事制度是团队稳定的两大保障制度,当人事变动频繁,奖惩缺乏三公时,团队稳定便无从谈起。和谐稳定的高管团队需要健全的制度和公正的执行,即便发现潜在破坏性冲突的先兆,也应在此之前建立完善的预防机制、制约机制和化解机制。罗布·戈菲和加雷斯·琼斯在《什么使现代企业团结一致?》中写道:"管理人员几乎不愿意在一个低度和睦交往、低度团结一致的分裂型组织中工作。"高管团队合作顺畅的前提条件之一便是高管团队成员之间的关系和谐,如果高管团队成员之间关系和谐,则其交流沟通就会比较多,在工作中合作也会相对愉快。

"协同"(Coordination)是从工作任务和流程协作的维度来进行有效界定的。角色互补型高管团队有利于减少人力成本,同时将多样化的知识与丰富经验与高管团队内部其他成员共享,使高管团队成员按需相互补充、相得益彰,从而达到最终提高协作效果、增加高管团队价值、进化高管团队组织、实现共同愿景的目的。而高效能高管团队成员角色通常至少由 4 种角色互补的成员所构成,如表8.2 所示。

表8.2 民营企业高效能和谐高管团队 4 种互补角色关系

角色类别	角色特征
第一种角色	创新意识超强的 TMT 成员
第二种角色	策划能力超强的 TMT 成员
第三种角色	执行能力超强的 TMT 成员
第四种角色	研判能力超强的 TMT 成员

协同论"整体性悖论"的"非加和性"能有效解释以民营企业高管团队为系统的"协同"效果。如某高管团队内各成员之间相互联系、相互作用,当成员之间协同作用发挥得好时,就会产生 $1+1>2$ 的正向效果;反之,当高管团队内各成员之间缺乏协同共识时,结果就会出现 $1+1<2$ 的反向效果。

将"和"元与"谐"元用数轴表示,纵横轴相交的起点为"和"度和"谐"度的地点,用字母 O 来表示;横向轴的正方向表示高管团队内部协同程度逐渐增高;纵向轴的正方向表示高管团队内部和谐程度逐渐增高。而民营企业高效能高管团队和谐度(Degree of Harmony)可以用函数 $H=F(C,P)$ 来表示,其中 P 表示和睦度(Degree of Peace);C 表示协同程度(Degree of Complementation)。和睦度 P 又是关于 F(氛围友好,Friendly Air),S(高管团队稳定,Steady

Top Management Team），R（风险化解，Risk Relief）的函数；协同程度 C 是关于 C（角色互补，Role Complementation），K（知识共享，Sharing Knowledge），E（群体进化，Group Evolution），V（共同愿景，Common Vision）的函数，如图 8.4 所示。民营企业高管团队和谐度越高，高管团队内聚力越强，其协作效率越高，预防风险的能力越强，高管团队效能越优，竞争力越强；反之，高管团队涣散、意志力薄弱、无协作、高风险、低收益，民营企业会面临极大风险。

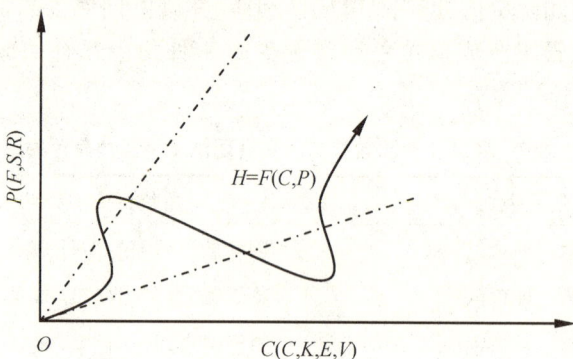

图 8.4　民营企业高效能团队和谐程度图示

8.3　民营企业高效能和谐高管团队建设

8.3.1　基于 SMART 原则的高效能高管团队的目标管理

1. "螃蟹团队" VS "野牛团队" VS "大雁团队"

现存的民营企业高管团队大致可分为如下几种：① 螃蟹团队——"我不好，你也别想好"。钓过螃蟹的人都清楚，在篓子里放上一群螃蟹，不必盖上盖，螃蟹也爬不出去。只要有一只想往上爬，其他螃蟹就会纷纷攀附在它身上，拼命把它拉下来，结果两败俱伤，造成谁也爬不出去的"双输"局面。在企业高管团队里就可能会存在这样的螃蟹文化，想尽办法破坏与打压他人。久而久之，团队只剩下一群互相牵制、生产力低下的"螃蟹"。② 野牛团队——"只有我最好"。在一个牛群中,头牛的方向决定着整个牛群的方向。但值得注意的是,虽然野牛个个身强力壮,但缺乏集体意识,各自为政,合作精神太差,所以最终反而不是身体素质远远比它差,但非常具有团队合作精神的狼的对手。③ 大雁团队——"大家都好,才是真好"。大雁团队可以随时调整队伍形状,不迷信所谓的权威,任何一只大雁都可以根据天气情况和自身素质、能力被推荐为领飞的头雁。领头的大雁会在飞行过程中为后面的同伴们创造有利的上升气流,如此一来,能使得整个团队的飞行效率整体提升大约 70%;而如果领头雁感觉到自己体力不支了,就会退居次位,最贴近的其中一只大雁便自动顶上,如此往复替换,能够让每只大雁都有机会当领头雁,也正因此,整个队伍都会显示出非凡的活力。

三种团队相较而言,孰优孰劣,一目了然。大雁团队之所以相对较优,主要原因在于:一个团队要想发展壮大,领头雁的重要性是毋庸置疑的,但与此同时,团队内成员的支持和精诚合作也极为重要。其次,没有永远的领头雁。要充分保持和提高自身的核心竞争力,用自己的经验、学识去教导下属,互为促进,如此良性循环,整个团队就会健康成长;反之则反。

2. SMART 原则

所谓 SMART 原则,即为:① 目标必须是具体的(Specific);② 目标必须是可以衡量的(Measurable);③ 目标必须是可以达到的(Attainable);④ 目标必须和其他目标具有相关性(Relevant);⑤ 目标必须具有明确的截止期限(Time-based)。SMART 原则是高效能和谐管理团队的必备法则之一。

8.3.2　基于木桶原理的高效能和谐高管团队建设

民营企业高效能和谐高管团队是一个多学科、系统化、综合性知识运用领域,强调高素质复合型人才与之相匹配,与"木桶原理"有异曲同工之妙。"木桶原理"(Cannikin Law)指的是一只木桶的容水量,强调"生于长板,亡于短板",木桶的贮水量取决于三大方面的因素:① 木板的长度。是最短的那块木板而非最长的那块决定着木桶的盛水量。② 木板之间的黏合是否紧密。③ 是否有一个完整有效的桶底。要增加木桶容量，使木桶能装更多的水，就得要想办法改善和加固木板和桶底的现状。一个向心力凝聚力强、效能高的高管团队，不仅取决于高管团队中每个成员的工作能力，更取决于高管团队每个成员相互之间的合作程度。因此，基于木桶原理的民营企业高效能和谐高管团队建设可以从以下3个方面来努力：

1. 突出木桶的"长板效应"

本书认为，"短板效应"固然应该重视，但更应提倡"长板效应"，亦即，要充分挖掘个人的突出优势，将其安排到最能发挥其优势的合适岗位上去。至于他所欠缺的素质，可以通过企业培训来弥补。

同理推断，将整个水桶看作一个高管团队，将水桶的容水量比作高管团队的效能，则有两个可以改造高管团队的方法：① 由"马太效应"（Matthew Effect）扬长避短，发挥"动态比较优势"；② 寻找阻碍高管团队的短板，然后"扬长补短"，迎头赶上。这两种方法互为补充，不可分割。从最优化资源配置而言，应该安排民营企业高管团队将时间和精力放在最擅长的工作上，发挥其最大优势。同理，一个民营企业的优势在于专注于它最具竞争力、最擅长的产品领域，但这并不是无视弱点，而是通过有效控制弱点，使之不严重影响、制约优势的发挥就行，而将工作重点放在优势的磨砺上，用超强的优势来盖过弱点。

如何有效激励民营企业高管团队的优势？需要采用科学的激励手段，保障高管团队成员的利益，激发高管团队成员的积极性和创造性，才能给民营企业带来更大价值和贡献。如可以通过采用股票期权、技术入股、创意入股等手段，让民营企业高管团队成员找到企业主人的感觉，真正将自身融入企业，作为企业的重要一分子，从而将自身目标利益与企业目标利益紧密结合，实现价值最大化；如若能在民营企业高管团队内部打破学历、资历、人情界限，营造公平竞争的氛围，让高管团队成员永远感受到竞争压力，进而推动其进取意识和创新精神。从第四章所述国内民营企业众多相关案例可知,高管团队成员的离职,有时并非完全因为是薪酬待遇的原因,更多原因则是因为企业未能给其一个充分发挥才干的舞台。这一点,正好印证了马斯洛人类需求五层次理论的最高需求——自我实现的愿望。与此同时,激发高管团队成员发挥潜能的另一有效途径是正确的效能评价。通过公平公正的效能评价,可帮助高管团队成员找出与他人效能差距的真正原因,从而有利于激发其高效能。

2. 避免木桶的"短板效应"

众所周知,盛水的木桶是由许多块木板箍成的,盛水量也由这些木板所共同决定,特别是由最短的那块木板所决定,亦即,短板变成木桶盛水量的"限制因素"(也被称为"短板效应")。如果要使得木桶的盛水容量增加,只有将短板替换掉或是将其加长才可以。人们把这一规律总结为"短板理论/短板效应"。

本书认为,木桶原理可以给我们以许多启示,譬如高管团队建设的重要性。在一个高管团队中,决定其战斗力强弱的并非是能力最强、表现最好的那个人,而恰恰是能力最弱、表现最差的那个落后者。因为,最短的木板对最长的木板起着制约作用,决定团队战斗力,影响团队综合实力。亦即,只有想方设法"对标补差",让短板达到长板的高度或者让所有木板维持"足够"的"等高",才能完全发挥团队作用。

3. 延伸高管团队协作平台

一般认为,水桶中水的容量除了取决于最短那块木板的高度,还与各木板间的缝隙、木桶底板、木桶直径等密切相关。民营企业高管团队的成功需要各成员间共同努力。在管理过程中,一个高管团队的战斗力,不仅取决于团队中每位成员的工作能力,还取决于各成员间的配合度,以及高管团队内部各子团体间的相互协作和配合。如此一来,才能够均衡、紧密结合成一个强大整体,才能不断提升高管团队乃至整个企业的内聚力和核心竞争力。

民营企业高管团队的"紧密度"可以通过以下 3 种途径来加

固:① 注重民营企业团队文化建设。一个人的企业 Vs 一帮人的企业,一个人的精神 Vs 一群人的追求,一个人的管理 Vs 一个团队的制度,这是民营企业高管团队文化升级的必经之途。建立职业化、制度化、科学化的高级管理平台,是新时期民营企业高管团队文化建设的趋势;而中国职业经理人的团队素质、职业化道德水平,也是这场变革的另一个关键制胜因素。② 高管团队分工应进一步合理化。应让每一位高管团队成员的才能与其角色完美匹配,且每位高管团队成员必须具备胜任工作职责的能力,且善于与其他高管团队成员相互合作。唯其如此,才能真正成为一个高效能和谐团队的成员。③ 高管团队目标的挑战性。民营企业领导应为高管团队设定具有挑战性的目标,并鼓励团队协作精神,让高管团队成员认识到只有全体成员全力以赴才能实现这个目标,从而将一些小矛盾消弭于无形,从而最终形成更加紧密团结的、具有较高战斗力的高效能和谐高管团队。

8.3.3 基于人本主义的高效能和谐高管团队建设

在构建民营企业高效能和谐高管团队工作中,如若只注重个人积极性的激发和提升,而不重视高管团队成员之间的协作和群体效果,人性问题就会在需要高度协作化的高管团队中进一步凸显;而如若高管团队成员习惯于专注其分内工作,各自为政按照自己计划和工作方式去工作,不善于与高管团队其他成员进行广泛的合作和交流,没有将知识技能与别人共享的意识,情感冲突的出现将无可避免。由此可见,在构建高效能和谐高管团队的工作中,可以通过一些途径淡化、消失所谓的"人性问题",具体对策包括如下两方面:

1. 注重对高管团队"人性化"管理

人性化管理指的是在高管团队管理过程中,充分挖掘并关注人性要素,以能够最大限度调动人的积极性和开发潜能。人性化管理的具体内容,可以涵盖许多要素:对个体的充分尊重,给予足够且恰如其分的物质及精神双重激励,为人们提供各种发展机会,注重高管团队成员个人与企业的共赢(win-win),制定高管团队成员的职业生涯规划等等。此外,尤其应该注意区分"人性化管理"与"讲人情"之间的区别。"讲人情"意味顾念交情,会使得管理过程中亲疏有别、宽严失当,从而造成不良后果。然而人性化管理则大不相同,"人性化管理"以公平为基本准则,虽然允许团队成员在工作中出现错误,给出一定的"容错度",但这样的管理模式会同时也告诉你,错误在哪里,危害是什么,应如何去改正。亦即,"人性化管理"是建立在有效实施"人性化管理"评价体系的基础上的。

2. 注重高管团队的文化建设

(1) 择优选择高管团队领导者

高管团队的领导一般可以区分为以下两大类型:先锋型以及赤字型。先锋型领导在工作上一马当先身先士卒,冀望于通过榜样力量向高管团队成员灌输相同的价值观和工作态度;赤字型领导则更多强调高管团队领导要审时度势,给团队成员提供其发挥才智的充分空间,善于根据团队建设中薄弱环节进行补差。知识经济时代,随着组织架构扁平化、知识更新换代日益加速,应择优选择后者(赤字型领导),倡导领导者去培养、鼓励、支持下属承担繁重任务,实现从资源分配者到制度建设者的华丽转身,为组织提供全新视野及无限活力。

(2) 对团队管理领导者给予充分尊重

一方面,高管团队成员之间能互相尊重、理解;另一方面,高管团队核心领导者能为团队创造良好的、充满内聚力的氛围。

(3) 有效建立角色互补、分工合作的高管团队

使得个体有效发挥能给团队带来最大贡献的个人优势,使工作分配与成员偏好风格相一致。

(4) 培育高管团队的创造性

需要长期培养过程,才能有效激发高管团队成员的创造性。

(5) 注重企业文化建设

团队赖以运行的组织文化是团队能否成功的关键因素之一。高管团队成员之间必须高度信任,相信彼此品行、个性、工作能力,并相信团队组织的公开透明。为此,高层管理者必须着力创造支

持团队建设且开放的企业文化。

8.3.4 基于知识管理的高效能和谐高管团队建设

知识管理是当前管理领域的新生态事物,尽管众说纷纭,但当前还没有一个广为认可的权威定义。学界一般认为,知识管理是指利用开放式结构将企业的知识加以收集、积累、整理、共享,通过影响员工的工作态度以及行为,建立起开放和信任的企业内部环境,从而使得企业员工自愿合作共享和开发知识资源去完成相对复杂任务,以达到组织更高目标并产生更好的效益。有鉴于此,基于知识管理的民营企业高效能和谐高管团队建设就是根据企业资深性质、复杂任务与未来使命来确定高管团队的群体目标,尔后,为高管团队的组建设置一定组织原则,并通过构建企业的知识管理体系,为民营企业高管团队提供参考原则、相关法律法规及政策规范,使得民营企业面对团队问题能够做出非常快速的反应。基于知识管理的民营企业高效能和谐高管团队建设流程则如图8.5所示。

首先,对民营企业高管团队而言,基于和谐理念的高效能团队建设必须根据企业的性质、任务和使命来坚决执行团队目标;其次,高管团队的有效组建必须设置一定的组织原则。知识管理系统将为组织原则的设置提供类似的原理及相关政策法规。在备选方案的设计阶段,知识管理系统还将会为相关系统和程序性知识提供参考。在方案实施阶段,通过反馈和评估为知识管理数据库的完善提供新知识,供改进、提高及其他同类高管团队备选方案参考。其中,最优备选原则的建立主要依据对群体中个体属性指标进行定量分析,并通过数据挖掘和分析统计知识的形成,如采用AFP(AHP Fuzzy-Pattern Recognition)方法来评估和量化相关指标,譬如年龄、性别、知识、经验、能力、气质、种族、语言和文化等,通过这种综合性评价方法,能较好解决为各类不同特点的属性指标进行统一测评和量化的问题。

```
         ┌──────────────┐
         │ 明确设定民营  │
         │ 企业 TMT 目标 │
         └──────────────┘
                ↓
  ┌─ ─ ─ ─ ─ ─ ─ ─ ─ ─ ─ ─ ─ ─┐
  │     设置 TMT 原则            │
  │   ┌──────────────┐          │
  │   │ 相关法律法    │          │
  │   │ 规、政策规定  │          │
  │   └──────────────┘          │
  │          ↓                  │
  │   ┌──────────────┐          │
  │   │ 讨论修改 TMT 原则│       │
  │   └──────────────┘          │
  │          ↓                  │
  │   ┌──────────────┐          │
  │   │ 确立 TMT 原则 │          │
  │   └──────────────┘          │
  └─ ─ ─ ─ ─ ─ ─ ─ ─ ─ ─ ─ ─ ─┘
                ↓
  ┌─ ─ ─ ─ ─ ─ ─ ─ ─ ─ ─ ─ ─ ─ ─ ─ ─ ─ ─┐
  │         备选方案设计                   │       ┌──────────────┐
  │ ┌────────┐┌────────┐┌────────┐         │       │ 知识管理体系 │
  │ │相关制度││同类备选││最优备  │         │       │ （KMS）      │
  │ │及程序  ││参考方案││选规则  │         │       └──────────────┘
  │ └────────┘└────────┘└────────┘         │           ↕
  │      ↓                                 │       ┌──────────────┐
  │ ┌────────────────┐                     │       │ TMT 备选知识库│
  │ │ 设计修改备选方案│                     │       └──────────────┘
  │ └────────────────┘                     │
  │      ↓                                 │
  │ ┌────────────────────┐                 │
  │ │ 形成备选方案和实施程序│              │
  │ └────────────────────┘                 │
  └─ ─ ─ ─ ─ ─ ─ ─ ─ ─ ─ ─ ─ ─ ─ ─ ─ ─ ─┘
                ↓
  ┌─ ─ ─ ─ ─ ─ ─ ─ ─ ─ ─ ─ ─ ─ ─ ─ ─ ─ ─┐
  │         备选方案实施                   │
  │ ┌────────┐      ┌────────┐             │
  │ │实施方案│      │实施管理│             │
  │ │参考    │      │知识    │             │
  │ └────────┘      └────────┘             │
  │      ↓                                 │
  │ ┌────────────────────┐                 │
  │ │ 讨论实施与管理问题原则│              │
  │ └────────────────────┘                 │
  │      ↓                                 │
  │ ┌────────────┐                         │
  │ │ 实施、管理 │                         │
  │ └────────────┘                         │
  └─ ─ ─ ─ ─ ─ ─ ─ ─ ─ ─ ─ ─ ─ ─ ─ ─ ─ ─┘
                ↓
         ┌──────────────┐
         │ 反馈、评估    │
         └──────────────┘
```

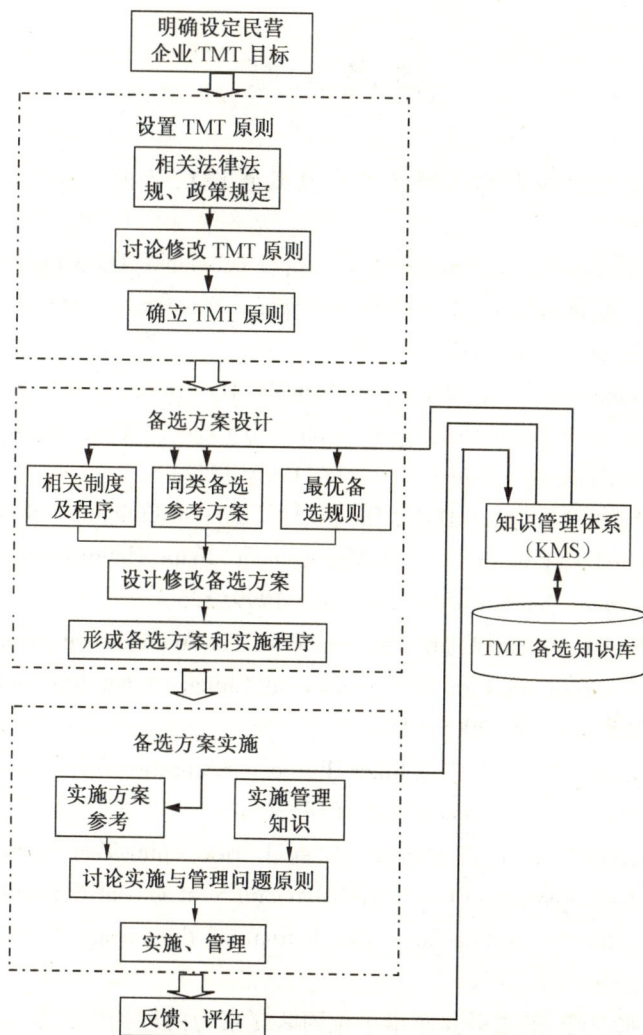

图 8.5　基于知识管理的高效能和谐高管团队建设流程

参 考 文 献

[1] 陈云:《企业高管团队冲突及其管理》,知识产权出版社,
2011 年。

[2] Hambrick D C, Mason P A. Upper echelons: The Organization
as A Reflection of Its Top Managers. Academy of Management
Review, 1984(19).

[3] Hambrick D C, Cho T S, Chen M. The Influence of Top Man-
agement Team Heterogeneity on Firms Competitive Moves. Ad-
ministrative Science Quarterly, 1996(141).

[4] Priem R L, Lyon D W, Dess G G. Inherent limitations of Demo-
graphic Proxies in Top Management Team Heterogeneity Re-
search. Journal of Management, 1999(125).

[5] Wei L Q, Lau C M. The Impact of Top Management Team De-
mography on Firm Performance in China. Asian Business and
Management, 2005 (14).

[6] Lawrence B S. The Black Box of Organizational Demography.
Organization Science, 1997(18).

[7] Ryska T A, Yin Z, Cooley D, et al. Developing Team Cohesion:
A Comparison of Cognitive-behavioral Strategies of U S and Aus-
tralian Sport Coaches. The Journal of Psychology, 1999, 133
(5).

[8] 张警吁,王二平:《军事单位团队凝聚力的理论研究及应用》,
《心理科学进展》,2006 年第 2 期。

[9] 张正堂:《高管团队协作需要、薪酬差距和企业绩效:竞争理
论的视角》,《南开管理评论》,2007 年第 10 期。

[10] Smith K G, Smith K A, Olian J D, et al. Top Management
Team Demography and Process: The Role of Social Integration

and Communication. Administrative Science Quarterly, 1994 (139).

[11] Wiersema M F, Bird A. Organizational Demography in Japanese Films: Group Heterogeneity, Individual Dissimilarity and Top Management Team Turnover. Academy of Management Journal, 1993(136).

[12] Keller R T. Predictors of the Performance of Project Groups in R & D Organizations. A Cademy of Management Journal, 1986, (129).

[13] 张小林,王重鸣:《群体绩效和团队效能研究的新进展》,《应用心理学》, 1997 年第 3 期。

[14] Mullen B, Copper C. The Relation Between Group Cohesiveness and Performance: An Integration, Psychological Bulletin,1994, 115(2).

[15] Amason A C. Distinguishing on the Effects of Functional and Dysfunctional Conflict Strategic Decision Making: Resolving a Paradox for Top Management Teams. Academy of Management Journal, 1996, 39(1).

[16] Jehn K A. Enhancing Effectiveness: An Investigation of Advantages and Disadvantages of Value-based Intragroup Conflict. The International Journal of Conflict Management, 1994(15).

[17] Pelled L H. Demographic Diversity, Conflict, and Work Group Outcomes: An Intervening Process Theory. Organization Science, 1996(17).

[18] Hambrick D C, Aveni R A. Top Team Deterioration as Part of the Downward Spiral of Large Corporate Bankruptcies. Management Science, 1992 (138).

[19] Ensley M D, Pearson A W, Amason A C. Understanding the Dynamics of New Venture Top Management Teams: Cohesion, Conflict, and New Venture Performance. Journal of Business

Venturing, 2002, 17(4).

[20] Murtha T P, Lenway S A, Bagozz I R. Global Mind-sets and Cognitive Shifts in a Complex Multinational Corporation. Strategic Management Journal, 1998, 19 (1).

[21] Bollen K A, Hoyle R H. Perceived Cohesion: A Conceptual and Empirical Examination. Social Forces, 1990, 69 (2).

[22] Chin W W, Salisbury W D. Perceived Cohesion in Small Groups: Adapting and Testing the Perceived Cohesion Scale in a Small Group Setting. Small Groups Research, 1999, 30(6).

[23] Venkatraman. Strategic Orientation of Business Enterprises: The Construct, Dimensionality and Measurement. Management Science, 1989(35).

[24] James L R, Demaree R G, Wolf G. Estimating within-Group Interrater Reliability with without and in Response Bias. Journal of Applied Psychology, 1984 (169).

[25] George J. Personality, Affect and Behavior in Groups. Journal of Applied Psychology, 1990 (75).

[26] 王国锋,李懋,井润田:《高管团队冲突、凝聚力与决策质量的实证研究》,《南开管理评论》,2007 年第 5 期。

[27] Dreu C K, Weingart L R. Task Versus Relationship Conflict, Team Performance, and Team Member Satisfaction: A meta-analysis. Journal of Applied Psychology,2003, 88(4).

[28] Rahim M A. Toward a Theory of Managing Organizational Conflict. The International Journal of Conflict Management, 2002, 13(3).

[29] Michalisin M D, Karau S J, Tangpong C. Top Management Team Cohesion and Superior Industry Returns: An Empirical Study of the Resources-based View. Group & Organization Management, 2004, 29(1).

[30] 崔松,胡蓓:《高管团队研究的不足与前瞻》,《华东经济管

理》,2007 年第 6 期。

[31] Ting-Toomey S, Gao G, Trubisky P, et al. Culture,Face Maintenance, and Styles of Handling Interpersonal Conflict: A Study in Five Cultures. The International Journal of Conflict Management, 1991 (2).

[32] 陈捷:《认知冲突与情绪冲突对组织绩效的影响》,《外国经济与管理》,1998 年第 5 期。

[33] Amason A C, Sapienza H J. The Effects of Top Management Team Size and Interaction Norms on Cognitive and Affective Conflict. Journal of Management, 1997, 23 (4).

[34] 车宏安,顾基发:《无标度网络及其系统科学意义》,《系统工程理论与实践》,2004 年第 4 期。

[35] 吴金闪,狄增如:《从统计物理学看复杂网络研究》,《物理学进展》,2004 年第 1 期。

[36] 汪秉宏,周涛,何大韧:《统计物理学与复杂系统研究最新发展趋势分析》,《中国基础科学》,2005 年第 3 期。

[37] 周涛,柏文洁,汪秉宏,等:《复杂网络研究概述》,《物理》,2005 年第 1 期。

[38] 方锦清,汪小帆,郑志刚,等:《一门崭新的交叉科学:网络科学》(上),《物理学进展》,2007 年第 3 期。

[39] 方锦清,汪小帆,郑志刚,等:《一门崭新的交叉科学:网络科学》(下),《物理学进展》,2007 年第 4 期。

[40] 汪秉宏,周涛,王文旭,等:《当前复杂系统研究的几个方向》,《复杂系统与复杂性科学》,2008 年第 4 期。

[41] 陈关荣:《复杂网络及其新近研究进展简介》,《力学进展》,2008 年第 6 期。

[42] 汪小帆,李翔,陈关荣:《复杂网络理论及其应用》,清华大学出版社,2006 年。

[43] 郭雷,许晓鸣:《复杂网络》,上海科技教育出版社,2006 年。

[44] 陈关荣,许晓鸣:《复杂网络理论及应用》,上海系统科学出版

社，2008 年。

[45] 何大韧，刘宗华，汪秉宏：《复杂系统与复杂网络》，高等教育出版社，2008 年。

[46] Dekker R. Applications of Maintenance Optimization Models: A Review and Analysis. Reliability Engineering and System Safety, 1996,51(3).

[47] Wang H. A Survey of Maintenance Policies of Deteriorating Systems. European Journal of Operational Research,2002,139(3).

[48] Jardine A K,Lin D,Banjevic D. A Review on Machinery Diagnostics and Prognostics Implementing Condition-based Maintenance. Mechanical Systems and Signal Processing, 2006,20(7).

[49] Wu Y N,Cheng T C E. The Impact of Information Sharing in a Multiple-echelon Supply Chain. Int J Production Economics, 2008,115(1).

[50] Thomas K,Panayiotis M,Katerina P. The Impact of Replenishment Parameters and Information Sharing on the Bullwhip Effect: Acomputational Study. Computers & Operations Research,2008, 35(1).

[51] 刘志硕，柴跃廷，申金升：《信息共享环境下多级复杂供需链系统的库存成本分析》，《计算机集成制造系统》，2007 年第5 期。

[52] 郝国英，孔造杰，韩海彬：《供应链中信息共享对各环节库存的影响研究》，《系统工程理论与实践》，2007 年第9 期。

[53] Dodds P S,Watts D J,Sabel C F. Information Exchange and the Robustness of Organizational Networks. PNAS,2003,100(21).

[54] Hanaki N,Peterhansl A,Dodds P S,et al. Cooperation in Evolving Social Networks. Management Science,2007,53 (7).

[55] Lin Y,Desouza K C,Roy S. Measuring Agility of Networked Organizational Structures Via Network Entropy and Mutual Information. Applied Mathematics and Computation,2010,216(10).

［56］ Walter L,Perry W L,Moffat J. Information Sharing Among Military Headquarters: the Effects on Decision-making. RAND Corporation,MG – 226,2002.

［57］ 卜先锦:《军事组织协同的建模与分析》,国防工业出版社,2009 年。

［58］ BU Xian-jin. Modeling and Analysis of Military Organization Cooperation. National Defense Industry Press,2009.

［59］ 朱涛,常国岑,张水平,等:《基于复杂网络的指挥控制信息协同模型研究》,《系统仿真学报》,2008 年第 22 期。

［60］ ZHU Tao,CHANG Guo-cen,ZHANG Shui-ping,et al. Research on Model of Command and Control Information Cooperationbased on Complex Networks. Journal of System Simulation,2008,20 (22).

［61］ Kwon O,Im G P,Lee K C. MACE-SCM:A Multi-agent and Case-based Reasoning Collaboration Mechanism for Supply Chain Management under Supply and Demand Uncertainties. Expert Systems with Applications,2007,33(3).

［62］ 王小念,皮军明,余巍:《一种网络中心战中信息效能度量方法》,《现代防御技术》,2007 年第 5 期。

［63］ Albert R,Barabási A L. Statistical Mechanics of Complex Networks. Reviews of Modern Physics,2002,74(1).

［64］ Newman M E J. The Structure and Function of Complex Networks. Siam Review,2003,45(2).

［65］ 汪小帆,李翔,陈关荣:《复杂网络理论及其应用》,清华大学出版社, 2006 年。

［66］ 郭雷,许晓鸣:《复杂网络》,上海科技教育出版社,2006 年。

［67］ 章忠志,周水庚,方锦清:《复杂网络确定性模型研究的最新进展》,《复杂系统与复杂性科学》,2008 年第 4 期。

［68］ 李果,高建民,高智勇:《基于小世界拓扑模型的复杂系统安全分析》,《机械工程学报》,2008 年第 5 期。

[69] Pecora L M,Carroll T L. Master Stability Functions for Synchronizedcoupled Systems. Physical Review Letters,1998,80(10).

[70] Wang X F,Chen G R. Synchronization in Scale-free Dynamical Networks: Robustness and Fragility. IEEE Transactions on Circuits Systems, I: Fundamental Theory Applications, 2002, 49 (1).

[71] Atkinson S R,Moffat J. The Agile Organization: from Informal Networks to Complex Effects and Agility. US Department of Defense, Command and Control Research Program, Washington, DC,2007.

[72] 钱学森，于景元，戴汝为:《一个科学新领域：开放的复杂巨系统及其方法论》,《自然杂志》, 1990 年第 1 期。

[73] watts D J, strogatz S H. Collective Dynamics of Smal-l world Networks. Nature, 1998, 393(6684).

[74] Barabasi A L. Albert R. Emergence of Scaling in Randomnetworks. Science, 1999, 286(5439).

[75] CHEN P. Empirical and Theoretical Evidence of Economic Chaos. System Dynamic Review, 1988(1−2).

[76] 宋学锋，顾世清:《深沪证券市场股价波动的浑沌度及其调控方法》,《管理科学学报》, 2000 年第 1 期。

[77] 黄登仕:《经济复杂性现象研究思路》,《经济学动态》, 2001 年第 1 期。

[78] Strogantz S H. Exploring Complex Networks. Nature,2001, 410.

[79] 周文坤:《一种不确定型多属性决策的组合方法》,《系统工程》, 2006 年第 2 期。

[80] 樊治平，姜艳萍:《基于 OWG 算子的不同形式偏好信息的群体决策方法》,《管理科学学报》, 2003 年第 1 期。

[81] 徐泽水:《不确定多属性决策方法及应用》,清华大学出版社, 2004 年。

[82] 石冠峰:《团队边界管理、凝聚力和效能间关系研究》,经济管

理出版社,2011 年。

[83] 肖璐:《企业高管团队的过程整合与组织绩效关系研究》,扬州大学硕士论文,2010 年。

[84] 姚丽霞:《基于利益相关者理论的家族企业职业经理人的特质研究》,《浙江学刊》,2008 年第 3 期。

[85] 刘芳:《家族企业传承模式的风险识别》,《首都经济贸易大学学报》,2012 年第 5 期。

[86] 陈灿,朱仁宏:《家族企业特质性与职业经理人的困境》,《商业经济与管理》,2004 年第 11 期。

[87] 黄海艳:《家族企业引入职业经理人的风险与规避》,《生产力研究》,2006 年第 6 期。

[88] 姚丰桥,陈通:《家族企业引入职业经理人决策行为研究》,《西北农林科技大学学报(社会科学版)》,2011 年第 5 期。

[89] 李建设,王海晴:《家族企业引入职业经理人问题研究》,《经济纵横》,2008 年第 10 期。

[90] 旷开源,彭正龙:《家族企业在职业经理人制度选择中的博弈分析》,《江西社会科学》,2004 年第 6 期。

[91] 陈天荣:《家族企业职业经理人的角色定位》,《企业经济》,2005 年第 11 期。

[92] 辜胜阻,张昭华:《家族企业治理模式及其路径选择》,《中国人口科学》,2006 年第 1 期。

[93] 吴兴华,杨从杰:《论家族企业与职业经理人之间的心理契约》,《华中科技大学学报(社会科学版)》,2004 年第 6 期。

[94] 何轩,李新春:《突破家族企业职业经理人治理绩效评价的误区——家族雇员治理模式的调节作用》,《南京社会科学》,2011 年第 3 期。

[95] 刘晓芸,鲍慧琼:《职业经理人进入家族企业的障碍及对策》,《经济问题》,2008 年第 2 期。

[96] 盛昭瀚,高洁,杜建国:《基于 NW 模型的新熊彼特式产业动态演化模型》,《管理科学学报》,2007 年第 1 期。

［97］Friedman D. Evolutionary Games in Economics. Econometrica, 1991, 59(3).

［98］盛昭翰,蒋德鹏:《演化经济学》,上海三联书店,2002 年。

［99］梅强,马国建,杜建国:《中小企业信用担保路径演化研究》,《系统工程学报》,2009 年第 3 期。

［100］梅强,马国建,杜建国:《中小企业安全生产管制路径演化研究》,《中国管理科学》,2009 年第 2 期。

［101］曾圣钧:《团队凝聚力对团队绩效影响机制的实证研究》,《生产力研究》,2010(9)。

［102］李海,张勉:《企业文化是核心竞争力吗？——文化契合度对企业绩效的影响》,《中国软科学》,2012 (4)。

［103］汤学俊:《高管团队内聚力、冲突与组织绩效的实证研究》,《江海学刊》,2010 年第 3 期。

［104］张新安,何惠,顾锋:《家长式领导行为对团队绩效的影响:团队冲突管理方式的中介作用》,《管理世界》,2009 年第 3 期。

［105］Amason A C. Distinguishing on the Effects of Functional and Dysfunctional Conflict Strategic Decision Making: Resolving a Paradox for Top Management Teams. Academy of M Anagement Journal, 1996, 39(1).

［106］Jehn K A, Northcraft G B, Neale M A. Why Difference Make a Difference: a Field Study of Diversity, Conflict and Performance in Workgroups . Administrative Science Quarterly,1999,44(4).

［107］Deeter-Schmelz D R, Kennedy K N. Patient Care Teams and Customer Satisfaction: the Role of Team Cohesion. The Journal of Services Marketing, 2003, 17C(6/7).

［108］林美珍:《团队凝聚力的研究述评》,《科学与管理》,2010 年第 8 期。

［109］Tjosvold D. Cooperative and Competitive Dynamics Within and between Organizational Units. Human Relations. 1988a, 41

(6).

[110] 張翊祥:《團隊成員人格特質組合對團隊效能影響之研究—以團隊互動過程為中介變項》,中原大學企業管理學系碩士論文,2004 年。

[111] 邱淑妙:《團隊人格特質、轉換型領導與團隊效能之關係探討—團隊凝聚力之中介角色》,國立中山大學人力資源管理研究所碩士在職專班碩士論文,2006 年。

[112] 黄敏萍,郑伯埙,王建忠:《转型领导、团队内互动及团队与成员效能:IPO 模型之验证》,《管理学报(台湾)》,2003 年第 4 期。

[113] 王建忠:《团队领导与团队效能:团队内互动的中介效果》,台湾大学,2001 年。

[114] Ancona D G, Caldwell D F. Demography and Design: Predictors of New Product Team Performance. Organization Science, 1992a, 3(3).

[115] 吴明隆:《SPSS 统计应用实务:问卷分析与应用统计》,科学出版社,2003 年。

[116] 周俊:《人口特征异质性对高管离职率的作用研究》,中大管理研究,2008 年第 4 期。

[117] 贾良定,陈永霞,宋继文,等:《变革型领导、员工的组织信任与组织承诺:中国情景下企业管理者的实证研究》,《东南大学学报(哲学社会科学版)》,2006 年第 6 期。

[118] 张龙,刘洪:《高管团队中垂直对人口特征差异对高管离职的影响》,《管理世界》,2009 年第 4 期。

[119] 魏立群,王智慧:《我国上市公司高管特征与企业绩效的实证研究》,《南开管理评论》,2002 年第 4 期。

[120] 张必武,石金涛:《董事会特征、高管薪酬与薪绩敏感性——中国上市公司的经验分析》,《管理科学》,2005 年第 4 期。

[121] Becker T E. Foci and Bases of Commitment: Are They Distinctions Worth Making?. The Academy of Management Journal,

1992(1).

[122] Redding S G, Norman A & Schlander A. The Nature of Individual Attachment to Theory: A Review of East Asian Variations. In H C Triandis, M D Dunnett & L M Hough(Eds.), Handbook of Industrial and Organizational Psychology:674~688.

[123] 胡军,钟永平:《华人家族企业网络:性质、特征与文化基础》,《学术研究》,2003 年第 2 期。

[124] Xiao-Ping Chen, Marion B Eberly, Ting-Ju Chiang, Jiing-Lih Farh and Bor-Shiuan Cheng. Affective Trust in Chinese Leaders: Linking Paternalistic Leadership to Employee Performance. Journal of Management, 2011(6).

[125] Yang J, Mossholder K W. Examining the Effects of Trust in Leaders: A Bases-and-foci Approach. Leadership Quarterly, 2010(2).

[126] Jehn K A, Mannix E A. The Dynamic Nature of Conflict: A Longitudinal Study of Infra-group Conflict and Group Performance. Academy of Management Journal, 200(4).

[127] Chatman J A and Flynn F. The Influence of Demographic Heterogeneity on the Emergence and Consequences of Cooperative Norms in Work Teams. Academy of Management Journal, 2001(4).

[128] Rahim M A. Toward a Theory of Managing Organizational Conflict. The International Journal of Conflict Management, 2002, 13(3).

[129] Jehn K A. Enhancing Effectiveness: An Investigation of Advantages and Disadvantages of Value-based Intragroup Conflict. The International Journal of Conflict Management, 1994, 15 (3).

[130] 宝贡敏, 赵卓嘉:《冲突处理模式的维度划分与测量》,《浙江大学学报(人文社会科学版)》, 2008 年第 4 期。

［131］雷红生,陈忠卫:《高管团队内情感冲突、企业家精神与公司成长性绩效关系的实证研究》,《财贸研究》, 2008 年第2 期。

［132］张涛,刘延平,赖斌慧:《团队冲突和团队信任对团队心智模式形成影响的实证研究》,《北京交通大学学报(社会科学版)》,2008 年第 4 期。

［133］De Dreu C K W, Weingart L R. Task Versus Relationship Conflict, Team Performance, and Team Member Satisfaction: A Meta – Analysis. Journal of Applied Psychology, 2003,88(4).

［134］刘军,刘松博:《我国高层管理团队冲突及管理》,《经济理论与经济管理》,2008 年第 2 期。

［135］Robbins S P. Organizational Behavior. Prentice-Hall, Inc,2002.

［136］Tjosvold D, Hui Chun, Ding Daniel Z, et al. Conflict Values and Team Relationships: Conflict's Contribution to Team Effectiveness and Citizenship in China. Journal of Organizational Behavior, 2003, 24(2).

［137］王国锋, 李懋, 井润田:《高管团队冲突、凝聚力与决策质量的实证研究》,《南开管理评论》, 2007 年第 5 期。

［138］Michalisin M D, Karau S J, Tangpong C. Top Management Team Cohesion and Superior Industry Returns: An Empirical Study of the Resources-based View. Group & Organization Management, 2004, 29(1).

［139］Williams M. In Whom We Trust: Group Membership as An Affective Context for Trust Development. Academy of Management Review, 2006, 26(3).

［140］李海, 张勉, 李博:《组织凝聚力结构与影响因素:案例研究及理论构建》,《北京师范大学学报(社会科学版)》,2009 年第 6 期。

［141］李海, 张勉:《组织凝聚力量表开发与有效性检验》,《南开管理评论》,2010 年第 3 期。

［142］李海，张勉，杨百寅：《绩效评价对组织公民行为的影响：组织承诺的中介作用》，《管理工程学报》，2010 年第 4 期。

［143］Ray Reagans，Bill McEvily. Network Structure and Knowledge Transfer：The Effects of Cohesion and Range. Administrative Science Quarterly.

［144］Chen X P，Peng S. Guanxi Dynamics：Shifts in the Closeness of Ties between Chinese Coworkers. Management and Organization Review，2008.

［145］LePine J A，Piccolo R F，Jackson C L，et al. A Meta-analysis of Teamwork Processes：Tests of a Multidimensional Model and Relationships with Team Effectiveness Criteria. Personnel Psychology，2008，61(2).

［146］Gonzalez K A，Meinzen-Derr J，Burke B L，et al. Evaluation of a Lactation Support Service in a Children's Hospital Neonatal Intensive Care Unit. J Hum Lact，2003,19(3).

［147］张辉华，李爱梅，凌文辁，等：《管理者情绪智力与绩效的关系：直接和中介效应研究》，《南开管理评论》，2009 年第 3 期。

［148］李灿，辛玲：《调查问卷的信度与效度的评价方法研究》，《中国卫生统计》，2008 年第 5 期。

［149］张文彤：《SPSS 统计分析基础教程和高级教程》，高等教育出版社,2004 年。

［150］吴明隆：《结构方程模型——AMOS 的操作与应用》，重庆大学出版社,2010 年。

［151］James L R，Demaree R G，Wolf G. Estimating within-group Interrater Reliability with and without Response Bias. Journal of Applied Psychology，1984,69.

［152］James L R，Demaree R G，Wolf G. An Assessment of within-group Interrater Agreement. Journal of Applied Psychology，1993,78(2).

[153] 朱星宇,陈勇:《SPSS 多元统计分析方法及应用(21 世纪高等学校规划教材・财经管理与应用)》,清华大学出版社,2011 年。

[154] 张平:《高层管理团队的异质性与企业绩效的实证研究》,《管理学报》,2007 年第 4 期。

[155] Bollen K A, Hoyle R H. Perceived Cohesion：A Conceptual and Empirical Examination. Social Forces, 1990,69(2).

[156] 蔡振丰:《何晏<论语集解>的思想特色及其定位》,第七次"东亚近世儒学中的经典诠释传统"研讨会(广州),2006 年。

[157] 赵士德, 薛小龙:《高层管理团队整合评价模型研究》,《科技管理研究》,2010 年第 11 期。

[158] 张正堂:《高管团队协作需要、薪酬差距和企业绩效：竞争理论的视角》,《南开管理评论》,2007 年第 10 期。

[159] 富萍萍, Farr J L, 彭泗清, 等:《高新技术企业中的高层管理团队(TMT) 的特征和过程》,徐淑英, 刘忠明,《中国企业管理的前沿研究》,北京大学出版社, 2004 年。

[160] 姚振华, 孙海法:《高管团队研究:从资源整合到过程整合》,《商业经济与管理》, 2011 年第 1 期。

[161] 朱世香, 张勇:《企业高层管理团队冲突研究述评》,《科技管理研究》, 2012 年第 4 期。

[162] 刘力钢,浦佳:《高管团队冲突理论研究与展望》,《辽宁大学学报(社会科学版)》,2013 年第 2 期。

[163] 曾圣钧:《主管承诺、团队氛围与团队绩效的关系研究》,《统计与决策》,2010 年第 18 期。

[164] 万涛:《不同类型团队冲突管理研究的构思与展望》,《科技进步与对策》, 2006 年第 12 期。

[165] 高静美,郭劲光:《企业网络中的信任机制及信任差异性分析》,《南开管理评论》,2004 年第 3 期。

[166] 姚振华,孙海法:《高管团队组成特征、沟通频率与组织绩效

的关系》,《软科学》,2011 年第 6 期。

[167] 杜娟:《企业高管团队行为整合、冲突与绩效的作用机制初探》,《上海管理科学》, 2011 年第 5 期。

[168] 刘晓芸, 鲍慧琼:《职业经理人进入家族企业的障碍及对策》,《经济问题》, 2008 年第 2 期。

[169] 李嬿, 王国锋, 井润田:《高管团队内部动态特征实证研究》,《管理学报》,2009 年第 1 期。

[170] [美] 詹姆斯·库泽斯, 巴里·波斯纳:《领导力》,李丽林,杨振东译,电子工业出版社,2004 年。

附录 A:网络随机问卷调查表

民营企业问卷调查表

1. 您认为民营企业占中国国民经济的比重大概是多少?

A. 30%   B. 50%   C. 70%   D. 90%

2. 您认为中国民营企业对我国经济发展的贡献越来越大吗?

  A. 是的   B. 不是

  C. 不一定   D. 没什么感觉

3. 您觉得民营企业的管理模式与现代化跨国企业的管理模式相比怎样?

  A. 比较落后   B. 各有千秋

  C. 比较先进   D. 有优势但不明显

4. 您认为民营企业的优势在哪个方面?

  A. 较适合创业阶段   B. 企业高层收益丰厚

  C. 经营成本低   D. 资源配置较优

5. 您觉得中国民营企业现存的最大问题是什么?

  A. 接班人的问题   B. 企业管理模式

  C. 企业文化根源问题   D. 组织结构

6. 您觉得最有效的民营企业延续市场辉煌的途径是什么?

  A. 全面提高民营企业领导队伍的素质?

  B. 建立现代企业管理模式,减少民营企业家族式管理模式的
    影响

C. 引进职业经理人

D. 更好地完善民营企业治理模式,同时选择好企业的掌舵者

7. 您认为民营企业是可以很好地契合网络世界经济全球化需求的一种企业组织形式吗?

A. 是　　　　　B. 否　　　　　C. 不一定

8. 您认为中国的民营企业正处于哪个阶段?

A. 婴儿期　　　B. 青春期　　　C. 中年期　　　D. 衰退期

9. 如果您是一大型民营企业的新接班人,是否会改变本企业的体制,完全向现代企业转型?

A. 是　　　　　B. 否　　　　　C. 根据企业情况而定

10. 您认为对企业的经营和发展造成严重制约的政策和体制因素有哪些(可多选,请按制约的严重程度排序)(　　　　　)

A. 各种变相和强制性收费太多,且光收费

B. 融资困难且受到歧视

C. 企业用地困难

D. 行政管理和执法部门缺乏服务意识,存在管卡压和以权谋私现象

E. 民营企业进入一些垄断性行业需要"关系",依然很困难

F. 其他

1	2	3	4	5	6	7	8	9	10

(注:本研究在 www.idiaoyan.com 上进行了相关资料收集工作。)

附录 B:民营企业高管团队现状调查问卷

为深入了解长三角地区民营企业高管团队的发展现状、存在问题和困难等情况,本研究开展民营企业高管团队现状问卷调查活动,目的是了解民营企业在社会发展中的重要作用,了解在当前经济环境下民营企业及高管团队状况,反映民营企业的建议和呼声,提出推动民营企业跃升发展的政策建议。

我们设计了一份问卷,您只需一一回答即可。我们会严格遵守相关规定,对您企业的情况严加保密,请您不必顾虑和担心。您的真实情况和看法,对我们十分重要。请于 2013 年 3 月 1 日前将问卷寄回。

感谢贵企业抽出时间接受我们的调查!

江苏大学民营企业研究组

2012 年 5 月

(请您在横线处填写,在合适选项前的方格内画"√")

1. 您的年龄:

□ 29 岁以下　　□ 30～39 岁　　□ 40～49 岁　　□ 50 岁以上

2. 您的性别为:

□男　　　　□女

3. 从业时间:

(1) 您在本企业中已经工作了＿＿＿＿＿＿年＿＿＿＿＿＿月。

(2) 您在本行业中已经工作了＿＿＿＿＿＿年＿＿＿＿＿＿月。

4. 您的职务：

□ 董事长　　□ 总经理　　□ 副总经理　　□ 财务总监
□ 其他_____

5. 您的最高学历为：

□ 专科及以下　　□ 本科　　□ 硕士（非 MBA）
□ MBA　　　　　□ 博士

6. 您的最高学历所属的学科为：

□ 理论科学　　□ 工程　□ 管理学或经济学　□ 社会科学
□ 文学　　　　□ 艺术　□ 其他

7. 您认为自己经验最为丰富、最擅长的领域是（不一定是您所学专业）：

□ 财务或金融　　□ 市场或公共关系　□ 生产或工程管理
□ 技术研究与开发□ 法律　　　　　　□ 人力资源管理
□ 一般性的管理

8. 您受到过系统和长时间的企业管理培训吗：　　□ 是　□ 否

一、企业基本情况

（请您在横线处填写，在合适选项前的方格内画"√"）

1. 贵企业主营业务所处的行业为：

□ 制造业　□ 商业　□ 农林牧渔　□ 金融
□ 房地产或建筑　　□ 贸易　　　□ 其他

2. 贵企业的规模：

□ 小于 50 人　　□ 50～100 人　　□ 100～500 人
□ 500～1 000 人　□ 1 000～2 000 人□ 2 000 人以上

3. 贵企业创立时间：

□ 1980－1989 年　□ 1990－2000 年
□ 2001－2008 年　□ 2009－至今

4. 贵企业近 5 年的年销售收入增长率 i 大约为：

□ i≤5%　　□ 5%≤i≤10%　　□ 10%≤i≤20%

□ 20%≤i≤30%　　□ 30%≤i≤40%　　□ 40%≤i≤50%

□ 50%≤i≤80%　　□i≥80%

5. 请您对过去 3 年贵企业的平均盈利状况做出评价:

□ 不好　□ 不太好　□ 一般　□ 较好　□ 好

6. 请您对未来 3 年贵企业所处市场的成长状况做出评价:

□ 低　□ 较低　□ 一般　□ 较高　□ 高

7. 请您对贵企业所处市场的竞争激烈状况做出评价:

□ 难以预测　□ 较难预测　□ 一般　□ 较易预测

□ 容易预测

8. 请您对竞争对手竞争行为的可预测程度做出评价:

□ 不激烈　□ 不太激烈　□ 一般　□ 较激烈　□激烈

9. 请您对贵企业所处市场的消费者需求情况的可把握程度做出评价:

□ 难以把握　□ 较难把握　□ 一般　□ 较易把握

□ 容易把握

10. 请您对贵企业所处市场产品/服务的变化情况做出评价:

□ 难以预测　□ 较难预测　□ 一般　□ 较易预测

□ 容易预测

11. 企业经营情况

项目	2010 年	2011 年	2012 年(1-9 月)
全年总产值(万元)或营业额(万元)			
税金总额(万元)			
利润总额(万元)			
职工人数			
全部生产成本(万元)			
其中:人工成本(万元)			

12. 贵企业产品若有出口,出口销售额占总销售额的比例是:

_____出口方式是：_____

A. 直接出口　　B. 间接出口

13. 公司拥有品牌：_____

A. 中国驰名商标　B. 世界名牌产品　C. 江苏著名商标

D. 江苏名牌产品　E. 江苏知名商标　F. 其他

G. 没有

二、民营企业高管团队现状调查（问卷1）

1. 贵企业高管团队包括：

□ 董事会正/副主席、首席执行官、首席作业主管、总裁、资深副总裁和执行副总裁等

□ 董事长、总经理、各部门总监等

□ 总经理、副总经理以及直接向他们汇报工作的高级经理

□ 其他_____

2. 您所在高管团队的规模：

□ 1~5 人　□ 6~10 人　□ 11~15 人　□ 16 人以上

3. 您所在的高管团队已组建多久？

□ 1 年以下　□ 2~5 年　　□ 6~9 年　　□ 10 年以上

4. 近 5 年来，贵企业是否有高管团队成员因某些原因主动提出离职或调动工作？

□ 是　　　　□ 否

如果"是"，那么提出离职或调动工作的主要原因是：

□ 利益分配不均　□ 权责不清　□ 发展空间小

□ 观念差异大　　□ 家庭原因　□ 人际关系不合

□ 其他_____

5. 请选出 5 项您认为企业高管团队领导者应具备的核心能力：

□ 协调能力　□ 沟通能力　□ 激励能力　　□ 洞察能力

□ 学习能力　□ 应对能力　□ 风险承受能力□ 创新能力

□判断能力　　□决策能力　　□规划能力　　　□从业经验

6. 如果您和您所在团队中的其他成员发生了矛盾,您一般的处理方式是:

　　□回避　□迁就　□妥协　□合作　□强迫

　　□邀请第三方干预　　　　□其他_____

7. 贵企业高管团队整体评价量表(一)

评价内容＼评价标准	很弱	弱	比较弱	有点弱	一般	有点强	比较强	强	很强
团队冲突程度									
团队凝聚力									
团队效能水平									
团队信任程度									
接受意见程度									
团队理解程度									
团队协作程度									
制度实施程度									
价值观趋同程度									
愿意冒险的程度									

8. 贵企业高管团队整体评价量表(二)

评价内容＼评价标准	非常不满	不满意	较为不满	略有不满	一般	略微满意	较为满意	满意	非常满意
对现有薪酬制度									
对现有激励制度									
对现有评估制度									
对企业文化氛围									
对目前工作压力									
团队沟通质量									
高层决策质量									

9. 选出您认为哪些因素是影响"民营企业高管团队运作效

能"的关键因素,同时也可以添加出您认为的关键因素。请对以下内容进行判断(在"是"或"否"栏目中打"√",若需要添加在最下一栏中添加你认为的关键因素)

判 断 关键影响因素	是	否
沟通		
决策制定		
领导力		
合作与竞争		
相互支持		
冲突		
协调		
创新力		
权力结构		
一致性		
行为整合		
社会融合度		
相互依赖性		
您认为的关键因素(添加):		

三、民营企业高管团队冲突、内聚力及其效能调查(问卷2)

以下是关于您在贵高管团队内冲突活动、内聚力及效能相关感受及情形的描述。请您依据实际情况,在适当的栏目内上打"√"。

1 = 完全不同意,2 = 不太同意,3 = 不同意不反对,4 = 同意,5 = 完全同意

	题项	1	2	3	4	5
	高管团队冲突					
CF1	团队成员间经常出现想法、意见上的相左					
CF2	团队成员对完成工作任务有很多不同的观点					
CF3	其他团队成员对本人所负责的工作常有不同观点					
CF4	团队成员间经常从不同角度对与任务相关问题进行讨论					
CF5	团队成员间会因意见不同而产生不愉快的感觉					
CF6	团队成员间会有很多争吵而伤害团队和谐					
CF7	团队成员间会有很多激动愤怒的情绪发生					
CF8	团队成员间相互猜忌与竞争					
	高管团队内聚力	1	2	3	4	5
CO1	为了达成绩效目标,团队成员团结在一起					
CO2	本人认为团队成员对任务的投入程度较高					
CO3	团队成员更愿意像一个团队一样而不是单独行动					
CO4	团队对改进个人绩效很有帮助					
CO5	对本人而言,这个团队是本人所属的最重要的社会团体之一					
CO6	团队成员经常一起聚会					
CO7	本人一些最好的朋友在这个团队中					
CO8	团队成员在工作时间外也会抽时间聚在一起					

	题项	1	2	3	4	5
	高管团队效能					
	● 团队绩效	1	2	3	4	5
E1	团队成员具备较好的专业知识					
E2	团队成员工作具备专业所要求的较高品质					
E3	团队成员能如期完成预定工作量					
E4	团队成员工作上主动积极					
E5	团队成员工作上善于处理人际关系					
E6	团队成员工作上拥有善于整合资源的能力					
E7	团队成员对团队所投入的心力较多					
E8	团队成员整体的工作绩效较高					
	● 团队承诺	1	2	3	4	5
E9	本人可以自豪地对朋友说,自己在一个很棒的团队工作					
E10	为了继续在团队内工作,本人可以接受团队内的任何工作					
E11	本人发现自己的价值观与团队价值观非常相似					
E12	本人骄傲地对他人说自己是这个团体中的一员					
E13	在工作绩效上,这个团队激励自己的很多					
E14	本人很高兴自己在这个团队工作,而不是其他团队					

续表

	题项	1	2	3	4	5
E15	本人确实关心团队的前途					
E16	对本人而言这个团队是自己工作的最佳团队					
	●团队成员合作满意度	1	2	3	4	5
E17	团队成员之间合作愉快					
E18	本人乐意与团队成员继续合作					
E19	如果还有机会再与团队成员合作，本人有信心会与他们合作成功					

本问卷至此结束，请仔细检查是否有漏填之处，再次感谢您的积极协助，谢谢！